최신 특수아 진단 및 평가

Assessment and Evaluation for
Exceptional Children and Youth

| 김진호 · 김려원 · 김성희 · 민용아 · 오자영 · 이성용 · 차재경 공저 |

　특수교육을 효과적으로 실시하기 위해서는 독특한 교육적 요구를 지닌 아동을 체계적으로 진단하고 평가하는 것이 무엇보다도 중요하다. 장애아동이 특수교육을 받기 위해서는 먼저 특수교육대상자로 진단되어 그 적격성을 부여받아야 하며, 또한 아동의 교육적 요구와 필요를 종합적이면서도 구체적으로 파악하는 교육적 사정과 평가가 이루어져야 한다. 장애아동은 그들의 장애 유형과 정도에 따라서 다양한 교육적 요구를 보이는데, 이러한 교육적 요구에 대한 체계적인 사정이 실시되어야 그에 따라 적절한 교육계획을 세우고 실행할 수 있기 때문이다.

　예를 들면, 지적장애아동은 일반적으로 지적능력과 아울러 적응행동에서 제한성을 함께 보이는 아동으로 정의된다. 지적장애아동이 특수교육대상자로 선정되어 특수교육을 받기 위해서는 기본적으로 지적능력을 측정하는 지능검사와 적응행동 수준을 측정하는 적응행동검사를 실시하고, 그 결과에 따라서 지적장애를 가진 특수교육대상자로 선정된다. 또한 특수교육대상자로 선정된 아동에게 적절하고 효과적인 특수교육 및 관련 서비스를 제공하기 위해서는 여러 가지 영역의 교육적 사정이 필요하다. 지능검사와 적응행동검사 결과는 지적장애아동에 대한 진단 및 적격성 여부를 판별하는 데 중요한 정보를 제공하지만, 실제적인 교육 내용과 방법을 계획하고 구성하는 데에는 유용하지 못한 경우가 많기 때문이다. 한 가지 예로, 장애아동의 웩슬러 지능검사 점수가 50점이라는 것은 지적장애로 진단하는 데 중요한 자료가 되지만, 실제 교육프로그램을 계획하고 실행하는 데에는 그리 많은 정보를 제공하지 못한다.

　장애아동의 교육 계획과 내용을 구성하기 위해서는 여러 영역의 검사들이 추가로 요구된다. 지적장애를 위한 효과적인 특수교육을 위해서는 국어, 수학과 같은 일반교과 교육뿐만 아니라 의사소통 기술, 신변처리 기술, 사회성 기술과 같이 살아가는 데 필수적인 기술에 대한 교육도 매우 중요하다. 따라서 이렇게 다양한 특수교육대상자의 교육적 필요와 요구를 정확히 파악하기 위해서는 체계적인 진단과 아울러 교육적 사정이 필요하게 되는 것이다. 특수교육 분야에서는 이러한 두 가지 절차인 '선별과 진단' 그리고 '교육적 사정과 평가'의 과정을 총칭하여 '진단과 평가'라는 용어를 사용하고 있는데, 이 책에서는 '진단 및 평가'라는 용어로 사용하였다.

　현재 시중에는 장애아동이나 특수교육 요구아동의 진단 및 평가에 대한 여러 가지 책이 나와 있다. 이러한 책들을 두 가지 관점으로 나누어 보면, 첫 번째 형태는 진단평가 검사도구에 대한 설명을 주로 제시한 것이고, 또 다른 형태는 장애유형에 따라서 진단평가에 필요한 검사도구들을 제시한 것이다. 따라서 이들은 그 내용이 부분적이면서 일반적인 수준에 그치는 경우가 많다.

그러나 특수교육을 효과적으로 실시하기 위해서는 교사와 전문가 그리고 부모들이 사용할 수 있는 진단 및 평가와 관련된 검사들을 종합적으로 조사하고 분석한 내용을 제시하면서도 장애유형에 따라서 사용할 수 있는 진단평가 검사도구와 방법들도 함께 제시하는 종합적이면서도 깊이 있는 진단평가서가 필요하다. 이러한 관점에서 저자들은 현재 특수교육분야에서 사용되고 있는 다양한 진단 및 평가 검사도구와 방법들을 모두 조사하고 분석하여 제시하였을 뿐만 아니라, 각 장애유형에 따라 사용되는 진단 및 평가 검사도구들도 체계적으로 조사하여 제시하였다.

이 책은 크게 네 부분으로 구성되어 있다. 제1부에서는 진단 및 평가에 대한 일반적인 개념과 방법에 대한 내용을 제시하였다. 제2부에서는 현재 사용되고 있는 모든 진단평가 검사도구들을 여러 교육 영역에 따라서 제시하였다. 즉, 제3～11장에 걸쳐서 인지·지능, 적응행동, 의사소통, 사회성, 운동 및 시지각, 학습능력, 정서 및 행동, 영유아 발달, 진로 및 직업 영역에 따른 검사도구들을 분석하여 제시하였다. 제3부에서는 장애유형에 따라 사용되고 있는 진단 및 평가 검사도구들을 분석하여 제12～15장에 걸쳐서 제시하였다. 장애유형으로는 「장애인 등에 대한 특수교육법」상의 장애유형과 교육현장에서 사용되고 있는 장애유형을 고려하여 지적장애, 자폐성장애, 발달지체, 의사소통장애, 정서·행동장애, 학습장애, 주의력결핍 과잉행동장애, 시각장애, 청각장애, 지체장애로 나누어 제시하였다. 마지막으로 부록에서는 이 책에 제시된 모든 진단 및 평가 검사도구를 한눈에 개관할 수 있도록 체계적으로 정리하였다.

이 책을 통하여 특수아동을 가르치고 양육하는 교사와 전문가 그리고 부모들이 특수아동을 정확하게 진단하고 특수아동의 교육적 요구와 필요를 종합적이면서도 구체적으로 파악하는 교육적 사정과 평가를 실시하여, 효과적인 특수교육 및 관련 서비스를 제공할 수 있게 되기를 바란다.

끝으로 이 책의 필요성을 공감하고 책이 출판될 수 있도록 애써 주신 학지사의 모든 분께 감사의 마음을 전한다. 이 책이 특수교육을 필요로 하는 아동에게 효과적이면서도 효율적으로 사용되기를 간절히 바라며 기도한다.

2018년 순천향에서
대표 저자 김진호

차례

제6장 사회성 _ 141

제7장 운동 및 시지각 _ 161

제8장 학습능력 _ 177

제1부
진단 및 평가의 개관

진단 및 평가의 이해

❖ 김 진 호

1. 진단 및 평가의 목적과 개념

1) 진단 및 평가의 의의와 목적

특수교육은 특수교육대상자가 되는 학생을 판별하고 학생의 특성을 구체적으로 파악하여 그것에 맞는 교육프로그램을 구성하여 실시할 때에 실제적으로 이루어진다. 이를 위하여 먼저 특수교육대상 학생을 선별하고 진단하는 과정이 필요하다. 그리고 특수교육대상자로 판정이 된 학생들을 위해서는 각 학생의 특성과 교육적 요구를 파악하여 그에 맞는 교육프로그램을 구성하고 실시하기 위한 교육적 사정과 평가가 체계적으로 실시되어야 한다. 특수교육에 있어서 이러한 진단과 평가는 크게 두 가지로 나누어 이해하는 것이 필요하다.

첫째, 특수교육대상자의 적격성을 판단하는 선별과 진단이다. 학교 현장에서 어떤 학생이 특수교육이 필요한지, 즉 장애나 장애의 가능성을 가지고 있어 일반교육과는 다른 특별한 교육적 요구를 지닌 학생이 누구인지를 먼저 선별하고 진단하여야 그 학생에게 특수교육을 실시할 수 있게 되는 것이다. 현재 교육현장에서는 특수교육이 필요한 학생을 선별하고 진단하는 절차를 법적으로 규정하여 체계적으로 실시하고 있으며, 이를 통하여 특수교육대상자를 선정하고 적격성을 부여하고 있다.

둘째, 특수교육대상자로 선정된 학생에 대한 교육적 사정과 평가이다. 일단 특수교육대상자로 판별이 되면, 학생의 특성과 교육적 요구를 세밀하게 살펴보는 사정이 필요하게 되는데, 특히 교육적인 관점에서 평가하기 때문에 이것을 교육적 사정이라고 한다. 특수교육은 각 학생의 특성에 맞는 교육을 실시하기 위한 개별화교육을 중요시하기 때문에, 이러한 교육적 사정은 교과뿐만 아니라 언어와 일상생활 기술과 같은 광범위한 영역에서 구체적으로 실시되어야 한다. 이렇게 체계적인 교육적 사정이 실시되어야 학생의 특성과 현재 수준, 필요한 교육과 지원 요구를 파악하게 되고, 이러한 사정과 평가 결과에 따라서 교육 내용과 방법을 구성하고 실시할 때에 실제로 개별화교육이 이루어지게 되는 것이다.

특수교육에서는 이러한 두 가지 절차인 '선별과 진단' '교육적 사정과 평가'의 과정을 모두 총칭하여 진단 및 평가라는 용어를 사용하고 있다. 그러나 교육현장에서는 진단 및 평가와 관련되어 다양한 용어가 혼재되어 사용되고 있는데, 먼저 이러한 용어와 개념에 대한 이해가 필요하다.

2) 진단 및 평가의 기본 용어와 개념

교육 분야에서는 진단 및 평가와 관련하여 다양한 용어가 사용되고 있지만, 가장 기본적이면서 핵심적인 용어는 측정, 사정, 평가이다. 각각의 개념은 다음과 같다.

측정(measurement)은 학생의 특성이나 수준에 대한 양적인 자료를 파악하는 것을 말하는데, 주로 양적 수치로 표시하게 된다. 예를 들어, 측정을 통하여 어떤 학생의 지능검사 점수가 90점이라든지 또는 키가 130센티미터이고 몸무게가 30킬로그램이라든지 구체적인 수치로 된 자료를 얻게 된다.

사정(assessment)은 양적인 특성과 아울러 질적인 특성을 파악하는 것으로서, 대상자의 상태를 종합적으로 평가한다는 의미를 내포하고 있다. 예를 들면, 한 학생의 국어 읽기 점수가 80점이라는 것은 측정을 통한 양적인 자료이지만, 실제 수업시간 중에 일어나서 책을 읽을 때에는 부끄러워하며 작은 소리로 읽거나 혹은 발음이 불분명한 경우가 많다면 이러한 학생의 읽기 행동은 측정만을 통해서는 파악하기 어려운 질적 자료에 해당되는 것이다. 이렇게 사정을 실시한다면 측정을 통해서는 파악할 수 없었던 학생의 읽기 특성이나 행동을 구체적으로 알 수 있게 되며, 이러한 특성은 읽기 교육을 지도할 때에 다루어져야 할 중요한 교육내용이 되는 것이다. 따라서 사정이라는 용어는 학생의 능력이나 교육적 요구를 보다 종합적으로 평가하는 과정이므로 교육 분야에서 진단 및 평가라는 용어를 대신하여 많이 사용하고 있다. 우리나라에서는 일반적으로 이러한 사정의 개념을 진단 및 평가라는 용어 안에 포함하여 사용하지만, 미국에서는 진단 및 평가라는 용어를 대신하여 대부분 사정이라는 용어를 더 중요하게 사용하고 있다.

평가(evaluation)는 대상학생의 양적 특성과 질적 특성을 파악하고 그것을 바탕으로 가치판단(value judgement)을 하여 교육적 결정을 내리고 교육의 방향을 제시하는 것을 말한다. 예를 들면, 특수교육프로그램이 개별 학생에게 어떠한 결과나 효과가 있는지를 알아보고, 특수교육프로그램을 계속 지속할지 결정하는 것은 평가에 해당되는 것이다.

이와 같이 교육활동을 계획하고 수행하기 위해서는 일반적으로 측정, 사정, 평가가 공통적으로 사용되며, 주로 통합적으로 사용되는 경우가 대부분이다. 예를 들면, 특수교육대상자를 판별하거나 장애학생을 진단하기 위해서는 체계적인 검사를 실시해야 하는데 이러한 검사를 실시할 때에 대상학생의 특성과 문제에 대해 측정, 사정, 평가가 모두 적용되어야 하는 것이다. 또한 교육프로그램을 구성하여 실시하고 그 효과를 알아보기 위해서도 측정, 사정, 평가가 같이 사용되어야 그 교육프로그램의 효과를 체계적으로 파악할 수 있다. 이와 같이 특수교육대상자나 장애학생을 선정하고 진단하는 과정뿐만 아니라 교육프로그램을 구성하여 실시하는 과정에서도 측정, 사정, 평가는 일반적으로 같이 사용된다.

　그리고 교육 분야에서는 이러한 진단 및 평가와는 또 다른 관점에서 선별, 진단, 교육적 사정, 검사, 판별, 의뢰 등의 용어도 사용하고 있다. 이러한 용어들에 대해서는 진단 및 평가의 일반적 단계에서 설명하였다.

2. 진단 및 평가의 일반적 단계

　교육에서 사용되는 진단 및 평가의 일반적 단계는 선별과 진단, 그리고 교육적 사정 및 평가와 같이 크게 두 가지 영역으로 나누어 볼 수 있다. 이러한 단계를 세부적으로 살펴보면 다음과 같이 5단계로 이루어져 있다.

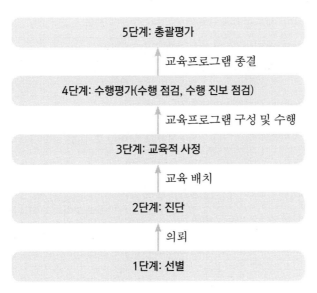

[그림 1-1] 특수교육에서 진단 및 평가의 일반적 단계

1) 선별

선별(screening)은 특수교육대상자나 장애 및 장애의 가능성을 가지고 있는 학생을 가려내는 데 그 목적이 있다. 장애로 인하여 학습에 어려움을 가질 수 있는 학생을 찾아내는 초기 단계의 진단 및 평가 활동이 된다. 즉, 장애나 특수교육대상자가 될 가능성이 있어 더욱 구체적인 진단검사를 받을 필요가 있는 학생을 찾아내기 위하여 일반적으로 빠르고 간편한 선별검사를 실시하게 된다. 예를 들면, 특수교육이 필요한 대상자를 판별하기 위하여 먼저 모든 학급 학생들을 대상으로 간단한 선별검사를 실시할 수 있다.

선별검사의 결과에 따라서 진단검사를 받도록 의뢰할 것인지를 결정하게 된다. 의뢰(referral)는 선별검사 결과에 따라서 더욱 구체적인 진단검사를 받을 필요가 있는 학생이 진단검사를 받을 수 있도록 보내는 절차를 의미한다. 일반적으로 어떤 학생이 교사의 관찰과 선별검사를 통하여 장애나 특수교육대상자로 의심이 되면 더욱 세밀한 검사를 실시하는 진단을 받도록 의뢰되는 것이다. 「장애인 등에 대한 특수교육법」(이하 「특수교육법」) 제14조는 "교육장 또는 교육감은 영유아의 장애 및 장애 가능성을 조기에 발견하기 위하여 지역주민과 관련 기관을 대상으로 홍보를 실시하고, 해당 지역 내 보건소와 병원에서 선별검사를 무상으로 실시하여야 한다."라고 규정하여 선별검사를 무상으로 실시하는 것을 의무화하고 있다.

<표 1-1> 특수아동의 진단 및 평가 단계의 기능과 목적

단계	기능	목적	결과
1단계 선별	장애나 장애의 가능성을 가지고 있는 학생을 판별하기 위한 간편 검사 실시	진단평가 대상자 선정	진단검사 의뢰 여부 결정
2단계 진단	장애나 특수교육대상자 판정을 위한 구체적인 검사 실시	장애나 특수교육대상자 진단 및 판정	특수교육대상자 판정 및 교육 배치 결정

3단계 교육적 사정	학생의 특성과 교육적 요구 사정	교육프로그램과 관련 서비스 구성을 위한 자료 수집	교육프로그램 내용과 방법 구성
4단계 수행평가	교육 수행의 진전을 점검하는 지속적인 형성평가	교육프로그램의 효과에 대한 수시 평가	교육프로그램 지속 또는 수정 및 보완
5단계 총괄평가	교육프로그램에 대한 종합적인 평가	실시된 교육프로그램의 효과에 대한 최종 평가	교육프로그램 효과 결정과 후속 프로그램 구성을 위한 자료 제공

2) 진단

진단(diagnosis)은 어떤 학생이 장애가 있는지 또는 특수교육대상자가 되는지를 판정하기 위하여 구체적이고 체계적인 검사를 실시하는 것을 의미한다. 진단검사를 통하여 대상학생이 장애나 특수교육대상자가 되는지에 대한 적격성을 결정하게 된다. 또한 진단검사를 통하여 얻게 된 다양한 검사자료들은 특수교육 배치 유형과 교육프로그램 구성 및 관련 서비스를 결정하는 데 사용된다. 이러한 진단검사에서는 진단 및 평가의 기본 방법인 측정, 사정, 평가의 모든 요소들이 사용된다. 따라서 진단검사에서는 다양한 모든 영역에서 체계적인 검사가 실시되어야 하는데, 이 책의 제2부에서 제시되는 여러 영역에서의 검사들이 실시되어야 하며, 그 결과에 따라서 학생이 특수교육이 필요한 특수교육대상자인지를 결정하게 된다.

진단 절차에 대하여 「특수교육법」 제14조에서는 다음과 같이 규정하고 있다. "보호자 또는 각급 학교의 장은 장애를 가지고 있거나 장애를 가지고 있다고 의심되는 영유아 및 학생을 발견한 때에는 교육장 또는 교육감에게 진단·평가를 의뢰하여야 한다. 다만, 각급 학교의 장이 진단·평가를 의뢰하는 경우에는 보호자의 사전 동의를 받아야 한다." 그리고 "교육장 또는 교육감은 제3항에 따라 진단·평가를 의뢰받은 경우, 즉시 특수교육지원센터에 회부하여 진단·평가를 실시하고, 그 진단·평가의 결과를 해당 영유아 및 학생의 보호자에게 통보하여야 한다."라고 규정하고 있다.

진단검사의 결과에 따라서 대상학생의 교육 배치가 결정된다. 진단검사를 받은 학생이 특수교육대상자로 판정을 받게 되면 특수교육을 받을 적격성이 부여되어 특수교육을 받을 수 있는 교육적 배치(educational placement)가 이루어진다. 일반적으로 특수교육대상자로 선정된 학생은 일반학교의 일반학급, 일반학교의 특수학급, 특수학교, 또는 순회교육 중 어느 하나에 배치되어 교육을 받게 된다. 일단 배치가 이루어지면 학생의 교육적 요구와 특성에 맞는 특수교육 및 지원 프로그램을 구성하기 위하여 교육적 사정을 실시하게 된다.

3) 교육적 사정

교육적 사정(educational assessment)은 학생의 교육적 요구와 특성을 파악하는 사정 절차를 말하는데, 이를 통하여 모든 학생의 현재 수준과 상태를 파악하고 학생에 적절한 교육 내용과 방법, 즉 교육프로그램을 구성하게 되는 것이다. 교육적 사정에서는 앞에서 설명한 측정, 사정, 평가에 사용되는 모든 방법이 적용된다. 이러한 교육적 사정을 통하여 학생의 교육프로그램과 관련 서비스 프로그램이 구성되고 교육이 실행된다. 교육적 사정을 체계적으로 실시하기 위하여 이 책의 제2부에서 제시되는 다양한 영역의 검사들이 사용된다.

4) 수행평가

평가(evaluation)라는 용어는 교육 수행에 있어서 변화의 정도(진전도)와 그 효과를 파악하는 것을 말하는데, 이러한 평가는 크게 '수행평가'와 '총괄평가'로 나누어 볼 수 있다. 수행평가(performance assessment)는 학생의 교육 수행과 진보를 지속적으로 점검하고 평가하는 것을 말하는데, 형성평가(formative assessment)로도 불린다. 즉, 교육이 진행되는 과정에서 학생의 수행 능력과 진전의 정도를 파악하고 필요한 경우에는 교육 내용이나 방법을 수정·보완하기 위하여 실시하는 평가를 의미한다. 특히 특수교육에서는 학생의 교육 수행과 진전을 수시로 점검하여 진보를 보이지 않게 되면 교육프로그램의 내용과 방법을 수정하고 보완하여 효과적인 교육이 이루어지도록 하여야 한다. 특수교육은 개별화교육이 적용되기 때문에 성취수준을 지속적으로 평가하지 않는다면 효과적인 교육을 실시하기 어렵게 되며, 이를 위하여 학생의 교육수행에 대해 최대한 자주 평가하는 것은 학생의 성취

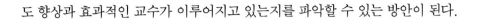

도 향상과 효과적인 교수가 이루어지고 있는지를 파악할 수 있는 방안이 된다.

5) 총괄평가

총괄평가(summative evaluation)는 학생에게 실시된 교육프로그램의 전체적인 효과를 파악하는 것으로써 프로그램 평가(program evaluation)로도 불린다. 특수교육에서는 주로 한 학기나 1년 단위로 계획되어 실행되는 개별화교육프로그램에 대한 전체 효과를 평가하는 연간평가(annual evaluation)가 그 예이다. 총괄평가는 일반적으로 실시된 교육프로그램의 효과를 최종적으로 평가하는 결과평가로서의 의미가 강하기 때문에, 교육프로그램의 성격에 따라서 연간평가 외에도 다양한 시간 간격으로 실시되기도 한다. 예를 들면, 지적장애학생에게 방과 후 교육프로그램을 방학 동안 실시하고 그 프로그램에 대한 전체 효과를 점검하는 총괄평가를 실시한다면, 그 기간은 1년이 아니라 방학 동안의 기간이 되는 것이다.

3. 진단 및 평가의 유형

1) 규준참조검사와 준거참조검사

검사도구는 크게 규준참조검사와 준거참조검사로 나누어 볼 수 있다. 규준참조검사(norm-referenced test)는 검사를 받는 학생과 같은 또래 학생들의 점수 분포인 규준을 기준으로 대상학생의 점수를 비교함으로써, 또래 집단 내에서 대상학생의 상대적 위치에 대한 정보를 제공하는 검사이다. 규준참조검사는 주로 표준화 검사(standardized test)인데, 표준화 검사는 검사문제가 항상 동일한 방법과 검사 절차로 실행되도록 만들어진 검사이며, 이러한 표준화 검사를 만드는 작업을 통하여 비교 근거가 되는 규준이 만들어지게 된다. 이 규준을 통하여 한 학생의 점수가 전체 모집단에서 어느 정도에 해당되는지를 알 수 있게 되며, 또한 전체 모집단의 평균점수로부터 얼마나 차이가 나는지를 알 수 있게 된다. 예를 들면, 평균점수가 100인 웩슬러 아동용 지능검사(Wechsler Intelligence Scale for Children: WISC-V)(Wechsler, 2014)로 지능검사를 실시하였을 때, 11세 학생의 지능검사 점수가 85점이라면 그 또래 연령 학생의 규준에서 대상학생의 지능은 백분율로 보면 약 15번째 백분위수(percentile)에 해당되는 지적능력이라는 것을 알 수 있게 된다. 이를 알기 쉽게 말하자면, 지능지수 85점이라는 것은 이 점수 밑으로 약 15%의 학생이 있다는 것을 의미하는 것으로 이해하면 된다.

준거참조검사(criterion-referenced test)는 미리 정한 수행 수준에 학생의 수행이 도달했는지 여부를 측정하는 형태의 검사이다. 즉, 사회성이나 언어와 같이 측정하고자 하는 영역에서 학생이 교육을 받고 나서 학생의 수행기술이 얼마나 진전되었는지를 파악할 수 있는 검사방법이다. 다른 학생들의 점수와 비교하는 규준참조검사와는 달리, 준거참조검사는 학생의 교육 전과 후를 그 학생 내에서 비교하는 것이다. 예를 들면, 교육을 받기 전의 읽기 점수가 50점이었는데, 교육을 받은 후에 70점이 되었다면 읽기 점수가 20점이 향상된 것을 알 수 있다. 따라서 이러한 준거참조검사는 대상학생의 구체적인 수행변화를 볼 수 있는 장점이 있어 특히 수업현장에서 많이 사용되고 있으며, 특수교육에서는 장애학생의 실제적인 변화를 볼 수 있기 때문에 매우 중요하게 사용된다.

2) 형식적 평가와 비형식적 평가

형식적 평가(formal evaluation)는 학생에게 검사를 실시하는 데 필요한 실시방법, 채점 및 결과 해석에 대한 구체적인 지침을 가지고 평가하는 것을 말한다. 이러한 검사는 주로 규준참조검사도구들을 사용하게 된다.

비형식적 평가(informal evaluation)는 검사 실시에 대한 구체적인 방법을 제시하지 않는 덜 구조화된 검사를 의미하지만, 주로 학생의 현재 수준이나 교육프로그램을 통한 진보나 효과를 파악하기 위하여 사용한다. 이러한 평가는 학생의 수행을 직접 평가할 수 있기 때문에 교육과 임상 현장에서 많이 사용되고 있다.

3) 교육과정중심 평가

교육과정중심 평가(curriculum-based evaluation)는 학생 수행에 대한 평가를 교과나 교육과정에 근거하여 평가하는 것을 말한다. 교육과정중심 평가는 교육과정중심 측정과 교육과정중심 사정으로 나누어 볼 수 있다. 교육과정중심 측정

(curriculum-based measurement: CBM)은 앞에서 살펴본 측정의 개념을 강조하는 것으로서 교육과정에 근거하여 평가를 하되 양적인 자료, 즉 구체적인 수치를 제시할 수 있는 평가를 말한다. 교육과정중심 사정(curriculum-based assessment: CBA)은 교육과정에 근거한 평가를 실시하되 양적 자료뿐만 아니라 질적 자료까지 포함하는 포괄적인 평가를 말한다.

4. 진단 및 평가의 유의점

진단 및 평가를 타당하고 효과적으로 실행하기 위해서 고려하여야 할 유의점을 몇 가지 제시하면 다음과 같다.

첫째, 진단 및 평가 도구와 절차는 평가 목적에 적절하여야 하고, 평가방법은 최대한 타당하여야 하며, 또한 평가 결과는 목적에 맞게 유용하고 적절하게 사용되어야 한다.

둘째, 진단 및 평가는 학생을 진단하고 분류하기 위한 목적도 있지만, 궁극적으로 학생의 교육과 필요한 지원을 제공하기 위하여 실시한다는 것을 기억해야 한다. 예를 들면, 특수교육대상자나 장애학생을 진단하고 평가하는 것은 대상학생에게 특수교육을 받는 적격성을 결정하고 그 학생의 교육과 성장에 필요한 적절한 교육프로그램을 구성하고 실행하기 위한 것이다.

셋째, 진단 및 평가에 있어서 검사 결과뿐만 아니라 검사 과정도 중요하게 고려하여야 한다. 교육현장에서 진단 및 평가는 일반적으로 검사 결과를 중요시하는 결과중심 사정(product-based assessment)을 강조하지만, 검사 대상학생이 검사자나 환경과 어떻게 상호작용하는지 또는 학생이 주어진 검사 항목이나 과제를 어떻게 수행하는지를 관찰하는 과정중심 사정(process-based assessment)도 매우 의미가 있다. 과정중심 사정을 통하여 대상학생이 과제를 수행하는 과정에서 보이는 수행 행동이나 독특한 능력을 파악할 수 있으며, 이러한 정보는 교육활동을 구성하는 데 매우 중요하게 사용될 수 있기 때문이다. 예를 들면, 심한 지적장애학생이나 운동기능이 심하게 지체된 영유아는 결과중심 사정만으로는 적절하고 타당한 진단 및 평가를 할 수 없는 경우가 많기 때문에 이러한 과정중심 사정을 통하여 교육 내용과 방법을 계획하는 데 중요한 정보와 통찰을 얻을 수 있다(이소현 외, 2009).

  넷째, 진단 및 평가를 실시할 때에 부모, 교사, 전문가가 협력한다면 더욱 타당한 평가를 실시할 수 있다. 진단 및 평가 과정에서 대상학생을 잘 알고 있는 부모나 교사가 적극적으로 참여한다면 대상학생에 대해 실제적이면서도 구체적인 정보를 얻을 수가 있으며, 이러한 정보는 학생의 진단 및 평가뿐만 아니라 적절한 교육프로그램을 구성하고 실행하는 데 유용하게 활용될 수 있다.

  다섯째, 진단 및 평가 검사를 실시하는 목적과 각 검사도구의 유형과 특성을 잘 고려하여 적절하고 타당한 진단 및 평가를 실시하는 것이 필요하다. 특수교육대상자를 판별하고 진단하기 위해서는 표준화 검사를 주로 많이 사용하는데, 그 이유는 대상학생의 점수가 다른 학생들과 비교하여 어느 정도에 해당되는지를 파악하여 특수교육대상자 여부를 타당하게 결정할 수 있기 때문이다. 예를 들면, 지적장애학생으로 판별되기 위해서는 웩슬러 지능검사 점수가 약 70점 이하가 되는 것이 한 가지 조건이 되기 때문이다. 그러나 이러한 지능검사 점수는 구체적인 교육내용을 선정하는 데에는 그리 많은 정보를 제공해 주지 않는다. 따라서 장애학생의 현재 수준에 적절한 교육 내용과 방법을 알기 위해서는 표준화 검사보다 준거참조검사나 교육과정중심 측정을 사용하는 것이 필요하다. 예를 들면, 장애학생의 신변처리 기술을 평가하고 이에 대한 교육프로그램을 구성하고자 할 때, 목표로 하는 신변처리 기술을 직접 관찰한다면 가장 효과적으로 현재 수준을 파악할 수 있게 된다. 그러므로 장애학생을 위한 개별화교육계획의 목표와 내용을 구성할 때에는 실제 교육과정과 목표 기술에 대한 학생의 수행능력을 직접 측정하는 준거참조검사 결과가 더욱 유용한 자료가 된다. 이와 같이 진단 및 평가 검사를 실시할 때에는 그 목적에 따라서 타당한 검사도구나 방법을 선택하는 것이 중요하다.

5. 특수교육대상자의 진단 및 평가 절차

1) 특수교육대상자의 진단 · 평가와 선정 및 배치

  특수교육 분야에서 진단 · 평가와 선정 및 배치와 관련된 일반적인 절차는 「특수교육법」에 근거하여 실시되고 있다. 이러한 절차는 일반적으로 선별, 의뢰, 진단·평가, 선정, 배치로 나누어 볼 수 있으며, 동법의 '제3장 특수교육대상자의 선정 및 학교배치 등'에 포함되어 있는 제14조~제17조에 구체적으로 명시되어 있다(교육부, 2016). 이에 대한 전반적 절차를 제시하면 다음과 같다. 특수교육대상자 진단·평가의뢰서 제출 및 처리절차에 대해서는 [그림 1-2]에 제시되어 있다.

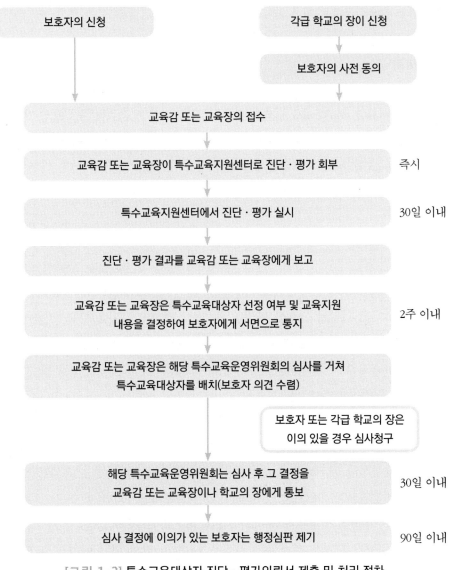

[그림 1-2] 특수교육대상자 진단·평가의뢰서 제출 및 처리 절차

(1) 선별

장애의 조기 발견을 위하여 먼저 선별검사를 실시할 수 있다. 즉, 교육장 또는 교육감은 영유아의 장애 및 장애 가능성을 조기에 발견하기 위하여 지역주민과 관련 기관을 대상으로 홍보를 실시하고, 해당 지역 내 보건소와 병원에서 선별검사를 무상으로 실시하여야 한다. 그리고 교육장 또는 교육감은 제1항에 따른 선별 검사를 효율적으로 실시하기 위하여 지방자치단체 및 보건소와 병·의원 간에 긴밀한 협조체제를 구축하여야 한다.

(2) 의뢰

특수교육대상자에 대한 의뢰는「특수교육법」에서 그 규정을 찾아볼 수 있다. 「특수교육법」 제14조 제3항에서 보호자 또는 각급 학교의 장은 제15조 제1항 각 호에 따른 장애를 가지고 있거나 장애를 가지고 있다고 의심되는 영유아 및 학생을 발견한 때에는 교육장 또는 교육감에게 진단·평가를 의뢰하여야 한다. 다만, 각급 학교의 장이 진단·평가를 의뢰하는 경우에는 보호자의 사전 동의를 받아야 한다.

(3) 진단·평가

특수교육대상자 진단·평가 의뢰서를 접수한 교육장(고등학교: 교육감)은 즉시 진단·평가의뢰서를 특수교육지원센터에 회부하고, 특수교육지원센터에서는 30일 이내에 진단·평가를 실시한다. 그리고 특수교육대상자 선정 여부와 필요한 교육지원에 대한 최종 의견을 작성하여 진단·평가 결과통지서를 교육장(고등학교: 교육감)에게 제출한다.

(4) 선정·배치

교육장(고등학교: 교육감)은 특수교육지원센터로부터 진단·평가 결과통지서를 통지받은 때로부터 2주 이내에 특수교육대상자로 선정 여부 및 교육지원 내용을 결정하여 보호자에게 서면으로 통지한다. 특수교육대상자의 선정 기준은「특수교육법 시행령」 제10조의 별표에 제시되어 있는데 〈표 1-2〉와 같다.

특수교육대상자 선정을 위한 특수교육운영위원회 회의 때에 배치도 함께 고려하고 심사하여 적절한 교육환경에 배치한다. 배치의 경우도 선정과 마찬가지로 보호자의 의견이 크게 작용하며, 대부분 거주지에서 가까운 곳에 배치한다. 관련

내용은 「특수교육법」 제17조 제1항(1. 일반학교의 일반학급, 2. 일반학교의 특수학급, 3. 특수학교)에 명시되어 있다.

<표 1-2> 특수교육대상자 선정기준(제10조 관련)

장애 영역	선정 기준
시각장애	시각계의 손상이 심하여 시각기능을 전혀 이용하지 못하거나 보조공학기기의 지원을 받아야 시각적 과제를 수행할 수 있는 사람으로서 시각에 의한 학습이 곤란하여 특정의 광학기구·학습매체 등을 통하여 학습하거나 촉각 또는 청각을 학습의 주요 수단으로 사용하는 사람
청각장애	청력 손실이 심하여 보청기를 착용해도 청각을 통한 의사소통이 불가능 또는 곤란한 상태이거나, 청력이 남아 있어도 보청기를 착용해야 청각을 통한 의사소통이 가능하여 청각에 의한 교육적 성취가 어려운 사람
지적장애	지적 기능과 적응행동상의 어려움이 함께 존재하여 교육적 성취에 어려움이 있는 사람
지체장애	기능·형태상 장애를 가지고 있거나 몸통을 지탱하거나 팔다리의 움직임 등에 어려움을 겪는 신체적 조건이나 상태로 인해 교육적 성취에 어려움이 있는 사람
정서·행동장애	장기간에 걸쳐 다음 각 항목의 어느 하나에 해당하여 특별한 교육적 조치가 필요한 사람 가. 지적·감각적·건강상의 이유로 설명할 수 없는 학습상의 어려움을 지닌 사람 나. 또래나 교사와의 대인관계에 어려움이 있어 학습에 어려움을 겪는 사람 다. 일반적인 상황에서 부적절한 행동이나 감정을 나타내어 학습에 어려움이 있는 사람 라. 전반적인 불행감이나 우울증을 나타내어 학습에 어려움이 있는 사람 마. 학교나 개인 문제에 관련된 신체적인 통증이나 공포를 나타내어 학습에 어려움이 있는 사람
자폐성장애	사회적 상호작용과 의사소통에 결함이 있고, 제한적이고 반복적인 관심과 활동을 보임으로써 교육적 성취 및 일상생활 적응에 도움이 필요한 사람
의사소통장애	다음 각 항목의 어느 하나에 해당하여 특별한 교육적 조치가 필요한 사람 가. 언어의 수용 및 표현 능력이 인지능력에 비하여 현저하게 부족한 사람 나. 조음능력이 현저히 부족하여 의사소통이 어려운 사람 다. 말 유창성이 현저히 부족하여 의사소통이 어려운 사람 라. 기능적 음성장애가 있어 의사소통이 어려운 사람
학습장애	개인의 내적 요인으로 인하여 듣기, 말하기, 주의집중, 지각(知覺), 기억, 문제해결 등의 학습기능이나 읽기, 쓰기, 수학 등 학업성취 영역에서 현저하게 어려움이 있는 사람
건강장애	만성질환으로 인하여 3개월 이상의 장기입원 또는 통원치료 등 계속적인 의료적 지원이 필요하여 학교생활 및 학업 수행에 어려움이 있는 사람
발달지체	신체, 인지, 의사소통, 사회·정서, 적응행동 중 하나 이상의 발달이 또래에 비하여 현저하게 지체되어 특별한 교육적 조치가 필요한 영아 및 9세 미만의 아동

2)「특수교육법」에서 제시한 진단 및 평가 검사도구

특수교육대상자의 선별검사와 진단·평가 영역별 검사도구는「특수교육법 시행규칙」별표에 구체적으로 제시되어 있으며 〈표 1-3〉과 같다. 현재까지「특수교육법」에서는 건강장애와 발달지체에 대한 구체적인 검사도구는 제시되지 않고 있다.

〈표 1-3〉 특수교육대상자 선별검사 및 진단·평가 영역(제2조 제1항 관련)

구분		영역
장애 조기발견을 위한 선별검사		1. 사회성숙도검사 2. 적응행동검사 3. 영유아발달검사
진단·평가 영역	시각장애·청각장애 및 지체장애	1. 기초학습기능검사 2. 시력검사 3. 시기능검사 및 촉기능검사(시각장애의 경우에 한함) 4. 청력검사(청각장애의 경우에 한함)
	지적장애	1. 지능검사 2. 사회성숙도검사 3. 적응행동검사 4. 기초학습검사 5. 운동능력검사
	정서·행동장애 자폐성장애	1. 적응행동검사 2. 성격진단검사 3. 행동발달평가 4. 학습준비도검사
	의사소통장애	1. 구문검사 2. 음운검사 3. 언어발달검사
	학습장애	1. 지능검사 2. 기초학습기능검사 3. 학습준비도검사 4. 시지각발달검사 5. 지각운동발달검사 6. 시각운동통합발달검사

비고: 특수교육대상자 선정을 위한 장애유형별 진단·평가 시 장애인증명서·장애인수첩 또는 진단서 등을 참고자료로 활용할 수 있다.

진단 및 평가 방법

❖ 이 성 용

장애가 의심되는 학생을 대상으로 진단 및 평가하는 것은 일차적으로 학생의 장애를 결정하고 명명하여 학생에게 요구되는 교육 및 관련 서비스 지원의 적격성 여부를 결정짓기 때문에 중요하다. 교육적 관점에서도 학생의 현재 수준을 파악하고, 앞으로의 교육 방향과 목표를 수립하는 데 중요한 교육적 기초자료를 제공하기 때문에 진단 및 평가가 필요하다.

이 장에서는 장애학생의 적격성 여부 판단 및 교육평가(진단평가, 형성평가, 총괄평가)에서 다수 활용하는 표준화 검사, 관찰, 면접, 수행평가 방법에 대해 구체적으로 살펴보고자 한다.

1. 표준화 검사

장애학생이 진단 및 평가를 받았다고 하면 흔히 검사를 받았다고 표현한다. 여기에서의 검사는 대부분 전문가(임상심리사, 특수교사 등)가 표준화된 검사도구를 활용해 진단 및 평가하는 것을 뜻한다. 검사는 많은 사람들이 해석하기 쉬운 객관적인 수치를 제공한다는 장점이 있으며, 장애학생이 또래 일반학생에 비해 어느 정도 수준을 보이는지에 대한, 즉 상대적 위치에 대한 정보를 제공하기 때문에 현장에서 많이 활용된다. 또한 이 검사 결과는 장애를 결정하는 적격성 여부의 판단 기준이 되며, 행정기관에서 받을 수 있는 지원의 수준을 결정짓기 때문에 다른 진단 및 평가 방법에 비해 중요하게 간주되고 있다.

검사도구를 활용한 진단 및 평가 방법은 각각의 검사도구에 따른 검사 요강(매뉴얼)에 구체적으로 제시되어 있으며, 앞으로의 장에서는 각 영역별 검사도구를 구체적으로 제시하면서 진단 및 평가 방법을 기술한다. 따라서 여기에서는 표준화 검사의 기본 개념과 검사도구의 신뢰도와 타당도를 중심으로 살펴봄으로써 검사도구를 선정하거나 해석할 때 유용한 기초 정보를 제공하고자 한다.

1) 표준화 검사의 개념 및 제작

표준화 검사는 누가 사용하더라도 검사의 실시, 채점, 결과 해석이 동일하도록 절차와 방법을 일정하게 만들어 놓은 검사를 말한다. 구체적으로 표준화 검사는 표준화된 조건하에서 검사가 실시될 수 있도록 검사 실시를 위한 지시, 검사 시간의 제한, 검사 실시 환경을 구조화하고 있다. 채점 과정도 표준화하여 채점상의 주관이나 편견을 배제하기 위해 채점 절차를 엄격하게 규정하고 있고, 흔히 객관식 문항의 형식을 취하고 있다. 결과 해석의 표준화를 위해서 해석 절차와 방법을 엄밀하게 규정하고 있으며, 해석의 의의와 균일성을 유지하기 위해 규준집단의 검사 결과를 제시하고 있다. 보통 개인이 얻은 검사 점수는 규준집단과 비교하여 백분위나 T점수 등으로 나타내게 되며, 이는 규준집단(또래 집단)에서 보았을 때의 상대적 위치를 파악할 수 있게 한다. 이러한 표준화 검사의 실시, 채점, 결과 해석은 모두 검사 요강(매뉴얼)에 기록되어 있다.

표준화 검사가 어떠한 절차와 과정을 거쳐 만들어지는가를 이해하는 것은 표준화 검사를 잘 이해하고 적절하게 활용하는 데 유용하다. 표준화 검사도구의 제작 과정은 제작 계획 수립 → 문항 작성 → 예비 조사 → 문항 분석 → 표준화 검사 제작 → 검사의 양호도 검증과 규준 작성 → 검사 요강의 완성 순으로 이루어진다. 표준화 검사도구의 제작 과정에 따른 단계별 제작 내용을 간략하게 제시하면 다음 〈표 2-1〉과 같다(김석우, 2015).

표준화 검사는 개념에서 살펴보듯 누가 사용하더라도 검사의 실시와 채점 그리고 결과 해석이 동일하게 이루어져야 한다. 때문에 표준화 검사의 제작 과정에서 무엇보다 신뢰도와 타당도를 확보하는 것이 매우 중요하다. 이와 관련하여 검사 요강(매뉴얼)에는 신뢰도와 타당도를 측정 및 제시하고 있으며, 우리가 활용하고 있는 표준화 검사도구는 신뢰도와 타당도를 갖추어 개발 및 판매되고 있다. 따라서 표준화 검사도구를 이해하는 데 필요한 신뢰도와 타당도에 대한 종류와 기본 개념을 간략하게 제시하고자 한다.

〈표 2-1〉 표준화 검사의 단계별 제작 과정

단계	단계별 제작 내용
1. 제작 계획 수립	• 기존의 검사 및 문헌을 통해 자료를 수집하고 분석한다. • 문항 형식과 유형, 하위검사의 수와 문항 수를 계획한다.
2. 문항 작성	• 선택된 문항 형식에 따라 문항을 제작한다. • 문항 수는 실제 검사에 포함될 수의 두 배 이상이 되도록 한다.

3. 예비 조사	• 활용하려는 대상을 대표할 수 있는 표본을 대상으로 실시한다. • 실시 후 문항을 수정하고 여러 문제점에 대하여 사전에 검토한다.
4. 문항 분석	• 각 문항에 대하여 난이도, 변별도, 타당도, 선택지별 오답률을 검토한다.
5. 표준화 검사 제작	• 최종적인 형태의 표준화 검사로 제작하고 실시 방법과 채점 방법을 결정한다.
6. 검사의 양호도 　검증과 규준 작성	• 검사의 양호도 검증을 위해 신뢰도와 타당도를 검증한다. • 평가 대상인 모집단을 가장 잘 대표할 수 있는 집단을 표집하여 검사를 실시하고 그 결과에 의해 규준을 작성한다.
7. 검사 요강의 완성	• 검사의 실행 · 처리 · 해석의 지침서로 검사 전반에 걸친 상세한 내용이 수록되어 있는 검사 요강을 만든다.

출처: 김석우(2015).

2) 검사도구의 신뢰도와 타당도

(1) 신뢰도

신뢰도(reliability)는 측정 점수의 안정성 혹은 일관성 정도를 의미하는 것으로, 동일한 대상을 반복 측정하여도 같은 결과를 가져올 수 있는 정도를 뜻한다. 결과적으로 신뢰도는 측정하고자 하는 특성을 측정 오차(measurement error, 측정할 때마다 다른 결과를 얻게 되는 것) 없이 측정하느냐와 관계[1]한다. 따라서 어떠한 검사도구가 측정하려는 사람의 특성을 측정할 때마다 일관되게 일정한 결과를 얻게 된다면 그 검사도구는 신뢰성 있는 도구라고 볼 수 있다. 신뢰도를 살펴보는 방법으로는 검사-재검사 신뢰도, 동형검사 신뢰도, 반분신뢰도, 문항 내적합치도 등이 대표적이다.

---

[1] 신뢰도는 측정도구에 의해 산출된 자료가 지니고 있는 전체 변량에 대한 실제 변량의 비율로, 완전한 신뢰도 지수인 1에서 전체 변량에 대한 오차 변량의 비율을 뺀 것이다(김석우, 박상욱, 2015).

$$r_{tt} = \frac{V_t - V_e}{V_t} = 1 - \frac{V_e}{V_t} \ (r_{tt}: 신뢰도 계수, V_t: 전체 변량, V_e: 오차 변량)$$

① 검사-재검사 신뢰도

검사-재검사 신뢰도(test-retest reliability)는 검사의 신뢰도를 알아보기 위해
많이 사용되는 방법으로 동일 집단에 동일한 검사를 일정 시간 간격을 두고 반
복적으로 실시한 후에 첫 번째 검사 점수와 두 번째 검사 점수 간의 안정성 계수
(coefficient of stability)를 산출해 신뢰도를 구한다. 검사-재검사 신뢰도에서는 두
검사의 시간 간격이 가장 중요하다. 일반적으로 두 검사의 시간 간격을 너무 짧게
잡으면 첫 번째 검사에 대한 기억이나 연습 효과가 나타나고, 반대로 두 검사의 간
격을 너무 길게 잡으면 발달이나 성숙의 효과가 나타날 수 있다. 그래서 보통 검
사-재검사 신뢰도 측정을 위해서는 실시 간격을 2주 내지 4주로 설정한다.

② 동형검사 신뢰도

동형검사 신뢰도(equivalent-form reliability)는 두 개의 동형검사를 제작하고, 이
를 동일 집단에게 실시하여 두 점수 간의 동형성 계수(coefficient of equivalence)를
산출해 신뢰도를 구한다. 동형검사는 문항 내용만 다르고 두 개의 검사도구의 평
균, 표준편차, 문항 수, 문항 난이도 및 변별도 등이 같아야 한다. 동형검사 신뢰도
는 검사-재검사 신뢰도가 가지는 연습 효과와 실시 간격에 따른 문제점 등을 해
결할 수 있지만 검사도구의 제작이 현실적으로 어렵다는 제한점이 있다.

③ 반분신뢰도

반분신뢰도(split-half reliability)는 한 개의 검사를 동일한 검사 대상 집단에게 실
시한 다음, 적절한 방법에 의해 두 부분으로 분할하고 이렇게 반분된 검사 점수를
각각 독립된 검사로 간주하여 둘 간의 동질성 계수(coefficient of homogeneity)를
산출해[2] 신뢰도를 구한다. 반분신뢰도는 동형 검사도구 제작에 따른 문제를 피할

---

2) Spearman-Brown 교정 공식을 사용하여 두 부분을 합친 검사 전체의 신뢰도를 구한다(김
   석우, 박상욱, 2015).

$$r_{tt} = \frac{2r_{hh}}{1 + r_{hh}}$$

r_{tt}: 전체검사의 교정된 신뢰도 계수
r_{hh}: 반분된 검사 점수 간의 상관계수

수 있고, 시간 간격에 따른 문제점 등을 해결할 수 있으며 시간과 비용 면에서 효율적이다. 그러나 반분신뢰도는 문항을 나누는 방식에 따라 신뢰도가 달라질 수 있다는 단점이 있다. 측정도구를 양분하는 방식은 전반부와 후반부로 나누는 방식, 홀수 문항과 짝수 문항으로 나누는 방식(기우법), 무작위로 문항을 나누는 방식 등이 있다.

④ 문항 내적합치도

문항 내적합치도(inter-item consistency)는 검사에 포함된 문항 하나하나를 독립된 한 개의 검사로 생각하여 문항들 간의 일치도를 평가하는 것으로 측정 대상을 어느 정도 일관성 있게 측정하는지 내적합치도 계수를 추정해 신뢰도를 구한다. 내적합치도 계수를 추정하는 방법으로는 Kuder와 Richardson의 KR-20/ KR-21과 Cronbach에 의해 개발된 Cronbach α가 있으며, 한 번의 검사 시행으로 신뢰도를 추정할 수 있는 장점이 있다. 이 중 일반적으로 Cronbach α를 많이 사용하며, 보통 SAS나 SPSS와 같은 컴퓨터 프로그램을 이용해 쉽게 구할 수 있다. 새로운 측정도구를 개발하거나 연구 목적으로 사용하는 경우 신뢰도는 .6을 넘어야 하지만 진단을 위한 검사도구의 경우 신뢰도가 .9를 넘어야 한다.

(2) 타당도

타당도(validity)는 검사도구가 측정하고자 하는 것을 얼마나 충실하게 측정하는지를 의미한다. 타당도가 낮은 검사도구로 측정하면 검사의 목적과 다른 속성을 재고 있는 것이며, 그 검사 결과로부터 추론하는 것은 적절하지 않다. 그러므로 검사도구에서의 높은 타당도는 반드시 갖추어야 할 중요한 조건이라고 볼 수 있다. 타당도를 살펴보는 방법으로는 내용타당도, 준거타당도, 구인타당도 등이 대표적이고, 준거타당도의 경우에는 예언타당도와 공인타당도로 나누어 볼 수 있다.

① 내용타당도

내용타당도(content validity)는 검사도구가 측정하고자 하는 것을 정확하게 측정하였는지를 전문가의 체계적이고 논리적인 사고에 입각하여 평가하는 것이다. 내용타당도는 주관적인 타당도로 주어진 검사도구가 측정 대상인 심리적 특성의 내용이나 학습 내용 등 검사의 내용을 적절히 반영하는지에 대해 검사도구의 적절성을 평가한다. 심리검사에서의 내용타당도는 심리검사 문항이 이론적 근거에 기초하는지에 대해 이론과 그 이론에 관련한 전문가들의 의견 일치도를 평가하는 것이다. 한편, 내용타당도와 혼동하여 사용하는 것으로 안면타당도(face validity)가 있다. 이 안면타당도는 검사 문항을 전문가가 아닌 일반인들이 대략적이고 주관적으로 훑어보고 그 검사의 타당도를 평가한다. 따라서 안면타당도는 전문가에 의해 문항에 대한 체계적이고 논리적인 판단을 하는 내용타당도와는 다르기 때문에 같은 의미로 용어를 혼용하여 쓰는 것은 지양해야 한다.

② 준거타당도

준거타당도(criterion validity)는 검사 점수와 준거(검사를 평가하기 위한 기준)와의 관련성을 분석하는 것으로 검사의 점수와 어떠한 외적 준거와의 상관계수를 산출해 추정한다. 따라서 준거타당도는 기존의 공인된 검사도구가 존재할 경우에만 가능하며, 이때 공인된 검사도구는 준거로서 충분한 자격을 지니고 타당성을 인정받은 도구여야 한다. 준거타당도는 검사도구를 평가하는 준거가 현재(일치성)인지 미래(예측성)인지에 따라 다시 공인타당도와 예언타당도로 나눌 수 있다.

공인타당도(concurrent validity)는 검사 점수와 준거를 동시에 수집해 분석하는 것으로 주어진 검사 점수와 그 검사 이외의 현재 다른 어떤 준거 점수 간의 상관관계를 산출해 추정한다. 예를 들어, 학생의 발달을 평가하기 위해 간단한 학생발달 체크리스트를 개발하였다고 하면 이러한 학생발달 체크리스트의 공인타당도는 기존의 공인된 유아발달검사를 준거로 사용해 자료를 수집한 후 개발한 학생발달 체크리스트 결과와 유아발달검사의 결과에 대한 상관관계를 산출하여 공인타당도를 추정해 볼 수 있다.

예언타당도(예측타당도, predictive validity)는 검사 점수가 미래의 어떤 행동이나 특성과의 관계에 의해 예언(추정)되는 타당도이다. 이때 준거는 미래의 행동 특성(학업 성적, 사회 및 직업 적응 등)이 된다. 예언타당도는 검사를 실시하고 일정 기간이 지난 후 검사 결과와 관련 있는 행동이나 특성에 대하여 이전에 실시한 검사 결과와의 상관관계를 산출해 추정한다. 예를 들면, 유치원에 다니는 학생의 학습준비도 검사와 학생이 초등학교에 입학한 후 학업성취도 검사 간의 상관관계를 산출하여 예언타당도를 추정해 볼 수 있다.

③ 구인타당도

구인타당도(construct validity)는 검사가 측정하는 구성 개념을 조작적으로 정의하고 이러한 조작적 정의에 따라 구성 개념을 적절하게 측정하였는지를 검토하는 것이다. 구인타당도는 상관관계를 활용하는 방식과 요인분석을 실시하는 방식이 있으며, 일반적으로 요인분석을 사용하고 있다. 요인분석이란 여러 문항 혹은 측정 변인들로 구성된 검사도구의 문항 혹은 변인들 간의 상호관계를 분석해 서로 상관이 높은 변인을 모아 하나의 요인을 구성하고, 그 요인에 의미를 부여하는 통계적인 방법이다. 요인분석은 이론상으로 그 구조가 확립되어 있지 않거나 그 자료의 구조가 알려지지 않을 때 사용하는 탐색적 요인분석(exploratory factor analysis)과 변인들 간의 기존 관계를 가설로 설정하고 그 관계를 입증하는 확인적 요인분석(confirmatory factor analysis)으로 나눌 수 있다.

3) 원점수와 규준점수

표준화 검사 결과지를 살펴보면, 학생이 질문에 반응하여 획득한 점수를 적는 난과 함께 획득한 점수를 연령표에 비추어 환산 점수를 적는 난을 쉽게 볼 수 있다. 학생의 능력이나 수준은 환산 점수에 근거하여 해석하는데, 이렇게 하는 이유는 대부분의 표준화 검사가 규준참조검사이기 때문이다. 즉, 학생이 획득한 점수를 그대로 반영하는 것이 아니라 현재 학생과 같은 연령 집단에 비추어 학생이 어디에 위치하는지 상대적인 위치를 보여 주는 규준점수로 해석한다. 여기에서는 표준화 검사를 실시하고 결과를 해석하는 데 있어 활용되는 원점수와 규준점수의 개념에 대해 설명하고자 한다.

(1) 원점수

원점수(raw score)는 검사도구를 사용하여 어떤 사물이나 대상을 측정한 결과 얻게 되는 점수로 다른 점수 체제로 바꾸기 전의 점수를 말한다. 예를 들어, 지능 검사를 실시할 때 학생이 보이는 반응에 따라 점수를 매기고 검사 영역별로 합계 점수를 낸다. 이때에 각 영역별로 합계한 점수를 원점수라고 한다. 이러한 원점수는 검사 대상의 수행능력을 숫자로 요약해서 표시해 주지만 다른 정보와 함께 제시되지 않으면 무의미한 점수라고 할 수 있다. 즉, 여러 원점수들은 해석할 수 있는 기준이 없기 때문에 각각의 원점수는 상대적 위치를 알 수 없게 된다. 그래서 일반적으로 원점수를 다른 점수로 환산하여 제시하며 이를 규준점수라고 한다. 규준점수에는 백분위점수, 표준점수(Z점수, T점수) 등이 있다.

(2) 규준점수

① 백분위점수

백분위점수(percentile score)는 집단의 크기와 상관없이 집단을 100으로 잡고 검사를 받은 학생에서 얻은 원점수를 바탕으로 등위를 매겨 100부터 0까지 부여하여 표시하는 방법이다. 이러한 백분위점수는 집단의 크기를 100으로 규정하는 공통 기준이 있어 다른 집단의 점수 분포, 다른 검사도구의 점수 분포에서 나온 결과를 서로 비교할 수 있어 표준화 검사에서 규준으로 자주 사용된다.

② 표준점수

정규분포를 가정하여 원점수에 해당하는 상대적 서열을 나타내는 점수에는 표준점수(standard score)가 있으며, 표준점수에는 Z점수와 T점수가 있다. 대부분의 표준화 검사는 표준점수로 검사를 받은 학생의 상대적 위치를 제시한다.

첫째, Z점수는 평균을 0, 표준편차를 1로 하는 점수로 평균으로부터의 편차 점수(집단의 평균-원점수)를 그 분포의 표준편차로 나누어 얻는다. 원점수를 Z점수로 환산하면 정규분포로 바뀌기 때문에 분포가 다른 점수들 간의 상대 비교가 가능해진다.

둘째, Z점수는 원점수가 평균보다 작을 경우 모두 음수로 표시되고 대부분의 점수가 소수점으로 표시되는 불편함이 있다. 이러한 불편함을 해결하기 위한 T점수는 평균을 50, 표준편차를 10으로 환산(T=10Z+50)하여 얻은 표준점수를 말한다. 이렇게 하면 Z점수의 소수점으로 표시되는 불편함이 상쇄되며 Z점수와 같이 정규분포로 바뀌기 때문에 상대 비교가 가능해진다.

2. 관찰

관찰(observation)은 학생의 행동을 자연스러운 상황 또는 어느 정도 통제된 상황에서 직접 관찰해 자료를 수집하는 방법이다. 관찰의 유형은 통제 여부에 따라 자연적 관찰, 체계적 관찰로 나눌 수 있고, 참여 여부에 따라 참여 관찰과 비참여 관찰로 나눌 수 있다.

진단 및 평가에서 많이 활용되는 관찰을 기록하는 방법에는 여러 가지가 있다. 여기에서는 비교적 자주 사용되는 표본기록, 일화기록, 행동목록, 평정척도, 시간 표집, 사건표집의 방법에 대해 간략하게 설명하고자 한다(이승희, 2010; 황혜정 외, 2011).

1) 표본기록법

표본기록법(specimen record)은 관찰자가 미리 정해 놓은 시간이나 활동이 끝날 때까지 관찰 대상학생이 한 말과 행동을 일어난 순서대로 자세하고 객관적으로 적는 방법이다. 이 방법은 현장에 있지 않아도 표본기록을 읽으면서도 마치 그 현장에 있었던 것처럼 상황이 머릿속에 그려지게 기록한다. 그래서 어떤 행동에 대한 해석이나 평가 없이 있는 그대로 원자료를 가능한 한 많이 수집하는 기록법이다. 표본 기록법은 자료의 풍부성이나 영구성 면에서 많은 이점이 있지만 시간과 경비가 많이 들고, 한번에 적은 숫자의 학생(보통 한 명)밖에 관찰하지 못하고, 실제로 활용하기 어렵다는 단점이 있다. 표본기록법을 적용한 관찰의 예를 들면 〈표 2-2〉와 같다.

<표 2-2> 표본기록법 관찰의 예

관찰학생	나학생	생년월일	2007년 5월 5일
관 찰 일	2017년 3월 6일	관 찰 자	나교사
관찰시간	09시 20분~10시 00분(40분)	관찰장면	국어시간
관찰내용	나학생이 친구들과 함께 자리에 앉아 있다. 수업 시작종이 울리고, 나학생은 반 학생들과 함께 선생님께 인사를 한다. 선생님께서 오늘은 '자기소개'라는 주제로 수업을 한다며 교과서 ○○쪽을 보라고 말씀하신다. 나학생은 교과서 ○○쪽을 펼친다. …(중략)… 선생님께서는 지금까지 수업한 내용을 정리하신다. 나학생은 미소를 지으며 선생님을 응시하고 있다. 선생님께서 다음 수업 시간에 배울 내용에 대해 말씀하신다. 이윽고 수업을 마치는 종이 울린다.		

2) 일화기록법

일화기록법(anecdotal record)은 어떤 짧은 내용의 사건으로 일컫는 일화에 대한 서술적인 기록으로 관찰 대상학생이나 장면을 정해 놓지 않고, 의미가 있다고 생각하는 행동이 일어날 때마다 기록하는 방법이다. 일화기록은 몇 분 정도의 사건에 대해 핵심적으로 서술하는 기록방법으로 특별한 준비나 계획이 필요 없어서 가장 적용하기 쉬운 방법이다. 학생에 대한 기록을 지속적으로 수집하면 학생의 독특한 발달 패턴, 변화, 흥미, 능력 등을 정확하게 이해할 수 있다는 장점이 있다. 반면, 관찰자가 특별한 관심을 가진 행동을 기록할 경우 관찰자의 주관이 개입할 수 있고 표본기록에 비해 상황묘사가 적다는 단점이 있다. 일화기록법을 적용한 관찰의 예를 들면 〈표 2-3〉과 같다.

<표 2-3> **일화기록법 관찰의 예**

관찰학생	나학생	생년월일	2007년 5월 5일
관 찰 일	2017년 3월 7일	관 찰 자	나교사
관찰시간	10시 10분~10시 50분(40분)	관찰장면	수학시간
관찰내용	나학생은 바둑알 5개를 가지고 있다. 선생님께서 칠판 한 쪽에는 자석바둑알 2개를, 다른 쪽에는 자석바둑알 3개를 놓고 따라 해 보라고 한다. 나학생이 어쩔 줄 모르고 있을 때 옆에 있던 짝꿍인 철이가 이렇게 해 보라고 보여 준다. 나학생이 바둑알을 한 쪽에 옮기기 시작했다. 왼쪽에 2개를 놓고, 오른쪽에 3개를 놓았다. 나학생은 선생님께서 칠판에 보여 주신 모양과 같음을 발견하고 함박웃음을 짓는다.		

3) 행동목록법

행동목록법(behavior checklist)은 관찰자가 관찰하고자 하는 행동의 목록을 사전에 준비하고 목록에 있는 행동이 나타나면 '예', 나타나지 않으면 '아니요'로 표기하는 방법이다. 행동목록법은 관찰하고자 하는 대상의 현재 상태를 평가하고자 할 때나 시간에 따른 발달의 변화를 알고자 할 때에 사용한다. 현재 상태에 대한 평가는 관찰 대상학생의 발달수준을 파악하여 개별화교육계획을 세우는 데 도움을 줄 수 있고, 관찰 대상학생의 시간에 따른 발달적 변화를 보면서 동일한 행동에 따른 변화 양상을 파악할 수 있다. 행동목록법은 사용이 간편하고 쉽게 수량화할 수 있으며 현장에서 바로 기록할 수 있다는 장점이 있다. 반면, 행동의 출현 빈도나 질적 수준, 관찰된 행동의 세부 사항과 맥락에 대한 정보를 제공하지 못하는 단점이 있다. 행동목록법을 적용한 관찰의 예를 들면 〈표 2-4〉와 같다.

〈표 2-4〉 행동목록법 관찰의 예

수업 참여 행동	
관찰학생: 나학생	관 찰 자: 나교사
생년월일: 2007년 5월 5일	관찰일시: 2017년 3월 8일 11:00~11:40

다음 행동이 관찰되면 '예'에, 관찰되지 않으면 '아니요'에 표시하세요.

단, '아니요'에 해당되는 행동이 추후 관찰되면 관찰된 날짜를 기록하세요.

문항	예	아니요	행동이 처음 나타난 날짜
1. 교사가 말할 때 응시한다.			
2. 멀티미디어 자료 제시 시 TV를 본다.			
3. 친구들과 함께 학습활동에 참여한다.			

4) 평정척도법

평정척도법(rating scale)은 관찰자가 어떤 행동의 출현 유무뿐만 아니라 행동의 질적 특성이나 행동의 출현 빈도를 평가하고자 할 때에 사용할 수 있는 방법이다. 평정척도는 기술평정척도, 숫자평정척도, 도식평정척도가 있다. 첫째, 기술평정척도(descriptive rating scale)는 행동의 한 차원을 연속성 있는 몇 개의 단계로 나누어 서술하고 관찰자가 대상학생의 행동을 가장 잘 나타내는 진술문을 선택하는 방법이다. 둘째, 숫자평정척도(numerical rating scale)는 평가하려는 행동의 특성에 일정한 숫자를 할당하고 가장 일치하는 수준에 표시하는 방법이다. 셋째, 도식평정척도(graphic rating scale)는 평정척도를 도식으로 나타내는 방법으로 수평선, 수직선, 그림, 음영 등이 사용되지만 일반적으로 수평선을 사용한다.

평정척도법은 행동을 관찰하는 데 시간과 노력이 적게 들고, 관찰과 동시에 기록하지 않아도 관찰자가 편리한 시간에 기록할 수 있으며, 행동의 질적인 특성이나 행동의 변화에 대한 정보를 얻을 수 있다는 장점이 있다. 반면, 관찰된 행동을 평가할 때 관찰자의 주관적 편견이 개입될 수 있고, 행동이 나타난 원인이나 전후 좌우 맥락을 설명하지 못하는 단점이 있다. 평정척도법 중 가장 많이 활용되는 도식평정척도의 예를 들면 〈표 2-5〉와 같다.

〈표 2-5〉 도식평정척도의 예

관찰학생	나학생	관 찰 자	나교사
생년월일	2007년 5월 5일	관찰일시	2017년 3월 9일 11:50~12:30

다음 각 항목을 읽고 관찰한 아동의 사회성 발달 정도를 표시하세요.

	매우 아니다	아니다	보통이다	그렇다	매우 그렇다
1. 주로 혼자 논다.					
2. 학용품을 친구들과 나눠 쓴다.					
3. 선생님, 친구들과 인사를 한다.					

5) 사건표집법

사건표집법(event sampling)은 관찰하고자 하는 어떤 사건이나 행동이 출현되기를 기다렸다가 그때마다 사건에 관해 일정한 형식에 따라 기록하는 방법이다. 즉, 행동의 발생 유무를 보는 것이 아니라 관찰하고자 하는 행동이나 사건이 발생하면 기록하는 방법이다. 사건표집법에는 A-B-C 기록이 대표적이며 이 방법은 어떤 행동의 원인이나 결과를 알려고 할 때 유용하다. 사건 전체를 서술하되 관찰하고자 하는 행동이 일어나기 전의 상황(antecedent event: A), 관찰하고자 하는 행동(behavior: B), 그리고 행동의 결과(consequence: C)를 순서대로 기록한다. A-B-C 기록을 적용한 사건표집 관찰의 예를 들면 〈표 2-6〉과 같다.

그리고 빈도 사건표집법은 도표를 가지고 미리 정해진 범주의 행동이 일어날 때마다 기록하는 방법이다. A-B-C 기록이 질적인 정보를 제공해 준다면 빈도 사건표집법은 양적인 정보를 제공해 준다. 빈도 사건표집법의 예는 〈표 2-7〉과 같다.

<표 2-6> A-B-C 기록 사건표집 관찰의 예

관찰학생: 나학생	관 찰 자: 나교사
생년월일: 2007년 5월 5일	관찰일시: 2017년 3월 10일 13:30~14:10

관찰행동: 체육시간에 보이는 문제행동

시간	사건 전(선행사건)	사건(행동)	사건 후(후속결과)
13:35	나학생은 체조를 잘 따라 하고 있고, 옆에 있는 철이는 장난을 쳤는데, 선생님께서 철이에게 다가가서 "체조 잘 해 보자!"라고 말씀하시고 다시 앞에서 체조를 하신다.	나학생이 체조를 잘 따라 하지 않고 장난을 친다.	선생님께서 나학생에게 다가와서 "체조 잘 해 보자!"라고 말씀하시고 다시 앞에서 체조를 하신다.

<표 2-7> 빈도 사건표집법 관찰의 예

관찰학생: 나학생	관 찰 자: 나교사
생년월일: 2007년 5월 5일	관찰일시: 2017년 3월 10일

관찰행동: 학생이 보이는 자해행동

시간표	머리 박기	손가락 깨물기	허벅지 때리기
1교시: 국어		//	
2교시: 사회	//		
3교시: 수학	////		///
4교시: 과학		/	
5교시: 체육		//	
6교시: 음악	/		/

　사건표집은 자주 일어나지 않는 행동을 관찰하기에 적절하고, 관찰 행동이나 사건이 일어날 때에만 집중해서 관찰함으로써 시간이 절약된다는 장점이 있다. 반면, A-B-C 기록은 수량화가 어려우며 관찰자의 주관이 개입될 수 있고, 빈도 사건표집법은 행동의 맥락적 정보가 없어 행동에 대한 원인을 파악할 수 없다는 단점이 있다.

6) 시간표집법

시간표집법(time sampling)은 관찰하고자 하는 특정 행동이 정해진 짧은 시간 내에서 얼마나 자주 일어나는지 행동의 출현 빈도를 수집하는 방법이다. 비교적 짧은 일정 시간 내에 행동이 얼마나 발생하는가를 양적으로 측정하는 방법으로 빈도표집이라고도 한다. 시간표집법은 한꺼번에 많은 수의 대상학생을 관찰할 수 있다는 점과 수량화를 통해 통계 분석이 가능하다는 점이 장점이다. 반면, 사건의 전모나 인과관계를 파악하기 어렵고, 자주 발생하는 행동으로 관찰 범위가 제한적이며, 외현적으로 관찰하기 어려운 내면의 감정이나 생각들을 관찰하기에는 부적합하다는 단점이 있다. 시간표집법을 적용한 관찰의 예를 들면 〈표 2-8〉과 같다.

〈표 2-8〉 **시간표집법 관찰의 예**

관찰학생: 나학생	관 찰 자: 나교사
생년월일: 2007년 5월 5일	관찰일시: 2017년 3월 13일

관찰행동: 수업참여행동과 수업방해행동

관찰회기 / 행동범주	1	2	3	4	5	6	7	8	9	10	11	12	13	14	15	16	17	18	19	20	계
수업참여행동	√	√		√				√	√	√	√			√		√	√	√			11
수업방해행동			√		√	√	√					√	√		√				√	√	9

3. 면접

면접(interview)은 면접자와 피면접자의 상호작용을 통해 피면접자에 대한 자료를 수집하는 방법이다. 면접에서는 학생 자신뿐만 아니라 학생과 관련된 사람들(예: 부모, 교사, 또래 등)을 대상으로 학생에 대한 정보를 수집한다. 면접은 장애학생의 진단 및 평가에서 의미 있는 정보를 제공할 수 있다. 면접은 구조화 정도에 따라 비구조화 면접, 반구조화 면접, 구조화 면접으로 나눌 수 있고, 피면접자에

따라 학생 면접, 부모 면접, 교사 면접으로 나눌 수 있다. 이를 간략하게 제시하고
자 한다(김석우, 박상욱, 2015; 이승희, 2010; 황혜정 외, 2011).

1) 구조화 정도에 따른 면접 방법

면접은 질문이 제시되는 방식의 구조화 정도에 따라 비구조화 면접과 구조화 면
접 그리고 중간 형태의 반구조화 면접으로 분류될 수 있다.

첫째, 비구조화 면접은 특별한 지침 없이 면접자가 융통성 있게 질문해 나가는
것이다. 이 방법은 반구조화 면접이나 구조화 면접에 앞서 전반적인 문제를 확인
해 보는 데 유용하다. 그러나 비구조화 면접이라고 해서 아무런 준비 없이 면접이
이루어지는 것은 아니며 면접 목적과 피면접자를 고려하여 미리 대략적인 주제를
설정해 놓는 등의 사전 계획을 필요로 한다.

둘째, 반구조화 면접(semistructured interview)은 미리 준비된 질문 목록을 사용
하되 응답 내용에 따라 필요한 질문을 추가하거나 순서를 바꾸어 가면서 질문해
나가는 것이다. 따라서 면접 과정에서 면접자에게 어느 정도의 융통성이 주어진
다. 이러한 반구조화 면접은 특정 심리적 관심사나 신체적 문제에 대한 자세한 정
보를 얻고자 할 때에 유용하다.

셋째, 구조화 면접(structured interview)은 미리 준비된 질문 목록을 순서에 따라
정확하게 질문해 나가는 것이다. 이와 같은 구조화 면접은 정신의학적 진단을 내
리거나 연구를 위한 자료를 얻고자 할 때에 유용하다. 구조화 면접을 실시하고자
할 때에는 보통 개발되어 있는 표준화 검사도구를 사용한다.

2) 피면접자에 따른 면접 방법

면접에서는 학생 자신뿐만 아니라 학생과 관련된 사람들(예: 부모, 교사, 또래 등)
을 대상으로 학생에 대한 정보를 수집한다. 여기에서는 피면접자에 따라 학생 면
접, 부모 면접, 교사 면접으로 나누어 설명하고자 한다.

첫째, 학생 면접은 학생을 대상으로 면접을 실시하는 방법이다. 학생은 자신의
지각, 생각, 감정, 느낌 등에 대한 정보를 제공하는데, 이러한 정보 제공은 학생의
발달수준이나 언어 및 인지 능력에 따라 좌우된다. 따라서 학생 면접은 학생의 나

이, 인지 발달수준, 자기 자신에 대한 표현능력, 집중력 등을 고려해야 한다.

둘째, 부모 면접은 학생의 부모를 대상으로 면접을 실시하는 방법이다. 이를 통해 학생의 문제에 대한 부모의 인식, 학생의 강점과 약점에 대한 부모의 지각, 학생의 내력(의학적 · 발달적 · 교육적 · 사회적 내력), 학생의 가족력 등의 정보를 얻을 수 있다. 그러나 부모가 항상 신뢰할 수 있는 정보 제공자가 아닐 수도 있어 면접자는 부모가 제공하는 정보의 정확성과 관련해 유의할 필요가 있다.

셋째, 교사 면접은 학생에 대한 정보를 얻기 위해 교사를 대상으로 면접을 실시하는 방법이다. 이를 통해 부모 면접에서와 같은 유용한 정보(학생의 문제에 대한 교사의 인식, 학생의 강점과 약점에 대한 교사의 지각 등)를 얻을 뿐만 아니라 학생의 학업적 수행에 대한 정보도 얻을 수 있다.

4. 수행평가

일반적으로 수행이란 구체적인 상황에서 실제로 행동하는 과정이나 그 결과를 의미한다. 수행평가(performance assessment)는 학생이 보이는 수행을 평가하는 것이다. 즉, 학생이 자신의 지식이나 기능을 산출물, 행동 또는 답으로 나타낼 수 있게 하고 그 결과를 평가하는 방식이다. 이러한 수행평가는 다양한 접근 방식 때문에 대안적 평가(alternative assessment), 참 평가(authentic assessment), 포트폴리오 평가(portfolio assessment), 직접 평가(direct assessment) 등의 여러 가지 용어와 혼용되고 있다. 최근 학습장애와 정서 · 행동장애 학생을 진단할 때에는 증거기반의 중재를 실시한 다음, 그 결과(반응)를 분석하여 최종 진단을 내리는 다관문적 진단과정을 거친다. 이때에 유용하게 사용될 수 있는 방법이기도 하다.

현재 널리 사용되고 있는 수행평가의 방법으로는 서술형 및 논술형 검사, 구술시험, 토론, 실기시험, 실험 · 실습, 면접, 관찰, 자기평가 및 동료평가 보고서, 주제 관련 보고서, 프로젝트법, 포트폴리오 등이 있다. 이러한 방법은 예전부터 있었던 것이나 최근 학생들의 창의성이나 문제해결력 등을 평가하기 위해 많이 활용되고 있다. 여기에서는 앞서 설명한 관찰과 면접의 방법은 생략하고 현재 널리 사용되고 있는 몇 가지 수행평가의 방법들에 대해 간략하게 설명하고자 한다(권순달, 오성삼, 2016; 김석우, 2015).

1) 서술형 및 논술형 검사

서술형 검사는 흔히 주관식 검사로 불리는데, 문제의 답을 선택하는 것이 아닌 직접 서술하는 검사다. 보통 문제해결의 과정을 제대로 이해하고 있는지 파악하기 위해 실시한다. 논술형 검사도 일종의 서술형 검사이지만 학생 나름의 생각이나 주장을 창의적이고 논리적으로 설득력 있게 조직하여 작성해야 한다는 점을 강조하는 것이 서술형 검사와 구별된다. 논술형 검사는 서술된 내용의 폭과 깊이뿐만 아니라 글을 조직하고 구성하는 능력도 평가한다.

2) 구술시험

구술시험은 종이와 붓이 발명되기 전부터 시행해 왔던 가장 오래된 수행평가 방법이다. 학생들에게 특정 교육 내용이나 주제에 대해 자신의 의견이나 생각을 발표하도록 해 학생의 준비도, 이해력, 표현력, 판단력, 의사소통능력 등을 직접 평가한다. 구술시험의 방법은 학생들에게 주제나 질문에 대해 사전에 알려 주고 발표 준비를 하게 한 다음, 개별적으로 발표하게 하여 평가하거나 평가자가 그 내용 영역에 대해 질문을 하고 학생이 답하게 해 평가한다.

3) 토론

토론은 교수 · 학습 활동과 평가 활동을 통합하는 대표적인 방법으로 특정 주제에 대해 학생들이 서로 토론하는 것을 보고 평가한다. 찬반 토론을 많이 사용하는데, 사회적으로나 개인적으로 서로 다른 의견을 제시할 수 있는 토론 주제를 가지고 찬성과 반대의 입장을 견지하며 토론하게 한다. 그리고 이러한 토론을 위해 사전에 준비하는 자료의 다양성과 충실성, 토론 과정에서의 내용의 충실성과 논리성, 반대 의견에 대해 존중하는 태도, 토론 진행 방법 등을 총체적으로 평가한다.

4) 실기시험

수행평가에서 언급하는 실기시험은 자연스러운 상황에서 실제로 하는 것을 여러 번 관찰하여 그 수행능력을 평가한다. 수행평가를 위한 실기시험은 가능한 교수·학습 활동과 평가 활동을 분리하지 않고 수업 시간에 자연스럽게 평가하는 것이 바람직하다. 실기시험을 통해서 학생이 제대로 알고 있는지, 알고 있는 것을 제대로 행동으로 직접 나타낼 수 있는지 등을 평가한다.

5) 실험·실습

실험·실습은 자연과학 분야에서 많이 사용하는 것으로 학생들에게 직접 실험·실습을 하게 한 후 결과 보고서를 제출하게 한다. 이때 실험·실습은 개인별로 할 수도 있고, 팀을 이루어 공동으로 할 수도 있다. 평가자는 실험·실습 과정을 직접 관찰함과 동시에 제출된 결과 보고서를 고려해 평가한다. 이러한 방법을 통해 실험·실습을 위한 기자재 조작 능력뿐만 아니라 지식을 적용하는 능력, 문제를 해결하는 과정까지 포괄적이면서 종합적으로 평가한다.

6) 자기평가 및 동료평가 보고서

자기평가 보고서는 특정 주제나 교수·학습 영역에 대해 자기 스스로 학습하는 과정이나 학습 결과에 대한 자세한 평가 보고서를 작성 및 제출하도록 해 평가한다. 이러한 활동으로 학생은 자신의 준비도, 학습 동기, 성실성, 만족도, 동료(또래)와의 관계, 성취수준 등에 대해 스스로 생각하고 반성할 수 있는 기회를 부여받는다. 동료평가 보고서는 이와 유사하게 학습 과정에서 동료(또래)들이 상대방에 대해 서로 평가하도록 하는 방법이다. 특히 학생 수가 많을 경우 동료평가를 통해 활동 상황을 제대로 평가할 수 있으며, 평가자의 주관성을 배제하여 학생들이 평가에 대해 공정하다고 인식할 수 있다.

7) 주제 관련 보고서

주제 관련 보고서는 먼저 여러 가지 연구 주제 중에서 각자 자신의 능력이나 흥미에 적합한 주제를 선택한 후 그 주제에 대해 자료를 수집, 분석, 종합하여 보고서를 작성 및 제출하게 함으로써 평가하는 방법이다. 이때 연구의 주제나 범위에 따라 개인별로 할 수도 있고, 관심 있는 학생들끼리 팀을 이루어 공동으로 할 수도 있다. 보고서 작성을 통해 학생들은 관심 있는 분야의 각종 정보를 수집하는 방법, 다양한 자료를 종합하고 분석하는 방법, 보고서를 작성하는 방법 등을 익힐 수 있게 된다.

8) 프로젝트법

프로젝트법은 학생들에게 특정한 연구 과제나 개발 과제 등을 수행하도록 한 다음, 그 과제를 수행하기 위한 계획서 작성 단계부터 결과물 완성 단계까지 전 과정과 결과물을 함께 평가하는 방법이다. 프로젝트법의 과제에 따라 연구 과제는 주제 관련 보고서법과 유사하며, 개발 과제는 만들기 과제와 유사하나 결과물과 함께 계획서 작성 단계부터 결과물 완성 단계에 이르는 전 과정도 함께 중요하게 평가한다는 점에서 약간의 차이가 있다.

9) 포트폴리오

포트폴리오(portfolio)는 학생 자신이 쓰거나 만든 것을 지속적이면서도 체계적으로 모아 둔 작품집 혹은 서류철을 이용해 평가하는 방법이다. 이 평가방법은 단편적인 영역에 대해 일회성으로 평가하는 것이 아니라 학생 개개인의 변화와 발달 과정을 종합적으로 평가하기 위해 전체적이면서도 지속적인 평가를 강조하는 것으로 수행평가의 대표적인 방법 중 하나다.

포트폴리오 평가는 학생의 역할이 중요시되고, 결과뿐만 아니라 과정을 강조하며 협동적인 활동을 장려한다. 또한 현재의 상태보다는 발전 가능성에 초점을 두고, 다양한 연령에 적용할 수 있으며, 활용가능성이 높다. 그뿐만 아니라 포트폴리오 평가는 자연스러운 학습 상황에서 직접적이고 실제적으로 수업과 평가가 연계된다.

포트폴리오에는 학생 자신의 학습 목표 진술지, 평가 준거, 차시별 증거 자료가 되는 작품인 그림, 시, 글짓기, 독서기록, 과제 기록물, 주제 관련 보고서, 실험·실습 결과 보고서 등이 포함된다.

제2부
영역별 진단 및 평가 검사도구

인지 · 지능

❖ 김 성 희

지능(intelligence)이란 문제해결 및 인지적 반응을 나타내는 개체의 총체적 능력을 의미하며, 지능은 학자마다 다르게 정의하고 있다. Terman은 지능을 "추상적 사상을 다루는 능력"이라고 정의하였고, Wechsler는 "유목적적으로 행동하고, 합리적으로 사고하고, 환경을 효과적으로 다루는 개인의 종합적 능력"이라고 하였다(두산백과사전, 2017).

지능을 전체적인 하나의 능력으로 보는 견해도 있고 여러 하위 영역이나 요소를 포함하는 것으로 보기도 한다. 이러한 지능에는 서로 다른 요인들이 영향을 미치는데, 크게 유전적 요인과 환경적 요인이다. 특히 최근 연구에서는 환경적 요인보다는 유전적 요인이 더 결정적인 역할을 한다는 결과를 얻고 있다(한국심리학회, 2014).

지능검사를 통해 얻게 되는 지능지수에 관심을 가지는 것은 지능지수를 통해 학업성취, 미래의 직업, 심리적인 적응 정도 등을 예측할 수 있기 때문이다(한국심리학회, 2014).

지능지수는 지적능력 결과를 수치로 환산한 지수로서 표준화된 지능검사 도구에 따라 측정할 수 있다(노선옥 외, 2009b). 이 장에서는 표준화된 지능검사 중 가장 많이 활용되고 있는 웩슬러 지능검사(Wechsler Intelligence Scale)의 유아용, 아동용, 성인용 지능검사와 국립특수교육원 한국형 개인 지능검사(KISE-KIT), 카우프만 아동용 지능검사 2판(KABC-II)을 제시하였다.

1. 한국 웩슬러 아동용 지능검사 4판(K-WISC-IV)

한국 웩슬러 아동용 지능검사 4판(Korean Wechsler Intelligence Scale for Children-4: K-WISC-IV)은 미국의 Wechsler가 1949년에 개발하고 2003년 개정한 WISC-IV를 토대로 하여 한국의 아동을 대상으로 곽금주, 오상우, 김청택(2011)이 표준화한 아동용 개인 지능검사 도구이다.

1) 목적 및 대상

K-WISC-IV는 아동의 종합적인 인지능력을 평가하기 위해 만 6세 0개월부터

16세 11개월까지의 아동을 대상으로 개별적으로 실시하는 개인 지능검사 도구이다.

2) 구성 체계

K-WISC-IV는 4개의 지표(언어이해, 지각추론, 작업기억, 처리속도)와 15개의 소검사로 총 627문항으로 구성되어 있다. 언어이해 지표는 5개의 소검사로 구성되어 있고, 지각추론은 4개의 소검사로, 작업기억은 3개의 소검사로, 처리속도는 3개의 소검사로 구성되어 있다. 이를 구체적으로 제시하면 〈표 3-1〉과 같다.

〈표 3-1〉 K-WISC-IV 소검사 구성 및 측정 내용

지표	소검사	측정 내용	문항수	
1. 언어이해	공통성	언어적 추론과 개념 형성을 측정	23	137
	어휘	아동의 언어지식과 언어적 개념 형성을 측정	36	
	이해	언어적 추론과 개념화, 언어적 이해와 표현, 과거 경험을 평가하고 사용하는 능력, 실제적 지식을 발휘하는 능력을 측정	21	
	상식	일반적이고 사실적인 지식을 획득하고, 유지하고, 인출하는 능력을 측정	33	
	단어추리	서로 다른 유형의 정보를 통합 및 종합하는 능력, 대체 개념을 만들어 내는 능력을 측정	24	
2. 지각추론	토막 짜기	추상적 시각 자극을 분석하고 종합하는 능력을 측정	14	115
	공통 그림 찾기	추상화와 범주적 추론 능력을 측정	28	
	행렬추리	유동성 지능을 측정	35	
	빠진 곳 찾기	시지각 및 시각적 조직화, 집중력, 사물에 대한 시각적 재인을 측정	38	

627
(A형:
552)

3. 작업기억	숫자	청각적 단기기억, 계열화능력, 주의력, 집중력을 측정	16	60
	순차연결	계열화, 정신적 조작, 주의력, 처리속도 등을 측정	10	
	산수	정신적 조작, 집중력, 주의력, 단기기억 및 장기기억, 수와 관련된 추론능력, 기민함을 측정	34	
4. 처리속도	기호 쓰기	처리속도와 단기기억, 학습능력, 시지각, 시각-운동 협응 등을 측정	119 (A형: 59)	315 (240)
	동형 찾기	집중력, 시각적 변별, 인지적 우연성 등을 측정	60 (A형: 45)	
	선택	시각적 선택 주의, 각성, 시각적 무시를 측정	136	

* A형: 6~7세, B형: 8~16세

3) 실시방법 및 채점

(1) 실시방법

① 시간

K-WISC-Ⅳ는 아동의 지능을 측정하는 검사이며, 검사 소요시간은 65분에서 80분 정도이나 아동의 개인차에 따라 측정 시간이 다르게 소요될 수 있다.

② 소검사의 실시 순서

K-WISC-Ⅳ는 15개의 소검사로 구성되어 있지만 대부분 10개의 주요 소검사만을 실시한다. 검사자의 판단에 추가적인 보충 검사를 실시할 수 있다. 표준화 검사 실시 순서는 〈표 3-2〉와 같다.

〈표 3-2〉 표준 소검사 실시 순서

1. 토막 짜기	2. 공통성	3. 숫자	4. 공통 그림 찾기	5. 기호 쓰기
6. 어휘	7. 순차연결	8. 행렬추리	9. 이해	10. 동형 찾기
11. 빠진 곳 찾기	12. 선택	13. 상식	14. 산수	15. 단어추리

③ 보충 소검사 실시

주요 소검사와 보충 소검사를 함께 실시함으로써 아동의 지능에 대한 정보를 최대한으로 얻을 수 있다. 〈표 3-3〉은 각각의 합산점수(언어이해지표, 지각추론지표, 작업기억지표, 처리속도지표, 전체검사 IQ)를 도출하는 데 사용될 수 있는 주요 소검사 및 보충 소검사의 목록이다. 어떤 상황에서는 검사자가 주요 소검사 대신 보충 소검사로 대체할 수 있다.

〈표 3-3〉 주요 소검사 및 보충 소검사 목록

주요 소검사	보충 소검사
공통성, 어휘, 이해	상식, 단어추리
토막 짜기, 공통 그림 찾기, 행렬추리	빠진 곳 찾기
기호 쓰기, 동형 찾기	선택

④ 시작점, 역순 규칙 및 중지 규칙

소검사 실시 시간을 단축시키고 아동이 피로해하거나 지루해하지 않도록 전문가 지침서와 검사 기록 용지에 명시되어 있는 시작점, 역순 규칙, 중지 규칙에 의해 소검사를 실시하여야 한다.

시작점은 제시된 연령의 시작점에서 검사를 시작하는 것이며, 역순 규칙은 역순 문항들이 있는 소검사들에서는 처음 실시되는 두 문항에서 아동이 완벽한 점수를 받으면 시작점 이전의 미실시 항목들에 대해서 모두 만점을 부여하고, 그 소검사를 시작하는 것이다. 중지 규칙은 소검사마다 다르며, 일반적으로 아동이 특정 수의 연속적인 문항에서 0점을 받은 후에 소검사 실시를 중지하는 것이다.

소검사에서 검정 문항들은 그 과제를 완수하는 데 필수적인 기술을 지녔음을 확인하기 위해 6~7세 아동에게 실시한다. 만약 아동이 그 문항들을 올바르게 완수하지 못한 경우 소검사를 실시하지 않고, 대체 검사인 '산수'를 실시하여야 한다.

⑤ 가르치는 문항과 연습문항

몇 개의 소검사는 과제에 대한 아동의 이해를 돕기 위해 가르치는 문항과 연습문항을 제공하고, 아동의 반응에 대한 교정을 위한 피드백을 제공하기도 한다. 또한 지침서에 따라 문항에 대해 설명하고, 가르쳐 주고, 연습과 피드백을 제공해야한다.

⑥ 추가 질문, 촉구 및 문항 반복

공통성 등 몇 개의 소검사에서는 검사를 실시할 때 추가 질문이나 촉구를 제공하고 지시문을 반복하게 하여 아동에게 과제를 상기시키고, 수행능력을 최대한발휘하게 한다.

⑦ 반응 기록

소검사를 실시할 때 누락되거나 미실시한 문항과 구별하기 위해 실시한 모든 문항에 대한 반응을 기록 용지에 기록하는 것이 바람직하다. 평가와 채점에 사용 가능하도록 아동의 반응을 그대로 기록한다.

(2) 채점

검사 후 기록 용지 작성은 기록 용지의 요약페이지는 아동의 연령 계산 및 소검사들에 대한 원점수, 환산점수, 환산점수의 합계 및 지표점수 등을 기록하여 소검사 및 지표점수의 프로파일을 그림으로 나타낼 수 있다. 기록 용지의 분석 페이지는 지표 수준과 소검사 수준의 차이 비교, 소검사의 강점과 약점 평가, 처리점수 도출, 처리-수준 간 차이 비교 등을 위한 칸을 제공하고 있다. 기록 용지의 마지막 페이지에는 검사시간 동안 이루어진 행동 관찰 및 아동에 대한 타당한 정보를 기록한다.

K-WISC-Ⅳ에 대한 점수 산출을 위해서는 (주)인싸이트에서 제공하는 채점 프로그램을 이용하면 된다. 검사가 끝나면 채점 사이트(http://inpsyt.co.kr/)에서 인적사항과 검사 결과 입력 후 저장한다. 검사 결과는 마이페이지의 심리검사 결과에서 최종 검사 결과를 확인하고 출력할 수 있다.

4) 결과 및 해석

K-WISC-IV의 검사 결과는 전체 IQ와 함께 4개의 지표 점수인 언어이해(VCI), 지각추론(WMI), 작업기억(WMI), 처리속도(PSI)를 제시한다.

검사 결과의 합산 점수는 〈표 3-4〉의 기준으로 분류되어 아동의 판단 준거가 된다.

〈표 3-4〉 K-WISC-IV 검사 결과 판단 분류 준거

합산 점수	분류	포함 비율(%)
130 이상	최우수	2.2
120~129	우수	6.7
110~119	평균상	16.1
90~109	평균	50
80~89	평균하	16.1
70~79	경계선	6.7
69 이하	매우 낮음	2.2

K-WISC-IV의 아동용 개인 지능검사 결과를 예를 들어 제시하면 [그림 3-1], [그림 3-2]와 같다.

예시의 9세 7개월 남자 아동의 검사 결과에서 지적능력은 전체 IQ 58로 '매우 낮음' 수준으로 하위 2.2%에 해당된다. 지표 중 작업기억(WMI=73)은 경계선에 속하여 다른 지표에 비해 나은 기능을 발휘하는 것으로 평가되어, 주의력, 집중력, 제시된 정보를 효율적으로 처리하기 위해 짧은 시간 머릿속으로 정보를 유지하는 능력이 개인 내 장점인 것을 알 수 있다. 그러나 언어이해(VCI=62), 지각추론(PRI=57), 처리속도(PSI=52)는 '매우 낮음'으로 평가되어 전반적으로 학생의 지적능력이 '매우 낮음' 수준에 해당된다. 따라서 학습과 일상생활 및 다른 사람과의 의사소통 능력 등 생활 전반적으로 지체가 예상되므로 특수교육 지원이 필요하다.

소검사 점수 분석

구분	검사항목	원점수	환산점수
언어이해	공통선	8	4
	어휘	12	5
	이해	4	1
	(상식)	–	–
	(단어추리)	–	–
지각추론	토막 짜기	18	5
	공통 그림 찾기	6	2
	행렬추리	7	3
	(빠진 곳 찾기)	6	1
작업기억	숫자	14	7
	순차연결	6	4
	(산수)	–	–
처리속도	기호 쓰기	20	2
	동형 찾기	4	1
	(선택)	–	–

소검사 결과 프로파일

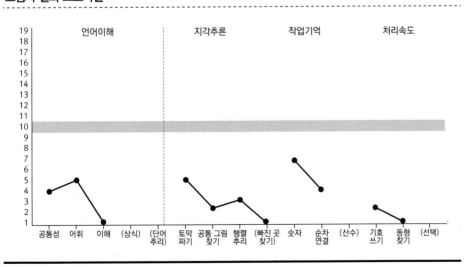

[그림 3-1] K-WISC-Ⅳ 채점 결과의 소검사 분석 예시

지표점수 분석

지표	환산점수 합산	지표점수	백분위	95% 신뢰구간	질적분류(수준)
언어이해	10	62	0.6	58~74	매우 낮음
지각추론	10	57	0.2	53~71	매우 낮음
작업기억	11	73	3.8	68~85	경계선
처리속도	3	52	0.1	49~68	매우 낮음
전체 IQ	34	58	0.3	54~67	매우 낮음

지표점수 결과 프로파일

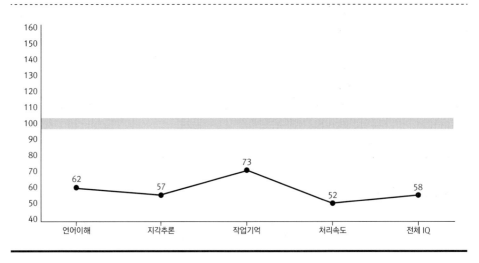

[그림 3-2] K-WISC-IV 채점 결과의 지표점수 분석 예시

2. 한국 웩슬러 유아지능검사 4판(K-WPPSI-IV)

한국 웩슬러 유아지능검사 4판(Korean Wechsler Primary and Preschool Intelligence-4: K-WPPSI-IV)은 미국의 Wechsler가 개발한 WISC 지능검사를 1996년 한국에서 처음으로 소개하였고, 2016년 WPPSI-IV(미국 내 2012년 출간)를 한국판으로 표준화한 유아의 인지능력을 임상적으로 평가하기 위한 개인 지능검사이다.

K-WPPSI-IV는 전반적인 지적능력을 나타내는 전체 IQ와 특정 인지영역의 지적 기능을 나타내는 소검사와 지표점수를 제공한다.

1) 목적 및 대상

K-WPPSI-IV는 만 2세 6개월에서부터 7세 7개월까지 유아의 인지능력을 임상적으로 평가하기 위해 개별적으로 실시하는 개인용 지능검사 도구이다. 영재성, 인지발달 지연, 지적장애를 판별하는 사정방법으로 사용되며, 검사 결과는 임상현장이나 교육프로그램 배치를 결정할 때 지침으로 사용될 수 있다.

2) 구성 체계

K-WPPSI-IV는 연령별로 만 2세 6개월에서 3세 11개월용은 3개의 기본지표(언어이해지표, 시공간지표, 작업기억지표)와 3개의 추가지표(어휘습득지표, 비언어지표, 일반능력지표)로 구성되어 있고, 7개의 소검사 총 169문항으로 구성되어 있다. 만 4세에서 7세 7개월용은 5개의 기본지표(언어이해지표, 시공간지표, 유동추론지표, 작업기억지표, 처리속도지표)와 4개의 추가지표(어휘속도지표, 비언어지표, 일반능력지표, 인지효율성지표)로 구성되어 있고, 15개의 소검사 총 524문항으로 구성되어 있다. 연령별 소검사의 문항수와 실시 순서는 〈표 3-5〉와 같다.

〈표 3-5〉 K-WPPSI-IV 연령별 소검사

2:6~3:11세용		4:0~7:7세용			
소검사	문항수	소검사	문항수	소검사	문항수
1. 수용어휘	31	1. 토막 짜기	A형 8	8. 선택하기	96
2. 토막 짜기	17		B형 9	9. 위치 찾기	20
3. 그림기억	35	2. 상식	29	10. 모양 맞추기	13
4. 상식	29	3. 행렬추리	26	11. 어휘	23
5. 모양 맞추기	13	4. 동형 찾기	66	12. 동물 짝짓기	72
6. 위치 찾기	20	5. 그림기억	35	13. 이해	22

7. 그림명명	24	6. 공통성	23	14. 수용어휘	31
		7. 공통 그림 찾기	27	15. 그림명명	24
총 문항수	169	총 문항수			524

　소검사는 핵심 소검사, 보충 소검사, 선택 소검사로 구분된다. 핵심 소검사는 지표점수와 규준 산출에 사용된다. 보충 소검사는 핵심 소검사가 생략되거나 유효하지 않은 경우 사용되는 검사이다. 선택 소검사는 보충 소검사처럼 지적 기능에 대한 더 많은 정보를 제공해 줄 수 있지만 지표점수 산출에 사용되지 않은 검사이다. 소검사의 구성은 연령군이나 지표점수에 따라 달라진다. 핵심 소검사를 대체할 수 있는 보충 소검사는 〈표 3-6〉과 같다.

<표 3-6> 연령별 핵심 대체 소검사

연령군	지표 검사	핵심 소검사	대체 소검사
2:6~3:11	전체 IQ	수용어휘 상식 토막 짜기 모양 맞추기 그림기억	그림명명 위치 찾기
	비언어지표 (Nonverbal Index)	토막 짜기 모양 맞추기 그림기억 위치 찾기	
	일반능력지표 (General Ability Index)	수용어휘 상식 토막 짜기 모양 맞추기	그림명명
4:0~7:7	전체 IQ	상식 공통성 토막 짜기 행렬추리 그림기억	어휘/이해 어휘/이해 모양 맞추기 공통 그림 찾기 위치 찾기
	비언어지표 (Nonverbal Index)	동형 찾기 토막 짜기 행렬추리 공통 그림 찾기	선택하기/동물 짝짓기 모양 맞추기

일반능력지표 (General Ability Index)	상식 공통성 토막 짜기 행렬추리	어휘/이해 어휘/이해 모양 맞추기 공통 그림 찾기
인지효율성지표 (Cognitive Proficiency Index)	그림기억 위치 찾기 동형 찾기 선택하기	동물 짝짓기 동물 짝짓기

3) 실시방법 및 채점

① 실시방법

K-WPPSI-Ⅳ는 검사자와 피검사자가 1:1로 실시하는 개별 검사도구로 검사 소요시간은 다음과 같다.

2:6~3:11세용은 전체 IQ(5개 핵심 소검사)를 얻는 데 필요한 시간이 약 26분이고, 3개 기본지표 점수(6개 핵심 소검사)를 얻기 위한 평균 실시 시간이 약 32분이다.

4:0~7:7세용은 전체 IQ(6개 핵심 소검사)를 얻기 위한 평균 실시 시간이 약 32분이고, 5개 기본지표 점수(10개 핵심 소검사)를 얻기 위한 평균 실시 시간이 약 58분이다.

소검사의 실시 절차 및 순서는 연령군별 소검사 실시 순서에 따라야 한다. 모든 소검사를 실시하지 않을 경우, 생략할 소검사는 건너뛰고 표준 순서에 따라 계속 실시한다. 검사자는 필요한 모든 소검사를 한 회기에 실시하도록 해야 하나 아동이 피로해지면 실시 중이던 소검사를 마친 후에 잠시 휴식 후 검사를 완료한다. 두 회기로 나누어 검사해야 할 경우 두 번째 회기는 가능하면 일주일 이내에 실시한다.

소검사의 선택 시 핵심 기본지표 소검사의 실시를 통해 전체 점수 및 모든 기본지표 점수를 산출해 주며 동시에 어휘습득지표(VAI)를 제외한 모든 추가지표 점수를 산출해 준다. 가능하면 핵심 소검사를 실시해야 하며 지표점수별로 단 1개 소검사만 대체가 허용되며, 동일한 인지 영역 내의 보충 소검사와 핵심 소검사 간의 대체가 이루어져야 한다.

검사 실시방법은 K-WISC-Ⅳ와 동일하게 시작점, 역순 규칙, 중지 규칙이 사용된다. 또한 시범문항, 연습문항, 추가 질문, 촉구를 사용하여 유아의 검사 참여도를 높일 수 있다.

기록지에는 연습문항을 포함한 검사문항에 모든 반응을 기록하여 미실시 문항과 구분해야 하며 지침서에 따라 이후 평가나 채점이 필요한 경우를 위해 유아의 반응을 그대로 기록해야 한다. 반응 기록 시 추가 질문(Q), 촉구(P), 반복(R), 비언어적 반응(가리킴, 무반응) 등의 발생여부를 기록하는 것이 중요하다.

② 채점

소검사에는 다양한 유형과 수준의 반응을 설명하는 예시 반응이 제시되어 있는데, 경계선 반응의 경우 정확한 채점을 위해 추가 질문이 필요하다. 이러한 유형의 반응을 파악할 수 있도록 추가 질문이 요구되는 예시 반응을 활용한다.

추가 질문한 반응을 채점할 때에는 자발적인 반응과 추가 질문 후의 반응 전체를 평가한다. 추가 질문한 반응은 일반적 지침에 따라 채점한다.

훼손 반응의 결정은 아동이 추가 설명을 근본적으로 잘못 이해한 경우, 아동의 추가 설명이 개념에 대한 명확히 잘못된 이해를 나타내어 반응을 훼손할 수 있다. 훼손 반응의 경우 처음의 자발적 반응이 점수를 받을 수 있더라도 0점이다.

검사자는 유아가 수행한 각 소검사를 문항별로 채점한 후 총점을 산출하여 기록지의 해당 칸에 표시한 후 채점 사이트(http://inpsyt.co.kr)에서 제공하는 채점 프로그램에 입력하여 결과를 산출한다.

4) 결과 및 해석

K-WPPSI-IV의 검사 결과는 전체 IQ(FSIQ)와 함께 지표점수(언어이해, 시공간, 작업기억)를 알 수 있다. 검사 결과의 합산 점수는 〈표 3-7〉의 기준으로 분류되어 판단 준거가 된다.

K-WPPSI-IV의 지능검사 결과 해석의 예는 [그림 3-3]과 같다.

[그림 3-3]의 대상 유아의 지능검사 결과, 지적 능력은 전체 IQ가 67의 '매우 낮음' 수준으로 하위 5.09%에 해당된다. 지표별 검사 결과는 작업기억(WMI=86)의 주의력, 집중력, 정신적 통제력 등이 다른 지표에 비해 기능이 나은 것으로 평가되어 개인 내 장점으로 여겨진다. 그러나 언어이해(VCI=57)는 '매우 낮음' 수준으로 경험을 통해 얻은 지식, 언어적 개념 형성 및 추론을 통해 얻은 지식 영역에서는 낮게 평가되었다.

<표 3-7> K-WPPSI-Ⅳ 검사 결과의 판단 분류 준거

합산 점수	분류	포함 비율(%)
130 이상	최우수	2.2
120~129	우수	6.7
110~119	평균상	16.1
90~109	평균	50
80~89	평균하	16.1
70~79	경계선	6.7
69 이하	매우 낮음	2.2

소검사별 검사 결과에 의하면 수용어휘(RV=3)와 상식(IN=2)은 '매우 낮음'이어서 개인 내 약점으로 평가되나, 그림기억(PM=10)은 비교 점수 5.2보다 현저히 높아 개인 내 강점으로 평가되므로 학습 시 그림을 활용하여 발달을 촉진하는 것이 도움이 된다. 유아는 전반적으로 지적능력이 낮아 다른 사람과의 의사소통 및 학습에 어려움이 있을 것이라고 평가되어 조기 특수교육 지원이 요구된다.

기본분석 II

지표점수 분석

척도		환산점수 합	지표점수	백분위	신뢰구간 90%(95%)	분류범주	SEM
언어이해	VCI	5	57	0.2	50~64 (49~65)	매우 낮음	3.91
시공간	VSI	11	73	4.0	62~84 (60~86)	경계선	5.65
작업기억	WMI	15	86	18.0	78~94 (76~96)	평균 이하	4.14
전체척도	FSIQ	26	67	1.0	60~74 (58~76)	매우 낮음	5.09

신뢰구간은 추정치의 표준오차를 사용하여 산출된다.

지표점수 프로파일

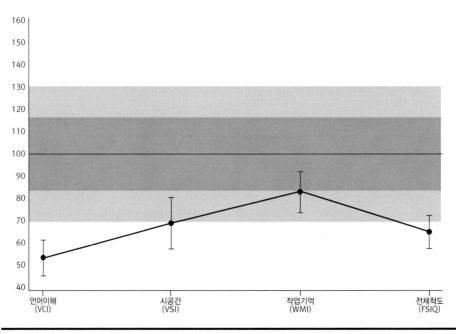

세로선은 신뢰구간을 나타낸다.

[그림 3-3] K-WPPSI-IV 검사 결과의 지표 분석 예시

기본분석 Ⅲ

지표 수준 강점/약점

척도		지표점수	비교점수	점수차	임계값	강점(S)/약점(W)	기저율
언어이해	VCI	57	72	-15	6.8	W	5~10%
시공간	VSI	73	72	1	8.2	-	>25%
작업기억	WMI	86	72	14	7.0	S	5~10%

비교점수의 평균은 3개 지표점수를 사용하여 산출하였다.
홍길동의 임계치 유의수준은 .15, 기저율 준거집단은 전체표본입니다.

지표 수준 차이비교

점수1			점수2			점수차	임계값	유의성 Y/N	기저율
언어이해 VCI	57	- 시공간	VSI	73	=	-16	9.9	Y	16.4
언어이해 VCI	57	- 작업기억	WMI	86	=	-29	8.2	Y	4.8
시공간 VSI	73	- 작업기억	WMI	86	=	-13	10.1	Y	25.0

홍길동의 임계치 유의수준은 .15, 기저율 준거집단은 전체표본입니다.

소검사 수준 강점/약점

소검사		환산점수	비교점수	점수차	임계값	강점(S)/약점(W)	기저율
수용어휘	RV	3	5.2	-2.2	2.0	W	10~25%
상식	IN	2	5.2	-3.2	2.0	W	<1%
토막 짜기	BD	7	5.2	1.8	2.0	-	>25%
모양 맞추기	OA	4	5.2	-1.2	3.0	-	>25%
그림기억	PM	10	5.2	4.8	2.0	S	1~2%
위치 찾기	ZL	5	5.2	-0.2	2.0	-	>25%

비교점수의 평균은 6개 핵심 소검사 점수를 사용하여 산출하였다.
홍길동의 임계치 유의수준은 .15, 기저율 준거집단은 전체표본입니다.

소검사 수준 차이비교

점수1			점수2			점수차	임계값	유의성 Y/N	기저율
수용어휘 RV	3	- 상식	IN	2	=	1	2.4	N	40.3
토막짜기 BD	7	- 모양맞추기	OA	4	=	3	3.2	N	25.4
그림기억 PM	10	- 위치찾기	ZL	5	=	5	2.5	Y	8.6

홍길동의 임계치 유의수준은 .15, 기저율 준거집단은 전체표본입니다.

[그림 3-4] K-WPPSI-Ⅳ 검사결과에 따른 강점, 약점 분석 예시

3. 한국 웩슬러 성인용 지능검사 4판(K-WAIS-IV)

한국 웩슬러 성인용 지능검사 4판(Korean Wechsler Adult Intelligence Scale-4: K-WAIS-IV)은 미국 원판인 WAIS-IV(Wechsler Adult Intelligence Scale-4; Wechsler, 2008)를 KWIS(전용신, 서봉연, 이창우, 1963), K-WAIS(염태호, 박영숙, 오경자, 김정규, 이영호, 1992)에 이어 2012년 한국의 성인을 대상으로 황순택, 김지혜, 박광배, 최진영, 홍상황(2012)이 표준화한 성인용 개인 지능검사 도구이다.

1) 목적 및 대상

K-WAIS-IV는 16세 0개월부터 69세 11개월까지를 대상으로 청소년과 성인의 인지능력을 개인적으로 평가할 수 있도록 개발된 개인 지능검사 도구이다. 검사는 청각장애인이거나 난청인 사람들을 포함하여 특수한 집단에서 인지능력에 대한 평가가 가능한 소검사를 포함하고 있다.

2) 구성 체계

K-WAIS-IV는 4개 지표(언어이해, 지각추론, 작업기억, 처리속도), 15개의 소검사 총 532문항으로 구성되어 있다.

<표 3-8> K-WAIS-IV의 소검사 구성

지표	소검사	설명	문항수	
언어이해	공통성	공통적인 사물이나 개념을 나타내는 2개의 단어가 제시되면 수검자는 그 둘이 어떠한 유사점이 있는지를 기술해야 한다.	18	532
	어휘	그림 문항의 경우 수검자는 시각적으로 제시되는 물체의 이름을 말해야 한다. 언어적 문항의 경우 인쇄된 글자와 동시에 구두로 제시되는 단어의 뜻을 말해야 한다.	30	92

	상식	폭넓은 영역의 상식에 관한 질문에 대답해야 한다.	26	
	이해	사회적 상황에 대한 일반적 원리와 이해에 근거해서 질문에 답해야 한다.	18	
지각추론	토막짜기	제한 시간 내에 제시된 그림과 모형 또는 그림만 보고 빨간색과 흰색으로 이루어진 토막을 사용하여 똑같은 모양을 만들어야 한다.	14	117
	행렬추론	일부가 빠져 있는 매트릭스를 보고 행렬 매트릭스를 완성할 수 있는 반응 선택지를 골라야 한다.	26	
	퍼즐	제한 시간 내에 퍼즐을 보고 그 퍼즐을 만들 수 있는 3개의 반응을 찾아야 한다.	26	
	무게 비교	제한 시간 내에 양쪽 무게가 달라 균형이 맞지 않은 저울 그림을 보고 균형을 맞추는 데 필요한 반응을 찾는다.	27	
	빠진 곳 찾기	사회적 상황에 대한 일반적 원리와 이해에 근거해서 질문에 답해야 한다.	24	
작업기억	숫자	숫자 바로 따라 하기(8문항)에서 검사자가 읽어 준 일련의 숫자를 동일한 숫자로 기억해 내야 한다. 숫자 거꾸로 따라 하기(8문항)에서는 검사자가 읽어 준 일련의 숫자를 역순으로 기억해 내야 한다. 숫자 순서대로 따라 하기(8문항)에서는 검사자가 읽어 준 일련의 숫자를 작은 숫자부터 차례로 기억해 내야 한다.	24	56
	산수	제한 시간 내에 일련의 산수 문제를 암산으로 풀어야 한다.	22	
	순서화	검사자는 수검자에게 일련의 숫자와 글자를 읽어 주면 수검자는 숫자와 글자를 순서대로 회상해야 한다.	10	

처리속도	동형 찾기	제한 시간 내에 탐색 집단에서 표적 기호와 동일한 것을 찾아야 한다.	60	267
	기호 쓰기	제한 시간 내에 숫자와 짝지어진 기호를 옮겨 써야 한다.	135	
	지우기	제한 시간 내에 조직적으로 배열되어 있는 도형들 속에서 표적 모양을 찾아 표시해야 한다.	72	

3) 실시방법 및 채점

표준화 자료 수집 과정에서 15개의 소검사를 모두 실시하는 데 평균적으로 80분이 소요되며, 지적능력이 떨어지는 경우는 약 60분, 그렇지 않은 경우 최장 100분 정도 소요된다. 10개 핵심 소검사만을 실시하는 경우 20~30분 정도 단축된다.

K-WAIS-IV에는 10개의 핵심 소검사, 5개의 보충 소검사 총 15개의 소검사로 구성되어 있다. 10개의 소검사는 지표점수와 전체 IQ를 산출하는 데 사용하며, 보충 소검사는 부가적인 임상 정보를 제공하기 위해 사용하거나 핵심 소검사를 대체해서 사용할 수 있다.

원활한 검사 진행을 위해 K-WAIS-IV는 시작점, 되돌아가기 및 중지 규칙을 활용할 수 있다. 시간 제한이 있는 소검사의 경우 초시계를 사용하여 정확한 시간을 측정하여 기록한다. 시간 제한이 없는 소검사의 경우 30초 지침을 사용하여 반응을 도와주는 데 활용한다. 또한 시범, 연습, 교육은 정해져 있는 문항에 한하여 정해진 방식으로 실시하여 검사자가 과제를 쉽게 설명하는 데 도움을 준다.

추가 질문, 촉구, 반복으로 수검자의 반응을 명료하게 하고, 해당 수검자의 과제를 상기시키고 수행을 극대화하기 위해 사용한다. 생략되거나 미실시된 문항을 구분하기 위해 실시된 모든 문항의 반응을 기록 용지에 그대로 기입해야 한다.

검사자는 수검자가 수행한 각 소검사를 문항별로 채점한 후 총점을 산출하여 기록지의 해당 칸에 표시한 후 채점 사이트(http://inpsyt.co.kr/)에서 제공하는 채점 프로그램에 입력한다.

누락된 소검사 때문에 환산점수를 비례 추정해야 할 경우 필요한 소검사의 환산점수의 이용이 어려울 때는 조합점수를 계산하는 과정에서 비례 추정해야 한다. 그러나 대체할 소검사가 부족할 경우 등 불가피한 경우를 제외하고는 비례 추정

방식을 사용해서는 안 된다.

4) 결과 및 해석

　이 검사의 결과는 소검사 문항에 대한 원점수를 채점하고, 원점수를 환산점수로 바꾸어 언어이해, 작업기억, 처리속도, 전체 검사의 조합점수표로 백분위와 90% 신뢰도 구간을 산출하고 해석한다. 또한 소검사별로 소검사 환산점수와 평균 환산점수와의 차이를 비교하여 평균과의 차이, 임계치를 분석하여 강점과 약점, 기저율을 알 수 있다.

　K-WAIS-IV의 지능검사 결과 해석의 예는 [그림 3-5]와 같다.

　피검사자의 K-WAIS-IV의 검사 결과는 전체 IQ=64(VCI=70, PRI=70, WMI=78, PSI=72)로 '매우 낮음' 수준으로 하위 1%에 해당된다.

　지표별로 볼 때 언어이해 70, 지각추론 70, 작업기억 78, 처리속도 72로 '경계선'에 해당되나 전체 지능지수는 '매우 낮음' 수준이다. 소검사별로 살펴볼 때, 숫자(10)와 행렬추리(8)에서 강점을 보이며, 산수에서는 약점을 나타내 분석된 소검사 결과를 학습 전략으로 활용할 수 있다.

원점수 입력

토막 짜기(BD)	공통성(SI)	숫자(DS)	행렬추론(MR)	어휘(VC)	산수(AR)	동형 찾기(SS)	퍼즐(VP)
30	12	31	17	12	5	26	7

상식(IN)	기호 쓰기(CD)	순서화(LN)	무게 비교(FW)	이해(CO)	지우기(CA)	빠진 곳 찾기(PCM)	
6	65						

● 조합점수표

	언어이해	지각추론	작업기억	처리속도	전체 검사
환산점수 합	14	15	12	9	50
조합점수	70	70	78	72	64
백분위	2	2	7	3	1
90% 신뢰구간	66~77	66~79	73~86	68~84	61~70

● 조합점수 프로파일

VCI	PRI	WMI	PSI	FSIQ
70	70	78	72	64

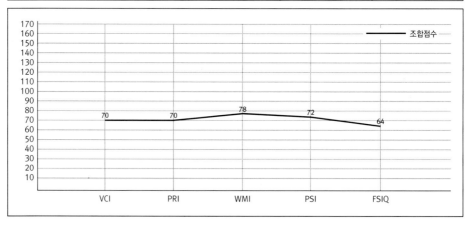

● 강점과 약점 분석

비교 기준: 10개의 핵심 소검사 평균						
소검사	소검사 환산점수	평균 환산점수	평균과의 차이	임계치	강점 또는 약점	기저율
토막 짜기	4	5.00	−1	2.90		
공통성	6	5.00	1	3.01		
숫자	10	5.00	5	2.26	S	1%
행렬추론	8	5.00	3	2.46	S	15~25%
어휘	3	5.00	−2	2.51		
산수	2	5.00	−3	2.56	W	
동형 찾기	4	5.00	−1	3.35		
퍼즐	3	5.00	−2	2.53		
상식	5	5.00	0	1.84		
기호 쓰기	5	5.00	0	2.91		

● 소검사 환산점수 프로파일

언어이해				지각추론					작업기억			처리속도		
SI	VC	IN	CO	BO	MR	VP	PW	PCm	DS	AR	LN	SS	CD	CA
6	3	5		4	8	3			10	2		4	5	

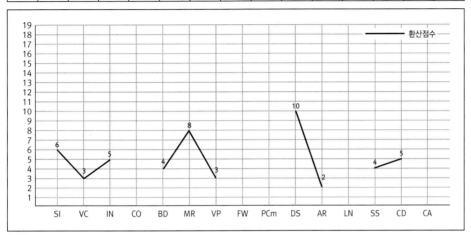

[그림 3-5] K-WAIS-IV의 검사 결과 예시

4. 국립특수교육원 한국형 개인지능검사(KISE-KIT)

국립특수교육원 한국형 개인지능검사(Korea Institute for Special Education-Korea Intelligence Test for Children: KISE-KIT)는 국립특수교육원에서 박경숙, 정동영, 정인숙(2008)이 국내외에서 많이 사용되고 있는 여러 개인 지능검사를 분석하여 우리나라의 전통과 일상생활 소재를 이용하여 문항들을 선정하여 개발한 한국형 지능검사 도구이다.

1) 목적 및 대상

KISE-KIT는 만 5세부터 17세까지의 아동 및 청소년의 지적능력을 측정하기 위해 개발된 개인 지능검사 도구이다.

2) 구성 체계

KISE-KIT는 크게 2개 영역(언어성 검사, 동작성 검사)으로 구성되었으며, 동작성 보충검사 1개, 언어성 보충검사 1개를 포함한 12개의 소검사 총 161문항으로 이루어져 있다. 보충검사는 특정 검사를 수행하지 못할 시 실시한다. 전체 검사의 구성 내용은 〈표 3-9〉와 같으며 검사는 각 소검사에 표시된 번호 순서대로 실시한다.

〈표 3-9〉 KISE-KIT 검사 구성 내용

언어성 검사		동작성 검사	
소검사	문항수	소검사	문항수
2. 낱말이해	15	1. 그림배열	10
4. 계산	20	2. 이름기억	11
6. 낱말유추	16	5. 칠교놀이	6
8. 교양	24	6. 숨은그림	10
10. 문제해결	18	9. 그림무늬	7
12. 수기억(보충 소검사)	14	11. 손동작(보충 소검사)	10
소계	107	소계	54
총 문항수		161	

3) 실시방법 및 채점

KISE-KIT는 동작성 검사부터 시작하여 언어성 검사와 교대로 소검사를 하나씩 실시해야 한다. 피검사자의 특성에 따라 검사 진행이 어려운 경우 소검사의 순서를 바꿔 실시하고, 다른 소검사를 모두 실시한 다음 빠진 소검사를 실시하는 등 상황에 따라 순서를 변경할 수 있다. 10개의 소검사를 시행하는 데 소요되는 시간은 90~120분이다.

4) 결과 및 해석

검사결과는 언어성 IQ 점수, 동작성 IQ 점수, 전체 IQ 점수의 산출이 가능하다.

검사 결과는 최우수, 우수, 평균상, 평균, 평균하, 경계선, 지적장애로 진단적 분류를 하며, 검사 결과는 학습장애 아동 등의 진단 및 지원 계획의 수립 시 도움이 되는 정보를 제공한다.

5. 카우프만 아동용 지능검사 2판(KABC-Ⅱ)

카우프만 아동용 지능검사(Kaufman assessment battery for children: KABC)은 Kaufman 등이 1983년에 개발한 개인 지능검사로서 우리나라에서는 문수백, 변창진(1997)이 처음 표준화하였고, 그 이후 문수백(2014)이 KABC-Ⅱ를 표준화하였다. KABC-Ⅱ는 아동과 청소년의 정보처리와 인지 능력을 측정하기 개발된 개인 지능검사로서 미취학아동부터 고등학생들의 심리, 임상, 심리교육, 신경심리의 평가를 위한 목적으로 개발되었다. 사고력과 전반적 인지능력을 모두 측정할 수 있어 학생들의 교육, 치료 배치 계획을 세우는 데 도움을 준다. 또한 인지능력과 사고력에 있어서 개개인의 강점과 약점을 파악할 수 있어 학습장애의 핵심적인 양상인 기본적 사고처리과정의 장애를 파악하는 데 유용하다.

이 검사는 비언어성 척도를 포함하고 있어 비언어성척도의 하위검사에서 검사자가 몸짓으로 문항을 제시하고 피검사자는 언어가 아닌 동작으로 반응할 수 있어 청각 손실 또는 언어장애로 인해 제한된 언어능력을 가진 다문화 아동들에게도 효과적으로 적용할 수 있다는 특징이 있다.

1) 목적 및 대상

KABC-Ⅱ는 만 3세에서 18세까지의 아동 및 청소년의 인지능력을 측정하기 위한 개인 지능검사 도구로서 교육적 또는 심리적으로 문제가 있는 아동들을 이해하는 데 필요한 순차처리, 동시처리, 학습력, 추리력 그리고 결정성 지적능력을 포함하는 광범위한 인지능력을 측정할 수 있다.

2) 구성 체계

KABC-II는 2개의 지표(인지처리지표, 유동성지표)와 5개의 척도(순차처리, 동시처리, 계획력, 학습력, 지식), 18개의 하위검사(2검사 중복: 형태추리, 이야기 완성) 총 626문항으로 구성되어 있으며, 아동의 인지발달단계(연령)에 따라 5~10개 검사가 실시된다. KABC-II의 5개의 척도와 하위검사의 실시 대상 연령 및 문항수는 〈표 3-10〉과 같다.

<표 3-10> KABC-II의 척도 및 하위검사

척도	하위검사	실시 대상 연령(세)			문항수	
		핵심	보충	비언어성		
순차처리/Gsm	수회생	4~18	3		24	74
	단어배열	4~18			27	
	손동작		4~18	4~18	23	
동시처리/Gv	블록세기	13~18	5~12	7~18	35	215
	관계유추	3~6		3~6	28	
	얼굴기억	3~4	5	3~5	12	
	형태추리	5~6			36	
	빠른길 찾기	6~18			22	
	이야기 완성		6		18	
	삼각형	3~12	13~18	3~18	27	
	그림통합		3~18		37	
계획력/ Gf(7~18세)	형태추리	7~18		5~18	36	54
	이야기완성	7~18		6~18	18	
학습력/Glr	이름기억	3~18			54	98
	암호해독	4~18			21	
	이름기억-지연		5~18		12	
	암호해독-지연		5~18		11	
지식/Gc(CHC 모델에만 해당)	표현어휘	3~6	7~18		44	185
	수수께끼	3~18			51	
	언어지식	7~18	3~6		90	

총 문항수: 626

※ 두 가지 검사 중복: 형태추리, 이야기 완성

3) 실시방법 및 채점

KABC-II는 18개의 하위검사로 구성되어 있지만 핵심 하위검사 수와 소요시간
이 Luria 모델은 약 25~60분, CHC 모델은 약 70분으로 연령별로 다르다. 〈표 3-11〉
은 연령별 하위검사 수와 평균 소요시간이다.

〈표 3-11〉 KABC-II의 연령별 실시 검사 수와 소요시간

모델	구분	3세	4세	5세	6세	7~12세	13~18세
Luria 모델 (MPI)	하위검사 수	5	7	7	8	8	8
	핵심 하위검사 실시 평균시간(단위: 분)	25~30	30~35	35~40	45~50	55~60	50~55
CHC 모델 (FCI)	하위검사 수	7	9	9	10	10	10
	핵심 하위검사 실시 평균시간(단위: 분)	30~35	40~45	45~50	55~60	70~75	65~70
비언어성 척도(NVI)	하위검사 수	4	4	5	5	5	5
	핵심 하위검사 실시 평균시간(단위: 분)	20	20	30	30	40	40

4) 결과 및 해석

KABC-II의 검사 결과에 따른 전체 척도 지수(MPI, FCI, NVI)를 해석한다. FCI(CHC
모델), MPI(Luria 모델), 비언어성 척도(NVI) 중 검사자가 선택한 검사 모델에 따라
적합한 전체 척도지수를 선택하여 해석한다. 또한 FCI(CHC 모델)와 MPI(Luria 모
델)를 일반 지능의 의미로 해석하기 위한 것은 아니며, KABC-II 하위 척도들에
의해 측정된 여러 지능들을 단순하게 요약하기 위한 것이다.

검사 결과를 개인 내의 특징(강점과 약점), 개인 간의 특징(강점과 약점)을 확인하
기 위해서 피검사자의 하위 척도 프로파일을 해석하며, 척도지수에서 개인 내적
강점과 약점을 알 수 있다.

KABC-II는 검사 내용이 문화적 변인의 영향을 받지 않도록 구성되어 있으며,
채점 사이트(http://inpsyt.co.kr/)의 결과 처리 프로그램에 입력하면 검사 결과를

해석할 수 있다. 검사 결과를 통해 개인 내의 특징과 개인 간의 특징의 차이를 분석하여 교육계획 수립에 활용할 수 있다.

적응행동

❖ 이 성 용

적응행동(adaptive behavior)은 사람들이 일상생활에서 학습하고 수행하는 개념적 적응기술, 사회적 적응기술, 실제적 적응기술들의 집합체다. 개념적 적응기술 (conceptual adaptive skills)은 언어, 읽기와 쓰기, 돈, 시간, 수 개념 등을 의미하고, 사회적 적응기술(social adaptive skills)은 대인관계 기술, 사회적 책임감, 자존감, 파괴성, 순진성(즉, 경계심), 규칙 따르기 및 법 준수, 희생당하는 것을 피함, 사회적 문제해결 등을 의미하며, 실제적 적응기술(practical adaptive skills)은 일상생활 활동(개인적 관리), 작업 기술, 돈 사용, 안전, 건강관리, 여행 및 이동, 일정 및 일과 계획, 전화 사용 등을 의미한다(박승희, 김수연, 장혜성, 나수현 역, 2011).

「장애인 등에 대한 특수교육법 시행령」 제10조에서 지적장애는 "지적 기능과 적응행동상의 어려움이 함께 존재하여 교육적 성취에 어려움이 있는 사람"으로 정의하고 있어 적응행동은 지적장애의 적격성 여부를 결정짓는 중요한 요인이다.

이 장에서는 우리나라에서 많이 활용되고 있는 표준화된 적응행동검사 도구로서 국립특수교육원 적응행동검사(KNISE-SAB), 지역사회적응검사 2판(CISA-2), 바인랜드 적응행동척도 2판(K-Vineland-II), 사회성숙도검사(SMS), 한국판 적응행동검사(K-SIB-R), 적응행동검사(ABS)를 제시하였다.

1. 국립특수교육원 적응행동검사(KNISE-SAB)

국립특수교육원 적응행동검사(Korea National Institute for Special Education-Scales of Adaptive Behavior: KNISE-SAB)는 우리나라의 사회적·문화적 맥락을 반영하고 생활양식에 적합한 내용의 적응행동을 측정하기 위해 정인숙, 강영택, 김계옥, 박경숙, 정동영(2003)이 국립특수교육원에서 개발 및 표준화한 검사도구이다.

1) 목적 및 대상

KNISE-SAB는 장애학생들의 적응행동능력을 측정하는 데 활용되며 주로 지적장애 및 발달지체(장애)를 구별하는 도구로 사용할 수 있다. 검사의 적용 대상은 지적장애학생의 경우 만 5세부터 17세까지이고, 일반학생의 경우 만 21개월부터 17세까지이다.

2) 구성 체계

KNISE-SAB는 3개 영역(개념적 적응행동, 사회적 적응행동, 실제적 적응행동)에 걸쳐 총 242문항으로 되어 있다. 이를 제시하면 〈표 4-1〉과 같다.

<표 4-1> KNISE-SAB의 구성 체계

영역	문항 내용	문항수	총 문항수
1. 개념적 적응행동	언어 이해	18	
	언어 표현	20	
	읽기	10	
	쓰기	9	72
	돈 개념	6	
	자기지시	9	
2. 사회적 적응행동	사회성 일반	10	
	놀이 활동	10	
	대인관계	10	
	책임감	10	68
	자기존중	9	
	자기보호	9	
	규칙과 법	10	242
3. 실제적 적응행동	화장실 이용	6	
	먹기	10	
	옷 입기	11	
	식사준비	7	
	집안정리	8	
	교통수단 이용	8	102
	진료받기	8	
	금전관리	8	
	통신수단 이용	9	
	작업기술	10	
	안전 및 건강관리	17	

3) 실시방법 및 채점

KNISE-SAB는 피검자를 6개월 이상 관찰해 피검자의 특성과 행동을 제대로 파악하고 있는 부모나 교사 등의 정보 제공자를 대상으로 실시한다. 정보 제공자에게 문항에 따른 질문을 할 때에는 모든 소검사의 1번 문항부터 시작한다. 7세 이상의 일반학생은 중간 문항부터 시작하거나 거꾸로 검사를 실시할 수 있고, 거꾸로 실시하였을 때 연속 2개의 문항을 맞힌 경우 이전의 문항은 모두 맞힌 것으로 한다. 3개 문항을 연속해서 수행하지 못할 경우 검사를 중지한다. 이와 관련하여 적응행동 수준에 대한 판단 기준 및 채점은 〈표 4-2〉와 같다. 검사 소요시간은 40분 정도이다.

<표 4-2> 적응행동 수준에 대한 판단 기준 및 채점

적응행동 수준(판단 기준)	채점
세 번 기회가 주어졌을 때 문항의 내용을 또래와 같은 수준으로 한 번도 수행하지 못하는 경우	0점
세 번 기회가 주어졌을 때 문항의 내용을 또래와 같은 수준으로 한 번 수행하는 경우	1점
세 번 기회가 주어졌을 때 문항의 내용을 또래와 같은 수준으로 두 번 수행하는 경우	2점
세 번 기회가 주어졌을 때 문항의 내용을 또래와 같은 수준으로 세 번 모두 수행하는 경우	3점

이와 같은 판단 기준 및 채점을 바탕으로 각 문항의 원점수를 계산하고, 각 영역별 총점을 구한다. KNISE-SAB는 국립특수교육원 홈페이지에서 무료로 검사(검사 실시 및 결과 분석 자료 제공)를 할 수 있다.

4) 결과 및 해석

KNISE-SAB의 결과로 원점수, 환산점수, 적응행동지수를 얻을 수 있다. KNISE-SAB의 결과는 지적장애를 판별하는 준거로도 활용될 수 있는데, 적응행동지수에

비추어 진단할 수 있다. 적응행동지수의 진단적 분류를 제시하면 〈표 4-3〉과
같다. KNISE-SAB의 검사 결과에 대한 예시는 [그림 4-1]과 같다.

〈표 4-3〉 **적응행동지수의 진단적 분류**

적응행동지수	분류	비율(%)
130 이상	최우수	2.2
120~129	우수	6.7
110~119	평균상	16.1
90~109	평균	50.0
80~89	평균하	16.1
70~79	경계선	6.7
69 이하	지체	2.2

[그림 4-1]에서 제시된 KNISE-SAB의 검사 결과를 간략하게 해석하면 다음과
같다. 대상학생은 개념적 적응행동지수 49, 사회적 적응행동지수 53, 실제적 적응
행동지수 55, 전체 적응행동지수는 48로 나타났다. 본 검사 결과, 전반적으로 적
응행동지수가 69 이하로 지체를 보이고 있다. 프로파일에서도 일반학생 규준보다
매우 낮고, 지적장애 학생 규준의 평균 능력을 보이는 것으로 보아 지적장애학생
으로 의심이 된다. 따라서 별도의 특수교육과 치료 지원 등이 필요할 것으로 사료
된다. 구체적으로 개념적 적응행동, 사회적 적응행동과 관련된 의사소통 및 대인
관계 기술 훈련, 언어치료, 놀이치료 등이 우선적으로 제공되어야 할 것으로 보
인다.

1. 프로파일

환산점수	개념적 적응행동						사회적 적응행동							실제적 적응행동												환산점수
	언어이해	언어표현	읽기	쓰기	돈개념	자기지시	사회성일반	놀이활동	대인관계	책임감	자기존중	자기보호	규칙과법	화장실이용	먹기	옷입기	식사준비	집안정리	교통수단이용	진료받기	금전관리	통신수단이용	작업기술	안전및건강관리	

(프로파일 그래프 — 환산점수 0~20, 지적장애(실선)와 일반(점선) 비교)

—— 지적장애　- - - - 일반

2. 환산점수 합

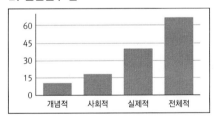

3. 적응행동지수

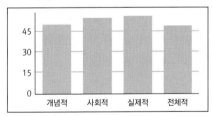

적응행동지수의 진단적 분류

적응행동지수	분류	비율
130 이상	최우수(Very Superior)	2.2
120~129	우수(Superior)	6.7
110~119	평균상(High Average: Bright)	16.1
90~109	평균(Average)	50.0
80~89	평균하(Low Average: Dull)	16.1
70~79	경계선(Borderline)	6.7
69 이하	지체(retardation)	2.2

[그림 4-1] 국립특수교육원 온라인 검사 결과(프로파일, 환산점수, 적응행동지수)

출처: 국립특수교육원(www.nise.go.kr).

2. 지역사회적응검사 2판(CISA-2)

지역사회적응검사-2판(Community Integration Skills Assessment-2: CISA-2)은 이 달엽, 김동일, 박희찬(2004)의 CIS-A 개정판으로서 변화한 시대적 흐름과 요구에 따라 통신서비스 적응기술을 추가해 김동일, 박희찬, 김정일(2017)이 개발 및 표준화한 비언어성 검사도구이다.

1) 목적 및 대상

CISA-2는 지적장애인과 자폐성장애인이 지역사회에 통합되는 데 필수적인 적응기술을 포괄적으로 검사하는 도구이다. 또한 CISA-2는 지역사회 적응 관련 교육 및 훈련계획을 수립하는 데 필요한 정보도 제공한다. 검사의 적용 대상은 만 5세 이상의 지적장애인 및 자폐성장애인이다.

2) 구성 체계

CISA-2는 3개의 영역(기본생활, 사회자립, 직업생활)에 걸쳐 총 161문항으로 구성되어 있다. 이를 제시하면 〈표 4-4〉와 같다.

<표 4-4> CISA-2의 구성 체계

영역	CISA-2 하위영역	문항수		총 문항수
1. 기본생활	기초개념	17	66	161
	기능적 기호와 표지	16		
	가정관리	16		
	건강과 안전	17		
2. 사회자립	지역사회 서비스	17	64	
	시간과 측정	16		
	금전관리	15		
	통신서비스	16		

3. 직업생활	직업기능	15	31
	대인관계와 예절	16	

3) 실시방법 및 채점

CISA-2는 검사자가 질문하면 피검사자가 답변하는 형식으로 실시되며, 요인 1에서 요인 10까지의 순서대로 진행하지만 요인의 실시 순서를 변경할 수도 있다. 총 점수가 필요하지 않을 경우 몇 개의 요인을 생략할 수도 있다. CIS-A와 달리 CISA-2는 검사를 하고 검사지에 기록한 다음, 채점 사이트(http://inpsyt.co.kr/)의 심리검사 채점 프로그램에 입력/출력하는 것으로 바뀌었다. 홈 페이지의 심리검사 채점 프로그램에 검사 결과를 입력하면 검사 환산점수, 영역지수, 적응지수 등을 자동으로 산출해 준다. 검사의 시간 제약은 없지만 보편적으로 검사 소요시간은 1시간에서 1시간 30분 정도이다.

4) 결과 및 해석

CISA-2의 결과는 지역사회 적응 정도를 파악하는 데 활용할 수 있으며, CIS-A의 형식을 유지하였다. 적응지수와 환산점수를 통해 적응 수준을 파악할 수 있는데, 이를 제시하면 〈표 4-5〉와 같다. 이와 같은 검사 결과를 전문가 지침서의 예시를 통해 살펴보면 [그림 4-2]와 같다.

〈표 4-5〉 적응지수 및 환산점수에 따른 적응 수준

적응지수	적응 수준	환산점수	적응 수준
69 이하	적응행동 지체	1~3	매우 낮음
70~79	경계선	4~5	낮음
80~89	평균하	6~7	평균하
90~109	평균	8~12	평균
110~119	평균상	13~14	평균상
120~129	우수	15~16	높음
130 이상	최우수	17~19	매우 높음

　[그림 4-2]에서 제시된 CISA-2의 검사 결과를 살펴보면, 대상학생은 적응지수 69점으로 적응행동 지체 또는 경계 수준으로 평가된다. 각 영역지수를 살펴보면 기본생활 영역지수 77점(경계선), 사회자립 영역지수 65점(지체), 직업생활 영역지수 65점(지체) 수준으로 평가된다. 하위검사를 살펴보면, 기초개념(9점), 기능적 기호와 표지(7점), 건강과 안전(7점), 지역사회 서비스(8점)는 '평균' 수준을 보이며, 직업기능(4점)과 대인관계와 예절(4점)은 '낮음' 수준을, 가정관리(1점), 시간과 측정(1점), 금전관리(1점)는 '매우 낮음' 수준을 보이고 있다. 따라서 대상학생은 가정관리, 시간과 측정, 금전관리와 관련된 교육훈련이 필요하다고 사료된다.

CISA-2 Assessment Report

2017/03/03   Page 2   SAMPLE   여자   만 15세 09개월

1. 검사 점수표

영 역	하위검사	원점수
기본생활	1. 기초개념	15
	2. 기능적 기호와 표지	14
	3. 가정관리	6
	4. 건강과 안전	12
사회자립	5. 지역사회 서비스	12
	6. 시간과 측정	8
	7. 금전관리	5
	8. 통신서비스	11
직업생활	9. 직업기능	9
	10. 대인관계와 예절	11

2. 검사 프로파일

◆ 일반규준

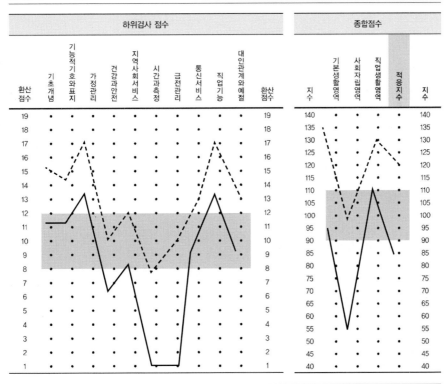

[그림 4-2] 기록지 전면 프로파일

출처: 인싸이트 홈페이지(http://inpsyt.co.kr/).

3. 바인랜드 적응행동척도 2판(K-Vineland-II)

바인랜드 적응행동척도 2판(Korea Vineland Adaptive Behavior Scales-Second Edition: K-Vineland-II)은 1965년에 미국에서 개발한 바인랜드 사회성숙척도 (Vineland Social Maturity Scale)의 개정판(Vineland Adaptive Behavior Scales-Second Edition)을 황순택, 김지혜, 홍상황(2015)이 우리나라에서 표준화한 검사도구이다.

1) 목적 및 대상

K-Vineland-II는 지적장애 진단에 필요한 적응행동을 평가하거나 개인의 일상생활 기능을 평가하는 데 사용할 수 있는 검사도구이다. 검사의 적용 대상은 0세부터 90세 11개월까지의 개인이다.

2) 구성 체계

K-Vineland-II는 평가 방식에 따라 면담형과 보호자평정형으로 구성되어 있다. 면담형은 4개 주영역(의사소통, 생활기술, 사회성, 운동기술)과 부적응행동 영역에 걸쳐 총 433문항으로 되어 있다. 보호자평정형은 영역과 하위영역 명칭은 다르지만 문항 내용과 문항수는 같으며, 구체적으로 4개 주영역(의사소통, 일상생활, 사회성, 신체활동)과 문제행동 영역에 걸쳐 총 433문항으로 되어 있다. 이를 제시하면 〈표 4-6〉과 같다.

<표 4-6> K-Vineland-II의 구성 체계

영역		하위영역		문항수	총 문항수
면담형	보호자평정형	면담형	보호자평정형		
의사소통	의사소통	수용	듣기, 이해하기	20	433
		표현	말하기	54	
		쓰기	읽기, 쓰기	25	

생활기술	일상생활	개인	자신 돌보기	41	109
		가정	집안 돌보기	24	
		지역사회	사회생활	44	
사회성	사회성	대인관계	다른 사람과의 관계	38	99
		놀이 및 여가	놀이, 여가시간	31	
		대처기술	적응하기	30	
운동기술	신체활동	대근육	대근육운동	40	76
		소근육	소근육운동	36	
부적응행동	문제행동 영역1	내현화	하위영역 A	11	50
		외현화	하위영역 B	10	
		기타	하위영역 C	15	
	문제행동 영역2	결정적 문항	하위영역 D	14	

3) 실시방법 및 채점

K-Vineland-Ⅱ는 면담을 시작하기 전에 대상자의 시작점을 결정하는데, 시작점은 만 연령을 기준으로 정한다. 발달지연이 의심되거나 하나 이상의 하위영역에서 결손이 의심되는 경우 모든 하위영역에서 낮은 시작점을 적용하여 실시한다. 면담형의 경우 각 하위영역에 따른 문항은 '2' '1' '0' 'DK' 'N/O'로 채점을 하고, 연속해서 4문항이 0점으로 채점될 때 중지한다. 보호자평정형도 같은 형식으로 이루어지며, 〈표 4-7〉과 같이 채점 기준을 제시한다. 검사 소요시간은 면담형은 20~50분, 보호자평정형은 30~60분 정도이다.

〈표 4-7〉 **적응행동 수준에 대한 판단 기준 및 채점**

적응행동 수준(판단 기준)	채점
• 그러한 행동을 항상 독립적으로(별도의 도움 없이) 할 수 있을 때 • 그러한 행동을 지금 하지는 않지만 할 수 있는 능력이 명백하게 있을 때 • 과거에는 그러한 행동을 했지만 지금은 나이가 들어 하지 않는 경우	2점
• 그러한 행동을 가끔 하거나 부분적으로 도움을 받아서 할 때	1점

• 그러한 행동을 전혀 하지 못할 때	0점
• 그러한 행동을 대상자가 할 수 있는지에 대해 응답자가 잘 알지 못할 때 (보호자평정형: 작성자가 대상자의 행동을 잘 알지 못할 때)	DK
• 기회가 없어 그러한 행동을 한 적이 없을 때	N/O

4) 결과 및 해석

K-Vineland-II의 결과는 적응 수준과 부적응 수준을 파악하는 데 활용할 수 있다. 하위영역별 V-척도점수와 주영역 및 적응행동조합 표준점수에 대한 적응 수준과 부적응행동 하위영역 및 부적응행동지표 V-척도점수에 대한 부적응 수준을 제시하면 〈표 4-8〉과 같다. 이를 반영한 검사 결과를 예시를 통해 살펴보면 [그림 4-3]과 같다.

<표 4-8> 적응 수준과 부적응 수준

적응 수준	V-척도점수	표준점수	부적응 수준	V-척도점수
낮음	1~9	20~70	임상적으로 의미 있는	21~24
약간 낮음	10~12	71~85	다소 높은	18~20
평균	13~17	86~114	보통 정도	1~17
약간 높음	18~20	115~129		
높음	21~24	130~160		

[그림 4-3]에서 제시된 K-Vineland-II의 검사 결과를 살펴보면, 대상학생은 적응행동 조합점수가 49점(낮음)으로 나타났다. 각 영역별 표준점수로 살펴보았을 때에도 의사소통 46점(낮음), 생활기술 60점(낮음), 사회성 52점(낮음)으로 나타나 전반적으로 낮은 적응 수준을 보였다. 부적응행동지표에서는 V-척도점수가 19점으로 다소 높은 부적응 수준을 보였다. 따라서 대상학생은 적응행동과 관련된 전반적인 영역에서의 교수가 필요하며, 문제행동에 대한 중재도 고려해야 할 것으로 사료된다.

K-Vineland-II 점수 보고서

대상자 성명 : __나학생__   연령(만) : __8__ 세 __0__ 개월   작성일자 : __2017__ 년 __03__ 월 __29__ 일

실시양식 : ___면담형 ✔보호자평정형

바인랜드 적응행동 점수 요약

하위영역 및 주영역 점수

하위영역/주영역	원점수	v-척도점수	주영역표준점수	신뢰구간	백분위	적응수준	등가연령	스테나인
수용	29	10		8~12		약간낮음	2:10	
표현	58	6		4~8		낮음	2:03	
쓰기	11	2		0~4		낮음	4:00	
의사소통	합계: 18		46	39~53	<0.1	낮음		1
개인	60	10		8~12		약간낮음	3:10	
가정	8	9		7~11		낮음	2:09	
지역사회	22	5		3~7		낮음	3:09	
생활기술	합계: 24		60	54~66	0.4	낮음		1
대인관계	44	9		7~11		낮음	2:07	
놀이 및 여가	19	6		4~8		낮음	1:08	
대처기술	9	5		3~7		낮음	1:08	
사회성	합계: 20		52	44~60	<0.1	낮음		1
대근육	59	—		—		—	—	
소근육	34	—		—		—	—	
운동기술	합계: —		—	—		—	—	—

강점 및 약점

점수 - 중위수*	강점(S) 또는 약점(W)
4	S
0	—
-4	W
-6	—
1	S
0	—
-4	W
8	S
3	S
0	—
-1	—
0	

주영역 표준점수의 합 **158**

	표준점수	95% 신뢰구간	백분위	적응수준	스테나인
적응행동 조합점수	49	44~54	<0.1	낮음	1

	원점수	v-척도점수	95% 신뢰구간	수준
부적응행동지표	12	19	17~21	다소 높음
내현화	2	16	14~18	보통정도
외현화	3	17	15~19	보통정도

부적응행동 결정적 문항

문항들(2점 또는 1점을 받은 문항들의 심각도에 표시하시오).

1å	2å	3å	4å	5å	6å	7å	8å	9å	10å	11å	12å	13å	14å
(0)	(0)	(0)	(0)	(0)	(0)	(0)	(0)	(0)	(0)	(0)	(0)	(0)	(0)

중위수(Median) 점수를 결정하는 방법은 실시요강 3장 참조

주영역 강점(S)/약점(W)

S = 표준점수 - 중위수 ≥ 10
W = 표준점수 - 중위수 ≤ -10

하위영역 강점(S)/약점(W)

S = v-척도점수 - 중위수 ≥ 2
W = v-척도점수 - 중위수 ≤ -2

[그림 4-3] K-Vineland-II 온라인 검사 결과

출처: 한국심리주식회사 홈페이지(www.koreapsy.co.kr).

4. 사회성숙도검사(SMS)

사회성숙도검사(Social Maturity Scale: SMS)는 자조, 이동, 작업, 의사소통, 자기관리, 사회화 등과 같은 적응행동을 측정하기 위해 1965년에 미국에서 개발한 바인랜드 사회성숙척도(Vineland Social Maturity Scale)를 김승국, 김옥기(1985)가 우리나라 실정에 맞게 개발 및 표준화한 검사도구이다.

1) 목적 및 대상

SMS는 개인의 성장, 변화, 개인차 등을 측정하거나 지적장애를 구별하고 또 생활 지도와 훈련의 기초 자료 수집 도구로 사용할 수 있다. 검사의 적용 대상은 0세부터 만 30세까지다.

2) 구성 체계

SMS는 6개의 행동 영역(자조, 이동, 작업, 의사소통, 자기관리, 사회화)에 걸쳐 총 117문항으로 되어 있다. 이를 구체적으로 제시하면 〈표 4-9〉와 같다.

<표 4-9> SMS의 구성 체계

영역	문항 내용		문항수	총 문항수
1. 자조	자조 일반 (self-help general: SHG)	이동의 예비적 단계	5	14	117
		조작 능력	4		
		대소변	2		
		이동 능력	1		
		자기관리능력	1		
		의사소통능력	1		
	자조 식사 (self-help eating: SHE)	음료	3	25	
		식사 도구 사용	4		
		통제력과 판별력의 유무	4		
		전반적인 종합력을 표현	1		

	자조 용의 (self-help dressing: SHD)	옷 입고 벗기	6	
		씻고 닦기	5	
		몸 단장	2	
2. 이동	기어 다니는 능력부터 어디든 혼자 다닐 수 있는 능력		10	10
3. 작업	단순한 놀이부터 고도의 전문성을 요하는 직업에 이르는 다양한 능력		22	22
4. 의사소통	동작, 음성, 문자 등을 매체로 한 수용과 표현		15	15
5. 자기관리	금전의 사용, 구매, 경제적 자립 준비와 지원, 기타 책임 있고 분별 있는 행동 등에 관한 것으로 독립성과 책임감		14	14
6. 사회화	사회적 행동, 사회적 책임, 현실적 사고		17	17

3) 실시방법 및 채점

SMS는 검사지를 사용해서 피검사자를 잘 아는 사람(부모, 교사, 기타)과의 면접을 통해 실시한다. 만약 정보 제공자의 대답이 믿기 어려운 경우에는 피검사자를 직접 만나서 그의 행동을 관찰해 보고 판단한다. 정보 제공자에게 문항에 따른 질문을 할 때에는 1번 문항부터 질문을 시작하기보다는 피검사자의 연령과 능력 등을 고려하여 시작 질문의 번호를 정해 질문한다. 각 문항의 답은 '+' '+F' '+No' '±' 또는 '−'로 표시하며 이와 관련하여 기입 방법 및 문항 판단 기준은 〈표 4-10〉과 같다. 계속 질문을 하다가 3개 문항이 계속해서 '−'로 표시되면 검사를 끝낸다. 지적장애학생일 경우에는 5개 문항 정도가 계속 '−'로 표시될 때에 검사를 끝낸다.

<표 4-10> 기입 방법 및 문항 판단 기준

기입 방법	문항 판단 기준	점수
+	• 부당한 강요나 인위적인 유인이 없어도 각 항목이 지시하는 본질적인 행동을 습관적으로 수행하는 경우 • 현재는 습관적으로 하고 있지 않으나 하려고만 하면 쉽게 수행할 수 있을 경우	1
+F	• 검사 시에는 특별한 제약(예: 일시적인 질환, 환경적인 제약)으로 각 항목이 지시하는 행동을 성공적으로 수행하지 못하였지만 평상시에는 성공적으로 수행하였을 경우	1
+No	• 지금까지는 기회의 부족으로 각 항목이 지시하는 행동을 수행하지 못하였지만 기회가 부여된다면 곧 성공적으로 수행 또는 습득할 수 있는 경우	1/0/0.5
±	• 각 항목이 지시하는 행동을 가끔 하기는 하나 그 행동이 불안정할 경우, 즉 과도적 상태이거나 발현 중인 상태에 있을 경우	0.5
−	• 각 항목이 지시하는 행동을 전혀 수행하지 못할 경우 • 부당한 강요나 유인이 있을 때에만 수행할 경우 • 과거에는 성공적으로 수행하였으나 현재는 노쇠나 비교적 항구적인 정신적 또는 신체적 장애로 수행하지 못할 경우	0

※ '+No'는 '+'와 '+', '+F'와 '+F', '+'와 '+F', '+No'와 '+' 또는 '+F' 사이에 있을 경우: 1점, '−'와 '−' 사이에 있을 경우: 0점, 그 밖의 경우: 0.5점

4) 결과 및 해석

SMS 결과는 각 검사 문항에 대한 총점을 계산하고 사회연령(SA)과 사회지수(SQ)를 산출하고 해석한다. 우선, 총점은 기본점과 가산점을 합산하여 구한다. 그리고 이렇게 구한 총점을 바탕으로 사회연령 환산표에서 사회연령을 환산한다. 끝으로 산출한 사회연령을 활용하여 {(사회연령/만 생활연령) × 100}의 공식으로 사회지수(SQ)를 계산 및 정리해 기록 용지 제1면에 적는다. 이를 제시하면 [그림 4-4]와 같다.

SMS 결과는 지적장애를 판별하는 준거로도 활용될 수 있는데, 지적장애 판별

준거를 〈표 4-11〉과 같이 제시하였다.

<표 4-11> 지적장애 판별 준거

분류	IQ(K-WISC)	학력(%)	SQ
교육가능 지적장애(경도)	55~69	하위 0.1~5	55~74
훈련가능 지적장애(중등도)	25~54	하위 0.1 미만	25~54
중도 및 최중도 지적장애	24 이하		24 이하

성명: 나학생	성별: (남) 여	생년월일: 06년 1월 4일(만 10세 9월)				
거주지: 충청북도 청주시		학교: 청주초 4학년 1반		직업		
MA:	IQ:		검사명	검사일	년 월 일	
아버지의 직업: 회사원	직위: 과장		직장생활연수: 20년		교육정도: 대학교 졸업	
어머니의 직업: 공무원	직위: 7급		직장생활연수: 16년		교육정도: 대학교 졸업	
피면접자: 김미소	피면접자와의 관계: 어머니		면접자: 이성용		면접일: 2016년 10월 4일	
장애: 지적장애		기본점: 69				
비고:		자산점: 6		SA: 8.00		
		총 점: 75		SQ: 73		

기 입 요 령

+;	부당한 강요나 인위적인 유인이 없어도 각 항목이 지시하는 본질적인 행동을 습관적으로 수행하는 경우
+F;	검사 시에는 '특별한 제약'으로 그러한 행동을 성공적으로 수행하지 못하였지만, 평상시에는 성공적으로 수행하였을 경우
+No;	지금까지는 '기회의 부족'으로 각 항목이 지시하는 행동을 수행하지 못하였지만, 기회가 부여된다면 곧 성공적으로 수행 또는 습득할 수 있을 정도
±;	각 항목이 지시하는 행동을 가끔 하기는 하나 그 행동이 불안정할 경우, 즉 과도적 상태이거나 발현 중인 상태에 있을 경우
−;	전혀 수행하지 못하는 경우 또는 부당한 강요나 유인 때문에 수행하는 경우

[그림 4-4] SMS 검사 결과 예시

[그림 4-4]에서 제시된 SMS의 검사 결과를 간략하게 해석하면 다음과 같다. 대상학생은 사회연령(SA)은 8세로 사회 적응 수준을 보이고 있으며, 사회지수(SQ)는 73으로 나타났다. 검사 결과, 나학생의 생활연령보다 약 3세 정도 지체된 것으로 나타났고, 지적장애 판별 준거로 살펴보았을 때 경도 지적장애학생으로 의심된다. 따라서 별도의 특수교육과 일상생활 자조 능력 향상을 위한 사회 적응 훈련 등이 필요할 것으로 사료된다.

5. 한국판 적응행동검사(K-SIB-R)

한국판 적응행동검사(Korean-Scales of Independent Behavior-Revised: K-SIB-R)는 적응행동을 측정하기 위해 1996년에 미국 미네소타 대학에서 개발한 SIB-R(Scales of Independent Behavior-Revised)을 백은희, 이병인, 조수제(2007)가 우리나라에서 표준화한 검사도구이다.

1) 목적 및 대상

K-SIB-R은 지적장애학생들의 사회 적응 기술(적응행동) 정도를 측정해 일반학생의 기준에서 볼 때 어느 수준에 있는가를 확인하는 선발 및 배치에 사용할 수 있으며, 추후 학생의 개별화가족지원계획(IFSP)이나 개별화교육프로그램(IEP)의 교육 목표 설정에 유용한 자료로 사용할 수 있다. 검사의 적용 대상은 만 0세부터 17세까지이다.

2) 구성 체계

K-SIB-R은 독립적 적응행동과 문제행동 영역으로 크게 구분되어 있다. 독립적 적응행동 영역은 4개의 척도(운동기술, 사회적 상호작용 및 의사소통 기술, 개인생활 기술, 지역사회생활 기술)에 걸쳐 총 259문항, 문제행동 영역은 3개의 척도(내적 부적응행동, 외적 부적응행동, 반사회적 부적응행동)에 걸쳐 총 32문항으로 되어 있다. 이를 제시하면 〈표 4-12〉와 같다.

<표 4-12> K-SIB-R의 구성 체계

영역			척도 내용	문항수	총 문항수
독립적 적응행동	1. 운동기술		대근육운동	19	38
			소근육운동	19	
	2. 사회적 상호작용 및 의사소통 기술		사회적 상호작용 및 의사소통	18	56
			언어 이해	18	
			언어 표현	20	
	3. 개인생활 기술		식사와 음식 준비	19	88
			신변 처리	17	
			옷 입기	18	
			개인위생	16	
			가사/적응행동	18	
	4. 지역사회생활 기술		시간 이해 및 엄수	19	77
			경제생활	20	
			작업 기술	20	
			이동 기술	18	
문제행동	부적응 행동	내적	자신을 해치는 행동	4-조건형	32	32
		외적	타인을 해치는 행동	4-조건형	
		외적	물건을 파괴하는 행동	4-조건형	
		외적	방해하는 행동	4-조건형	
		내적	특이한 반복적인 습관	4-조건형	
		반사회적	사회적으로 공격적인 행동	4-조건형	
		내적	위축된 행동이나 부주의한 행동	4-조건형	
		반사회적	비협조적인 행동	4-조건형	

3) 실시방법 및 채점

K-SIB-R은 피검자의 특성과 행동을 파악하고 있는 사람(부모나 양육자 등)이
체크리스트 형식의 검사지에 기입하거나 검사자의 질문에 응답하는 방식으로 실

시한다. 정보 제공자에게 문항에 따른 질문을 할 때에는 모든 하위척도의 1번 문항부터 질문을 시작한다. 적응행동 수준에 대한 판단 기준 및 채점은 〈표 4-13〉과 같다. 채점은 판단 기준을 바탕으로 각 문항의 원점수를 계산하고, 각 영역별 총점을 구한다.

<표 4-13> 적응행동 수준에 대한 판단 기준 및 채점

적응행동 수준(판단 기준)	채점
과제를 수행할 것을 요구했음에도 불구하고 전혀 또는 거의 수행하지 못함	0점
수행하지만 잘하지는 못함-전체 과제 중 약 1/4 수행함-과제 수행을 요구할 필요가 있음	1점
꽤 잘 수행함-전체 과제 중 약 3/4 수행함-과제 수행을 요구할 필요가 있음	2점
매우 잘 수행함-항상 또는 거의 항상 수행함-과제 수행을 요구할 필요가 없음	3점

4) 결과 및 해석

K-SIB-R의 결과는 독립적 적응행동과 문제행동별로 나누어진다. 독립적 적응행동은 각 검사 문항에 대한 원점수를 계산하고 원점수를 W점수로 바꾸며, 등가연령점수를 제공한다. 이를 바탕으로 비교 습득 지수, 표준점수 및 백분위점수를 산출하고 해석한다. 문제행동은 각 영역별 검사에 따른 부적응행동지수를 제공하며 이를 해석한다. 끝으로 적응행동과 부적응행동 점수를 조합하여 지원점수를 제공하며 이 결과를 통해 지원의 강도를 결정하는 데 활용할 수 있다.

K-SIB-R의 결과는 표준점수 및 백분위점수에 따라 적응행동 수준을 판별하며 이에 대한 판별 기준은 〈표 4-14〉와 같다.

<표 4-14> 표준점수 및 백분위에 따른 K-SIB-R 판별

표준점수 범위	131 이상	121~130	111~120	90~110	80~89	70~79	69 이하
백분위	98~99.9	92~97	76~91	25~75	9~24	3~8	0.1~2
K-SIB-R 판별	매우 뛰어남	뛰어남	평균 이상	평균	평균 이하	낮음	매우 낮음

부적응행동지수는 문제행동의 빈도와 심각성을 보여 준다. 부적응행동지수에 따른 심각성 수준을 제시하면 〈표 4-15〉와 같다.

〈표 4-15〉 부적응행동지수에 따른 심각성 수준

지수	-10 이상	-11~-20	-21~-30	-31~-40	-41 이하
심각성 수준	정상	심각성의 경계	약간 심각	심각	매우 심각

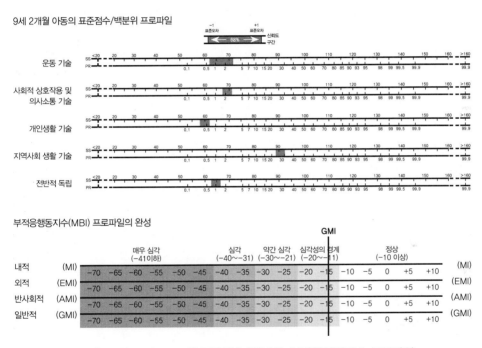

[그림 4-5] K-SIB-R의 표준점수/백분위, 부적응행동지수 프로파일

출처: 백은희, 이병인, 조수제(2007).

[그림 4-5]에서 제시된 K-SIB-R의 검사 결과를 간략하게 해석하면 다음과 같다. 대상학생의 표준점수는 전반적 독립에서 69 이하로 매우 낮은 적응행동을 보이는 것으로 나타났으며, 하위영역별로 운동기술과 사회적 상호작용 및 의사소통 기술은 '낮음~매우 낮음', 개인생활 기술은 '매우 낮음', 지역사회생활 기술은 '평균~평균 이하'로 나타났다. 부적응행동지수는 '심각성의 경계' 수준이다. 그리고 지원점수는 63으로 제한적인 지원이 요구된다([그림 4-5]와 [그림 4-6] 참조). 종합해 보면 대상학생은 매우 낮은 적응행동을 보이기 때문에 지적장애를 의심해 볼

수 있다. 특히 운동기술, 사회적 상호작용 및 의사소통 기술에 어려움을 보이므로 이를 개선하기 위한 특수교육 및 치료지원이 요구된다. 부적응행동지수에서도 심각성의 경계로 나타났기 때문에 문제행동 중재 혹은 행동지원이 필요할 것으로 사료된다.

적응행동과 부작용 행동을 조립한 지원점수의 예

일반적 부적응 행동 지수	전반적 독립 w점수																
	466 ~ 467	468 ~ 469	470 ~ 471	472 ~ 473	474 ~ 475	476 ~ 478	478 ~ 480	480 ~ 482	482 ~ 483	484 ~ 485	486 ~ 487	488 ~ 489	490 ~ 491	492 ~ 493	494 ~ 495	496 ~ 497	498 ~ 499
4	66	67	69	70	71	72	73	75	76	77	79	80	82	83	85	86	87
3	65	66	68	69	70	71	72	74	75	76	78	79	81	83	84	85	87
2	65	66	67	68	69	71	72	73	74	75	77	79	80	82	83	84	86
1	64	65	66	67	69	70	71	72	74	75	76	78	80	81	82	83	85
0	63	64	65	66	68	69	70	71	73	74	75	77	79	80	82	83	84
−1	62	63	65	66	67	68	69	71	72	73	74	76	78	79	81	82	83
−2	61	62	64	65	66	67	68	70	71	72	74	75	77	79	80	81	82
−3	60	61	63	64	65	66	67	69	70	71	73	75	76	78	79	80	82
−4	60	61	62	63	65	66	67	68	69	71	72	74	75	77	78	79	81
−5	59	60	61	62	64	65	66	67	69	70	71	73	75	76	77	78	80
−6	58	59	60	61	63	64	65	66	68	69	70	72	74	75	77	78	79
−7	57	58	60	61	62	63	64	66	67	68	69	71	73	74	76	77	78
−8	56	57	59	60	61	62	63	65	66	67	69	70	72	74	75	76	77
−9	55	57	58	59	60	61	63	64	65	66	68	70	71	73	74	75	77
−10	55	56	57	58	60	61	62	63	65	66	67	69	70	72	73	74	76
−11	54	55	56	57	59	60	61	62	64	65	66	68	70	71	72	74	75
−12	53	54	55	57	58	59	60	61	63	64	65	67	69	70	72	73	74
−13	52	53	55	56	57	58	59	61	62	63	64	66	68	69	71	72	73
−14	51	52	54	55	56	57	58	60	61	62	64	65	67	69	70	71	72
−15	51	52	53	54	55	57	58	59	60	61	63	65	66	68	69	70	72
−16	50	51	52	53	55	56	57	58	60	61	62	64	66	67	68	69	71
−17	49	50	51	52	54	55	56	57	59	60	61	63	65	66	68	69	70
−18	48	49	51	52	53	54	55	56	58	59	60	62	64	65	67	68	69
−19	47	48	50	51	52	53	54	56	57	58	60	61	63	64	66	67	68
−20	46	47	49	50	51	52	53	56	56	57	59	60	62	64	65	66	68
−21	46	47	48	49	50	51	53	54	55	56	58	60	61	63	64	65	67
−22	45	46	47	48	50	51	52	53	55	56	57	59	61	62	63	64	66
−23	44	45	46	47	49	50	51	52	54	55	56	58	60	61	63	64	65
−24	43	44	46	47	48	49	50	52	53	54	55	57	59	60	62	63	64

지원점수

지시사항

1. 일반적 독립 W점수를 기록하세요.　　　　　　**486**
2. 일반적 부적응 행동 지수를 기록하세요.　　　**-15**
3. 두 점수를 이용하여 (부록 4)에서 지원점수를　**63**
　찾아 기록하세요.
4. 오른쪽 표를 참고하여 개인의 지원점수를 수준에　**제한적인**
　따라 기록하세요.

지원점수	지원수준
1~24	전반적인
25~39	확장적인
40~54	빈번한
55~69	제한적인
70~84	간헐적인
85~100	가끔 혹은 필요하지 않음

[그림 4-6] 적응행동과 부적응행동을 활용한 지원점수

출처: 백은희, 이병인, 조수제(2007).

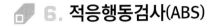 6. 적응행동검사(ABS)

적응행동검사(Adaptive Behavior Scale: ABS)는 적응행동을 측정하기 위해 1981년에 미국 정신지체학회[American Association on Mental Retardation: AAMR, 현재 미국 지적장애 및 발달장애 학회(American Association on Intellectual and Developmental Disabilities)]에서 개발한 ABS-SE(Adaptive Behavior Scale-School Edition)를 김승국(1990)이 우리나라 실정에 맞게 개발 및 표준화한 검사도구이다.

1) 목적 및 대상

ABS는 학생의 적응행동 수준을 평가하고, 피험자가 지적장애를 판별하는 데 사용할 수 있으며, 개별화교육프로그램(IEP)를 개발하고, 그 프로그램의 장단기 목표 성취도를 평가하는 데에도 사용할 수 있다. 검사의 적용 대상은 0세부터 만 17세까지이다.

2) 구성 체계

ABS는 21개 영역(독립기능, 신체발달, 경제활동, 언어발달, 수와 시간, 직업 전 활동, 자기관리, 책임, 사회화, 공격, 반사회적 행동, 반항, 신뢰성, 위축, 버릇, 대인관계 예법, 발성습관, 습관, 활동수준, 증후적 행동, 약물복용)에 걸쳐 총 95개 문항으로 되어 있다. 이를 제시하면 〈표 4-16〉과 같다.

<표 4-16> ABS의 구성 체계

구분	영역		문항수	총 문항수
제1부	1. 독립기능	식사	4	56
		용변	1	
		청결	3	
		외모	2	
		의복관리	1	
		입기, 신기, 벗기	2	
		왕래	2	
		기타 독립기능	2	
			17	
	2. 신체발달	감각발달	2	
		운동발달	4	
			6	
	3. 경제활동	돈의 취급과 예산 세우기	2	
		구매기술	2	
			4	
	4. 언어발달	언어 표현	5	
		언어 이해	2	
		사회적 언어발달	2	
			9	
	5. 수와 시간		3	3
	6. 직업 전 활동		3	3
	7. 자기관리	솔선	2	
		인내	2	
		여가	1	
			5	
	8. 책임		2	2
	9. 사회화		7	7
제2부	10. 공격		5	5
	11. 반사회적 행동		6	6
	12. 반항		6	6
	13. 신뢰성		2	2
	14. 위축		3	3
	15. 버릇		2	2
	16. 대인관계 예법		1	1
	17. 발성습관		1	1
	18. 습관		4	4
	19. 활동수준		1	1
	20. 증후적 행동		7	7
	21. 약물복용		1	1
				39

3) 실시방법 및 채점

ABS는 피검자에 관한 정확한 정보를 가진 사람(교사, 부모, 기타)이 직접 평가하는 방법으로 실시하거나 피검자를 잘 아는 사람(부모 또는 보호자)과의 면담을 통해 실시한다. 검사는 질문 및 직접 관찰을 통해 1번 문항부터 마지막 문항(95문항)까지 모두 확인하며 각 영역별로 총점을 합산한다.

4) 결과 및 해석

ABS의 결과는 각 검사 문항에 대한 원점수를 계산하고 3개의 준거집단[일반, 교육가능(경도~중등도) 지적장애, 훈련가능(중도~최중도) 지적장애] 학생에 대한 백분위점수를 산출하고 해석한다. 우선, 원점수는 각 영역별 점수를 합산하여 구한다. 그리고 이렇게 구해진 원점수를 바탕으로 백분위수 환산표에서 백분위점수를 환산한다. 끝으로 이렇게 산출한 백분위점수를 진단 프로파일과 교수계획 프로파일에 기입하고 이를 활용하여 해석한다. 진단 프로파일을 제시하면 [그림 4-7]과 같다.

지적장애 여부를 결정하기 위해서는 일반 집단과 비교하며, 하위 5% 범위 내에 있는 점수를 보이면 지적장애 가능성이 있다고 할 수 있다. 그러나 진단을 확정하기 위해서는 학생의 기록을 보고 다른 증거를 찾아보는 것(지능검사, 다른 표준화된 검사 등)도 중요하다.

[그림 4-7]에서 제시된 ABS의 검사 결과를 간략하게 해석하면 다음과 같다. 대상학생은 백분위점수로 살펴보았을 때 일반학생의 누가백분율 0.5%로 지적장애 가능성을 보이는 것으로 나타났다. 일반 규준집단에 비추어 각 영역별로 살펴보면 지역사회 요구 충족 영역에서 매우 큰 어려움을 보이고 있다. 따라서 향후 적응행동 향상을 위한 교육계획 수립 시 지역사회중심 교수, 지역사회참조 교수 등을 활용해 지역사회 적응 능력을 향상시킬 필요가 있다고 사료된다.

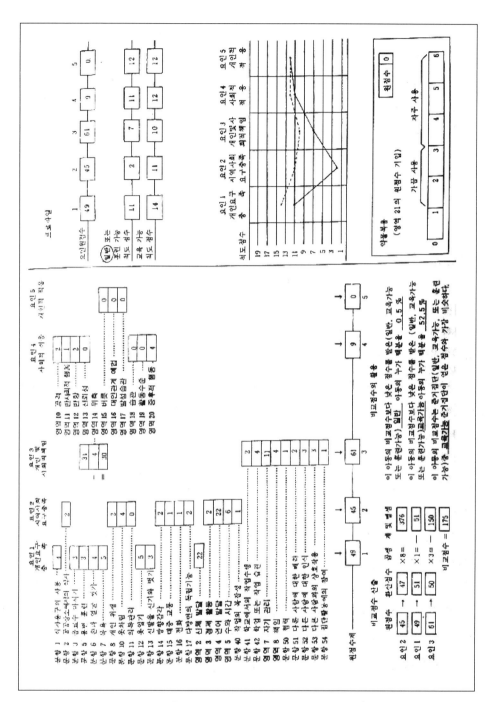

[그림 4-7] 진단 프로파일의 작성 예시

출처: 김승국(1990).

제 5 장

의사소통

1. 영·유아 언어발달검사(SELSI)

2. 취학전 아동의 수용언어 및 표현언어 발달척도(PRES)

3. 언어이해·인지력 검사

4. 그림어휘력검사(PPVT-R)

5. 구문의미 이해력검사(KOSECT)

6. 문장이해력검사

7. 언어문제 해결력검사

8. 수용·표현 어휘력검사(REVT)

9. 한국판 맥아더-베이츠 의사소통발달 평가(K M-B CDI)

10. 학령기 아동 언어검사(LSSC)

11. 조음기관 구조·기능 선별검사(SMST)

12. 우리말 조음·음운평가(U-TAP)

13. 한국어 표준 그림 조음음운검사(KS-PAPT)

14. 파라다이스-유창성검사(P-FS)

15. 아동용 한국판 보스턴 이름대기검사(K-BNT-C)

❖ 민 용 아

의사소통은 말하는 사람과 듣는 사람 간의 생각이나 의견, 감정 등의 의사 교환을 의미한다. 의사소통 기술은 말(speech), 언어(language), 의사소통(communication)의 세 가지 측면을 모두 포함하는데, 이때 '말'은 발성기관의 움직임에 의하여 만들어지는 소리와 소리의 합성으로 정의되며, '언어'는 다른 사람과의 의사소통을 위해서 사용되는 전통적인 상징체계를 의미한다. 또 '의사소통'은 행동, 개념 혹은 다른 사람에 대한 태도에 영향을 주는 언어 혹은 비언어 행동을 포함한다(이소현 외, 2009).

우리나라 「장애인 등에 대한 특수교육법」 시행령 제10조에서는 언어의 수용 및 표현능력이 인지능력에 비하여 현저하게 부족하거나 조음능력, 말 유창성, 기능적 음성장애로 의사소통이 어려운 사람을 '의사소통장애'를 지닌 특수교육대상자로 선정하고 있다. 또 DSM-V(Diagnostic and Statistical Manual of Mental Disorders-V, APA, 2013)에서는 언어장애, 말소리장애, 아동기 발병유창성장애, 사회적 의사소통장애 그리고 달리 명시된/명시되지 않은 의사소통장애를 진단적 범주에 포함시키고 있다.

이 장에서는 우리나라에 출판되어 있고, 많이 활용되고 있는 표준화된 의사소통장애 검사도구로 영·유아 언어발달검사(SELSI), 취학 전 아동의 수용언어 및 표현언어 발달척도(PRES), 언어이해·인지력 검사, 그림어휘력검사(PPVT-R), 구문의미 이해력검사(KOSECT), 문장이해력검사, 언어 문제 해결력 검사, 수용·표현 어휘력검사(REVT), 한국판 맥아더-베이츠 의사소통발달 평가(KM-B CDI), 학령기아동 언어검사(LSSC), 조음기관 구조·기능 선별검사(SMST), 우리말 조음·음운평가(U-TAP), 한국어 표준 그림 조음음운검사(KS-PAPT), 파라다이스-유창성검사(P-FS), 아동용 한국판 보스턴 이름대기검사(K-BNT-C) 등을 소개하고자 한다.

1. 영·유아 언어발달검사(SELSI)

영·유아 언어발달검사(Sequenced Language Scale for Infants: SELSI)는 영유아기의 언어발달을 진단하기 위해 김영태, 김경희, 윤혜련, 김화수(2003)에 의해 제작되었으며, 전국 6개도의 4~35개월 남아 및 여아 1천여 명의 표준화 검사 자료를 통하여 제시되었다. SELSI는 영유아의 언어문제 유무를 선별하기 위한 일반인용과 더 자세한 분석을 위한 전문가용 두 가지로 제작되었다.

1) 목적 및 대상

SELSI는 비장애 아동이나 언어발달지체나 장애를 나타낼 가능성이 있는 영유아의 언어발달 정도를 평가하기 위한 검사로 생후 4개월부터 35개월까지를 대상으로 하는 검사이다. 이 검사는 언어장애 위험성이 있는 영유아의 조기 선별뿐 아니라 대상의 현재 언어발달 정도와 영역별 언어발달 특성을 살펴보도록 하였다.

2) 구성 체계

검사 영역은 2개 영역에 걸쳐 총 112문항으로 되어 있으며 생후 4개월부터 35개월까지 2개월 단위로 4문항씩을 검사하도록 구성되어 있다. 이를 제시하면 〈표 5-1〉과 같다.

<표 5-1> SELSI의 검사영역과 문항구성

영역	문항구성	문항수
수용언어	청각정보 인지/변별 및 반응하기, 말소리/표정/감정 상태에 따른 말소리 변별 및 반응하기, 금지에 반응하기, 관습적 행동 따라 하기, 억양에 따른 감정 이해하기, 이해 어휘 수 늘이기, 말소리에 주의집중/이야기 주의집중 유지하기, 다른 사람의 행동 흉내내기, 동사/의문사/사물이름/신체부위이름/대명사/형용사 이해하기, 그림과 실물 짝짓기, 비유표현/비교/호칭/색깔 이해하기 등	56
표현언어	입술 떠는 소리내기/목이나 입술에서 다양한 소리 즐겨 내기, 양순음, 연구개음, 성문음 소리내기, 같은 음절 반복하기, 제스처 동반한 소리로 물건 요구하기, 음절 수 모방하기, 아니라거나 싫다는 제스처나 말 표현하기, 다양한 의성어 사용하기, 사물 이름 스스로 말하기, 감정이나 느낌 표현하기, 동사/부정어/조사 사용하기, 질문하기/대답하기 등	56

검사문항의 초안 개발 시 언어의 영역에 따라 본 검사가 평가한 내용과 문항의 예를 요약해 보면 〈표 5-2〉와 같다.

<표 5-2> 검사영역과 문항구성 검사의 내용

언어영역	검사의 내용	문항의 예
인지개념 및 의미론	인지적 개념을 내포하는 수용 및 표현 어휘력	• 크기를 나타내는 낱말을 이해한다. • 시간을 나타내는 초보적인 낱말을 이해한다.
	의미관계 또는 지시의 이해 및 표현 능력	• 사물의 기능과 관련된 질문을 이해한다. • 소유의 의미가 들어 있는 문장을 사용한다.
음운론	조음 · 음운 능력	• 모음과 자음을 결합하여 서로 다른 2음절 이상의 옹알이를 한다.
구문론	간단한 구문 이해력 및 표현력	• '소유자＋소유'("내 꺼" "아빠 바지")의 의미를 이해한다. • 2~3개의 낱말로 된 문장을 모방한다.
	복잡한 구문 이해력 및 표현력	• 5개 이상의 낱말로 된 긴 문장을 이해한다. • 관형어(명사를 꾸미는 말)가 포함된 문장을 사용한다.
화용론	이야기의 논리나 상황을 이해하여 표현하는 화용적인 이해력 및 표현력	• 간단한 비유표현을 이해한다. • 다른 사람을 놀리는 말(예: 메롱, 바보 등)을 사용한다.

출처: 김영태, 김경희, 윤혜련, 김화수(2003).

3) 실시방법 및 채점

SELSI는 주양육자와의 면담이나 주양육자의 직접적인 관찰과 판단을 통해 이루어지는 검사이다. 아동의 만 나이를 개월 수로 환산하여 아동의 생활연령을 산출한 후 생활연령에 해당하는 연령 단계에서 두 단계 낮은(어린) 연령 단계의 첫 번째 문항부터 검사를 시작한다. 검사는 수용언어 영역부터 시작하며 기초선과 최고한계선을 찾아서 평가가 이루어지도록 한다. 본 검사의 기초선은 "예"라는 응답이 계속해서 여덟 번 나오는 것을 기준으로 하며 기초선 이전의 응답은 모두 "예"로 간주하여 점수 계산을 한다. 또한 문항에 대한 응답이 "아니요"인 경우가 연속적으로 여덟 번 나오면 검사를 중지하고 그 연령 단계를 최고한계선으로 한다. "예"인 경우에는 평가 기록지 해당 칸에 1점을 주고, "아니요"인 경우에는 0점을 준다. 기초선으로부터 최고한계선까지 검사가 모두 끝나면, 평가 기록지의 하단에 총점을 기재한다. 영역별 점수는 그 항목이 1점을 얻은 경우에는 해당 문항의 해당 영역 모두에 동일한 점수를 준다. 예를 들어, 표현언어 56번 '관형어가 포함된 문장 사용' 항목이 "예"인 경우에는 '의미·인지' 영역에 1점, '구문' 영역에 1점을 준다. 이때 각 영역별 총점과 전체 총점을 따로 산출한다. SELSI 검사문항 작성의 예시는 [그림 5-1]과 같다.

수용언어   30개월 – 32개월

49. 크기를 나타내는 낱말("크다" 및 "작다")을 이해한다(예: 크기가 다른 두 개의 사물 중에서 큰 것 또는 작은 것을 고를 수 있다).
    예: _____   아니오: __√__

50. "같다, 다르다"의 개념을 이해한다.
    예: __√__   아니오: _____

51. 간단한 비유표현을 이해한다(예: "○○는 형아 같다", "○○는 공주 같다" 등).
    예: __√__   아니오: _____

52. 도구에 대한 질문에 적절히 반응할 수 있다(예: "뭐로 글써 쓰지?"라는 질문에 "연필"을, "뭐로 밥 먹지?"라는 질문에 "숟가락"을 지적하거나 말할 수 있다).
    예: __√__   아니오: _____

수용언어   33개월 – 35개월

p.140

53. 사물의 "위, 아래, 앞, 뒤" 등의 상대적 위치에 대해 2개 이상 이해한다.
    예: _____   아니오: __√__

54. 비교의 개념이 생겨서 "더 큰 것"과 "더 작은 것"을 지적할 수 있다 (예: "이거보다 더 큰 거 가져와"라는 지시를 적절히 수행할 수 있다).
    예: _____   아니오: __√__

55. 한 사람이 여러 가지로 불릴 수 있다는 것을 이해한다(예: 엄마가 "아줌마", "이모(고모)", "에미" 등으로 불릴 수 있다는 것 이해).
    예: __√__   아니오: _____

56. 여러 가지 색의 이름(예: 빨강, 노랑, 파랑…)을 5개 이상 이해할 수 있다.
    예: _____   아니오: __√__

[그림 5-1] SELSI의 검사문항 작성 예시

4) 결과 및 해석

　　SELSI는 일차적으로 획득점수를 해당 생활연령대의 평균과 표준편차 점수와 비교하여 '정상발달' '약간 지체' '언어발달지체'로 판정한다. 이때 '정상발달'은 해당 생활연령대의 평균점수로부터 −1표준편차 이상에 해당하는 경우이며 '약간 지체'는 해당 생활연령대의 평균점수로부터 −1표준편차와 −2표준편차 사이에 해당하는 경우이다. '언어발달지체'는 생활연령대의 평균점수로부터 −2표준편차 이하에 해당하는 경우이다. 1차 판정에서 '약간지체' 혹은 '언어발달지체'로 판정이 된 경우 2차 전문 평가에서 등가연령과 동일 연령대별 백분위점수를 산출할 수 있다. 3차 영역별 평가에서는 검사문항을 언어의 영역별로 세분하여 정상발달의 규준을 제공하고 있다. SELSI의 검사 결과 작성의 예시는 [그림 5−2]와 같다.

개 인 사 항

[아동명	**홍 길 동**][성별	**남**]	[검사자(보고자)	]
[검사일	2015　일　5 일]	[아동과의 관계	**모**　]
[생년월일	2012　일　8 일]	[아동의 장애유무 [유:　　무: √]
[생활연령(만)	2　세　9 개월]	[장애유형	]

검 사 결 과

획득점수(원점수)	전체: 96	수용언어: 48	표현언어: 48
등가원령*	전체: 27 개월	수용언어: 26 개월	표현언어: 27 개월
백분위수**	전체: 5%	수용언어: 5%	표현언어: 5%

[*〈표 34~36〉을 참조하여 기재]
[*〈표 37〉을 참조하여 기재]

	(　　)	(　　)	(　　)	정상발달
−1 표준편차	(　　)	(　　)	(　　)	약간지체(유의요망)
−2 표준편차	(√)	(√)	(√)	언어발달지체(정밀검사의뢰)
	언어전반	수용언어	표현언어	

〈표 31~33〉을 참조하여 ( ) 안에 √표시]

요약 및 권고사항
언어 발달 지체가 의심되므로 정밀한 검사 요망됨

[그림 5-2] SELSI 검사 결과 작성 예시

2. 취학전 아동의 수용언어 및 표현언어 발달척도(PRES)

취학전 아동의 수용언어 및 표현언어 발달척도(Preschool Receptive-Expressive Language Scale: PRES)는 아동의 언어발달 정도를 진단하기 위해 김영태, 성태제, 이윤경(2003)에 의해 제작되었다. 3차에 걸친 예비검사를 통해 수정된 검사를 총 706명의 아동에게 실시하였으며 621명의 아동 자료를 분석하여 표준화하였다.

1) 목적 및 대상

PRES는 아동의 수용언어 및 표현언어 능력을 측정하기 위한 검사로 언어발달 수준이 2세에서 6세까지를 대상으로 하는 검사이다. 본 검사는 비장애아동뿐 아니라 단순언어발달장애, 자폐, 지적장애, 뇌성마비, 청각장애, 구개파열 아동을 대상으로 한다. 아동의 언어발달이 정상적인지 혹은 언어발달에 지체가 있는지의 여부를 판별할 수 있으며 아동의 수용언어 및 표현언어 발달 간의 차이를 분석할 수 있다. 또한 본 검사의 문항들은 언어의 의미론, 구문론, 화용론 측면을 모두 포함하고 있으므로 언어영역들에 대한 대략적인 평가도 가능하다.

2) 구성 체계

PRES는 수용언어 영역과 표현언어 영역에 걸쳐 총 90개의 문항으로 되어 있다. 두 영역 모두 15개의 언어발달단계로 구성되어 있으며, 각 단계는 1세 6개월에서 4세까지는 3개월 간격으로, 4세 1개월에서 6세까지는 6개월 간격으로 구분된다. 이를 제시하면 〈표 5-3〉과 같다.

<표 5-3> PRES의 검사영역과 문항구성

검사영역		문항수	총 문항수
수용언어	인지/의미론	25	46
	음운/구문론	15	
	화용론	6	
표현언어	인지/의미론	16	46
	음운/구문론	22	
	화용론	8	

또한 언어영역별 구성내용과 이에 따른 문항의 예는 〈표 5-4〉와 같다.

<표 5-4> 영역별 구성내용과 문항의 예

언어 영역	구성내용	문항의 예
인지개념 및 의미론	인지적 개념을 내포하는 수용 및 표현 어휘력	수용언어: '같다-다르다' 이해
		표현언어: 색 이름 사용
	의미관계 또는 지시의 이해 및 표현 능력	수용언어: 동작어 이해
		표현언어: 〈목적+행위〉
음운 및 구문론	음운 능력	/ㅅ, ㅈ/계열 소리 모방
	간단한 구문 이해력 및 표현력	수용언어: 부정어 이해
		표현언어: 목적격조사 사용
	복잡한 구문 이해력 및 표현력	수용언어: 안긴문장(내포문) 이해
		표현언어: 복문 사용
화용론	의사소통 상황이나 이야기의 흐름을 이해하여 표현하는 화용적인 이해력 및 표현력	수용언어: 간접적인 표현 이해
		표현언어: 문제해결 표현

출처: 김영태, 성태제, 이윤경(2013).

3) 실시방법 및 채점

PRES는 검사도구(부모 보고 포함)를 이용하여 전문가가 실시하는 검사이며, 수용언어 검사부터 시작한다. 문항은 아동의 생활연령에 해당하는 연령 단계에서 한 단계 낮은(어린) 연령 단계의 첫 번째 문항부터 시작한다. 표현언어 검사는 수용언어 검사를 시작한 문항번호에서 시작하거나 수용언어의 기초선이 확립된 단계에서부터 시작하면 된다. 본 검사의 기초선은 아동이 세 문항 모두 '+'를 받는 연령 단계로 하고, 한 연령 단계의 세 문항 모두 '−'가 나오면 그 연령 단계를 최고한계선으로 한다. 본 검사에서는 언어발달연령을 연령 단계에 기초하여 산출하는 방법과 획득점수에 기초하여 산출하는 두 가지 방법을 모두 제시하였다. 연령 단계에 기초한 언어발달연령의 산출은 수용언어, 표현언어, 통합언어 발달연령으로 산출할 수 있으며 각 검사별로 기초선이 확립된 이후 처음으로 '−'가 2개 이상 나타난 연령 단계의 평균연령으로 산출한다. 획득점수에 기초하여 언어발달연령을 산출하는 경우에는 연령 단계와는 상관없이 아동이 최고한계선까지 정반응한 문항을 점수화하여 언어발달연령을 산출한다. PRES의 검사문항 작성 예시는 [그림 5−3]과 같다.

〈49~54개월〉	
31. 청각적 기억력(3/3)　+　 "선생님이 책상을 몇 번 두드리는지 잘 듣고 그대 로 따라하세요." 연습) 2번 ① 4번　+　② 3번　+　③ 5번　+	31. /ㅅ, ㅈ/계열 소리 모방(4/5)　+　 "선생님이 말하면 똑같이 따라해 보세요." ① 자동차　+　② 짝짜꿍　−　③ 참외　+ ④ 수건　+　⑤ 싸움　+ (두 번까지만 반복 시범)
32. 안긴 문장(내포문) 이해(그림)(1번만 실시)　−　 "이 그림 중에서 선생님이 말하는 것을 짚어 보세 요." '민규는 안경 쓴 아빠를 그리고 있어요.'　−	32. 낱말 회상(1분 동안 7~10개의 동물이름 말하기) ＿＿＿ "선생님이 시간을 잴 거예요. ○○이가 아는 모 든 동물을 빨리 말해 보세요."
33. 시제 이해(2/2)　−　 "선생님이 일부러 잘못 말할 지도 몰라요. 잘 듣 고 맞는 말인지 틀린 말인지 대답하세요." 연습문항) '나는 여자(남자)예요.'　＿＿ ① 나는 내일 장난감을 사러 갈 거예요.　− ② 어제 민규는 피자를 먹으러 갈 거예요.　−	33. 낱말 정의(2/2)　−　 "선생님이 말하는 낱말의 뜻이 무엇인지 얘기해 주세요." ① '젓가락'은 어떤 거지요?　− ② '장화'는 어떤 거지요?　+
〈55~60개월〉	
34. 계절 이해(2/3)　+　 "선생님의 말을 잘 듣고 대답하세요." ① 눈이 오는 계절은(–때는) 언제죠?　+ ② 단풍이 드는 계절은 언제죠?　− ③ 밖에서 수영하는 계절은 언제죠?　+	34. '옆' 위치부사어 사용(연필, 지우개, 의자)(2/2)　＿＿＿ "선생님이 말하면 똑같이 따라해 보세요." ① (연필을 의자 옆에 놓고) 　연필이 의자 어디에 있지요?　− ② (지우개를 의자 옆에 놓고) 　지우개가 의자 어디에 있지요?　+ *22번 문항도 함께 실시
35. 간단한 은유적 표현 이해(그림)(3/3)　−　 "선생님이 말하는 그림을 짚어 보세요." ① 사과 같은 얼굴　− ② 고사리 같은 손　+ ③ 쟁반 같은 달　＿＿	35. 상위범주어 사용(그림)(2/2)　−　 "이런 것들을 뭐라고 하지요?" ① 과일　+　② 동물　−
36. 사동/피동 이해(2/3)　−　 "선생님의 말을 잘 듣고 대답하세요." ① 곰이 강아지한테 옷을 입혀 주었대요. 　누가 옷을 입고 있지?　− ② 토끼가 곰한테 밥을 먹여 주었대요. 　누가 밥을 먹었지?　− ③ 병아리가 토끼한테 신발을 신겨 주었대요. 　신발을 누가 신고 있지?　+	36. 문장 모방(3/3)　−　 "선생님이 말하면 똑같이 따라해 보세요." ① 나와 아빠는 매일 컴퓨터를 한다.　− ② 엄마와 아빠는 오늘 백화점에 갔다.　− ③ 엄마는 설거지하고 아빠는 청소한다.　+ (두 번까지만 반복 시범) (기준: 조사나 문장 어미까지 정확하게 반복)

[그림 5-3] PRES 검사문항 작성 예시

출처: 김영태, 성태제, 이윤경(2013).

4) 결과 및 해석

　검사 결과로부터 언어발달연령과 백분위점수를 산출하여 언어발달 정도를 살펴볼 수 있는데, 통합언어발달연령(CLA)이 생활연령(CA)보다 2세 이상 낮은 경우

'언어장애'로 간주한다. 또 CLA가 CA보다 1세 이상 2세 미만 정도로 낮게 산출된 경우 '약간 언어발달지체'로 간주하며 CLA가 CA와 1세 미만 정도로만 차이를 보이는 경우 '정상 범위'에 속하는 것으로 본다. 또 수용언어 발달연령(RLA)과 표현언어 발달연령(ELA)이 2세 이상 차이가 나는 경우 수용언어장애나 표현언어장애 등의 특정 언어영역의 장애로 간주한다. 언어의 하위구성영역(의미론, 구문론, 화용론)에서의 능력을 비교함으로써 대상 아동이 언어의 어떤 하위구성영역이 우세하거나 약한지를 고찰할 수도 있다. PRES의 검사 결과 작성의 예시는 [그림 5-4]와 같다.

부록 C 검사 실시의 예

취학전 아동의 수용언어 및 표현언어 발달척도(PRES)

아 동 명	정○○	정보제공자	아동의 어머니
검 사 일	2003. 1. 26.	연 락 처	441-○○○○
생 년 월 일	1997. 8. 23.	검 사 자	홍길동
생 활 연 령	5세 5개월(65개월)	검 사 장 소	○○장애인복지관

[검사 결과]

	언어발달연령(개월)	획득 점수	백분위점수(%ile) (지침서 100~104쪽)
수용언어	52개월	32	5%ile
표현언어	47개월	29	4%ile
통합언어			

[특이사항]

검사시 잘 집중하지 못하였고 반응시간이 길었음.

[그림 5-4] PRES의 검사 결과 작성 예시

출처: 김영태, 성태제, 이윤경(2013).

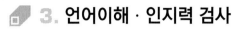

3. 언어이해 · 인지력 검사

언어이해 · 인지력 검사는 학령전 아동들에 대한 언어 이해력 및 인지력을 측정하기 위해 장혜성, 임선숙, 백현정(1992)에 의해 제작되었고, 표준화 과정에서 40항목을 각 연령별 아동에게 실시하여 검사의 신뢰도를 높였으며, 문항분석을 실시하였다.

1) 목적 및 대상

이 검사는 학령전 아동들의 언어 이해력 및 인지력을 측정하여 언어적 발달지체를 변별하기 위한 검사로 3세부터 5세 11개월까지를 대상으로 하는 검사이다. 비장애아동은 물론 지적장애, 청각장애, 언어장애, 자폐성장애, 주의력결핍 과잉행동장애 등의 문제를 가진 아동들에게 적용할 수 있다. 이 검사의 결과는 아동의 언어 이해력 및 인지력을 측정하는 데 쓰이며 아동의 언어영역에 대한 개별학습 프로그램을 작성하는 데 기초자료로 사용할 수 있다.

2) 구성 체계

언어이해 · 인지력 검사의 문항은 3세부터 5세 11개월까지의 아동에게 적절한 40개의 항목을 선별하여 구성하였다. 각 문항의 내용은 〈표 5-5〉와 같다.

<표 5-5> 언어이해 · 인지력 검사의 문항구성

문항구성	문항수
대명사, 부정어, 크기개념, 위치개념, 색개념, 수 · 양 개념, 남녀개념, 비교개념, 분류개념, 위치개념, 방향개념, 길이개념, 높이개념, 형용사, 소유격, 시제, 단수 · 복수 개념, 의문사, 사물의 기능, 소유격, 계절	40문항

3) 실시방법 및 채점

언어이해 · 인지력 검사는 검사책자를 아동에게 보여 주고 검사문항에 따른 아동의 반응을 검사지에 표시하는 검사이다. 아동의 생활연령이 3세에서 4세 미만일 경우 1번 문항부터, 4세부터 5세 미만은 11번 문항부터, 그리고 5세에서 6세 미만 아동은 20번 문항부터 시작할 수 있다. 첫 문항부터 연속적으로 5문항을 실패하면, 그보다 낮은 연령의 시작문항부터 실시한다. 또 연속적으로 5문항을 실패했을 때 검사를 중단한다. 아동이 통과했을 때 '+', 실패했을 때 '−'를 검사지의 하위문항 앞 빈칸에 기록한다. 각 문항별 하위문항 중에서 같은 계열의 물음 3개 중 2개를 통과했으면 문항번호 앞의 빈칸에 '+', 실패했으면 '−', 무반응일 때는 'NR', 그리고 실시하지 않은 문항에는 '·'을 기록한다. '+'로 표시된 문항수를 세어 원점수를 구한다. 언어이해 · 인지력 검사문항 작성의 예시는 [그림 5−5]와 같다.

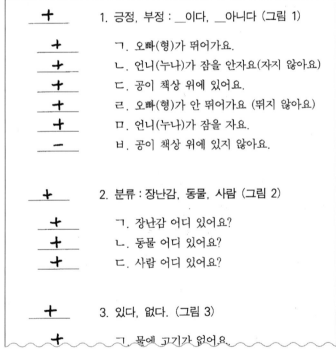

[그림 5-5] 언어이해 · 인지력 검사의 검사문항 작성 예시

출처: 장혜성, 임선숙, 백현정(1992).

4) 결과 및 해석

'+'로 표시된 문항수를 세어 원점수를 구한 후 백분위와 등가연령을 구한다. 원점수 14에서 24일 경우 3세에서 3.11세, 26에서 35일 경우 4세에서 4.11세, 34이상이 경우 5세에서 5.11세에 해당한다. 언어이해 · 인지력 검사의 결과 예시는 [그림 5-6]과 같다.

6. 검사결과 처리의 실례

언어이해 · 인지력 검사

NO 92-957   성명 홍길동

연령 4년 2개월   생년월일 88년 9월 2일

검사일	연령	원점수	등가연령	백분위점수
92. 11. 30.	4.2	20	3~3.11세	6% 이하

[그림 5-6] 언어이해 · 인지력 검사의 검사 결과 예시

출처: 장혜성, 임선숙, 백현정(1992).

4. 그림어휘력검사(PPVT-R)

그림 어휘력 검사(Peabody Picture Vocabulary Test-Revised: PPVT-R)는 미국의 피바디 그림어휘력검사(Peabody Picture Vocabulary Test)를 기초로 아동의 수용어휘능력을 측정할 수 있도록 김영태, 장혜성, 임선숙, 백현정(1995)이 제작한 검사이다. 2세에서 8세 11개월의 서울 및 대구 지역 비장애아동들을 대상으로 연령, 성별, 지역 그리고 생활수준을 고려하여 표준화되었다.

1) 목적 및 대상

그림 어휘력 검사는 아동들의 수용어휘능력을 측정하기 위한 검사로 2세부터 8세 11개월까지를 대상으로 하는 검사이다. 이 검사의 결과는 비장애아동은 물론 지적장애, 청각장애, 뇌손상, 자폐성장애, 행동장애, 뇌병변 등으로 인해 언어문제를 겪는 아동들의 수용어휘능력을 평가하는 데 사용할 수 있다.

2) 구성 체계

그림어휘력 검사도구는 검사를 위한 그림책과 실시요강 및 검사지로 구성되어 있으며 112개의 문항으로 구성되어 있다. 각 문항은 품사 어휘, 범주 어휘별로 이루어져 있으며 품사별, 범주별로 제시하면 〈표 5-6〉과 같다.

<표 5-6> 그림어휘력검사의 검사영역과 문항구성

영역	문항구성	문항수
품사	명사(57%), 동사(20%), 형용사(12%), 부사(1%)	112개
범주	동물, 건물, 음식, 가구, 가정용품, 신체부위, 직업, 도형, 식물, 학교 및 사무실의 비품, 기구 및 장치, 악기, 교통기관, 날씨, 계절 등	

3) 실시방법 및 채점

그림 어휘력 검사는 그림책을 아동에게 보여 주고 검사문항에 따른 아동의 반응을 검사지에 표시하는 검사이다. 실시요강에 나와 있는 연령별 시작문항 번호를 참조하여 첫 문항을 실시하되, 연속해서 8개 문항을 바르게 반응하지 못하면 8개 문항을 연속해서 바르게 맞출 때까지 낮은 번호의 문항으로 내려가서 기초선을 확립한다. 기초선이 확립되면, 계속 높은 번호의 문항들을 검사해 나가다가 아동이 연속적인 8개의 문항 중 6개를 틀리게 반응하면 중지한다. 이때 틀리게 반응한 마지막 문항을 최고한계선으로 한다. 최고한계선 이후의 문항은 틀린 것으로 간주한다. 각 문항은 1점씩 배정하고 원점수를 계산한다.

4) 결과 및 해석

검사의 원점수를 계산하며, 원점수를 또래의 평균과 비교하여 백분위를 구하고 현재 아동의 수용어휘력의 등가연령을 구한다.

 5. 구문의미 이해력검사(KOSECT)

구문의미 이해력검사(Korea Sentence Comprehension Test: KOSECT)는 아동의 구문의미 이해 능력을 진단하기 위해 배소영, 임선숙, 이지희, 장혜성(2004)에 의해 제작되었다.

1) 목적 및 대상

KOSECT는 4세부터 초등학교 3학년 수준의 구문이해력 범주에 있는 아동을 대상으로 하며 구문의미 이해력 평가를 하기 위한 목적으로 사용된다. 본 검사는 단순 언어장애아동의 하위유형을 판별하거나 여러 언어 하위영역 중에서 구문의미에 대한 아동의 강점과 약점을 파악하고자 할 때 사용한다. 또 치료교육의 기초방향과 치료교육의 효과를 보고자 할 때도 사용할 수 있다. 본 검사는 장애아동의 경우 생활연령이 9세를 넘더라도 구문이해력이 초등학교 3학년 아동보다 지체를 보이는 경우에도 사용할 수 있다.

2) 구성 체계

KOSECT는 구문의미이해를 알아보는 57개(문법형태소: 10문항, 구문구조: 28문항, 의미: 19문항)의 문항으로 구성되어 있다. KOSECT는 1개의 목표항목 검사 시에 모두 3개의 그림을 제시하는데 하나는 정답문항이고 2개는 혼동문항으로 구성되어 있다.

3) 실시방법 및 채점

KOSECT는 검사 책자를 아동에게 보여 주고 검사문항에 따른 아동의 반응을 검사지에 표시하는 검사이며, 10분에서 15분 정도의 짧은 시간에 평가가 가능하다. 모든 아동은 1번 문항부터 시작하고 천정점을 찾을 때까지 검사를 실시한다. 천정점은 연속해서 3개 틀리는 문항으로 천정점 이후의 항목은 틀린 것으로 간주한다. 문장을 듣고 3개의 그림 중에서 맞는 그림을 손가락으로 가리키는 방법으로 검사한다. 맞으면 '+' 표시를 하고, 틀리면 틀리게 응답한 기호를 쓰거나 '-' 표시를 한다.

4) 결과 및 해석

'+' 표시된 항목수를 모두 더하여 원점수를 계산하고 기록지의 검사 결과 부분에 있는 '원점수' 란에 기록한다. 생활연령 또는 학년에 근거한 백분위점수를 구한 후 평균과 표준편차 집단에 따른 결과를 살펴본다. 또래 비교집단은 1년 집단 또는 6개월 집단에서 선택할 수 있다. 또한 이 검사는 아동의 연령과 학년을 고려하여 또래 아동의 85% 이상이 맞춘 항목을 피검 아동이 틀린 경우, 지침서의 실시안내서를 참고하여 그 항목번호들을 적어 둠으로써 항목별 검토를 할 수 있다.

6. 문장이해력검사

문장이해력 검사는 아동의 문장이해능력의 수준을 측정하기 위해 장혜성, 임선숙, 백현정(1994)에 의해 제작되었다.

1) 목적 및 대상

문장이해력 검사는 4세에서 6세 11개월의 아동들에 대한 문장이해능력의 수준을 측정하며 비장애 아동을 대상으로 할 뿐 아니라 지적장애, 청각장애, 언어장애, 자폐장애, 주의력결핍 과잉행동장애 그리고 뇌병변 등의 문제로 인해 언어에 문제를 가지고 있는 아동을 대상으로 한다.

2) 구성 체계

검사도구는 실시요강과 그림자료, 검사지로 구성되어 있으며 4세에서 6세 11개월 아동에게 적절한 총 27문항으로 구성되어 있다.

3) 실시방법 및 절차

문장이해력검사는 검사 책자를 아동에게 보여 주고 문항에 따른 아동의 반응을 검사지에 표시하는 검사이다. 본 검사는 아동의 생활연령에 상관없이 1번 문항부터 시작한다. 만약 아동이 첫 문항부터 시작하여 연속적으로 5문항 이상 실패하면 검사를 중단한다. 통과했으면 빈칸에 '+', 실패했으면 '−', 무반응이면 'NR', 그리고 실시하지 않은 문항은 '·'을 기입한다. '+'의 숫자로 총점(원점수)을 구한다.

4) 결과 및 해석

원점수로 백분위 산출표에서 백분위점수를 구하여 아동의 문장이해력을 또래집단과 비교하여 볼 수 있으며 등가연령을 산출하여 문장이해력 발달수준을 대략적으로 파악할 수 있다.

7. 언어문제 해결력검사

언어문제 해결력검사는 아동의 언어문제 해결 능력을 진단하기 위해 배소영, 임선숙, 이지희(2000)에 의해 표준화된 검사이다.

1) 목적 및 대상

언어문제 해결력검사는 아동들의 논리적 사고과정을 언어화하는 상위 언어 기술과 언어를 통한 문제해결 능력을 측정하기 위한 검사로 5세부터 12세까지를 대상으로 하는 검사이다. 언어적 추리력과 조직 기술이 부족한 아동들, 학습장애가 의심스러운 아동들, 단순 언어장애가 의심스러운 아동들의 언어 사용 능력, 기타 언어장애 아동들의 의사소통능력을 평가하는 데 사용될 수 있다. 이 검사의 결과는 학령기 아동의 언어장애 유무를 판단하고, 아동이 동일 연령 집단 내에서 어느 정도 수준에 해당되는지 상대적인 위치 파악을 할 수 있도록 한다.

2) 구성 체계

언어문제 해결력검사는 17개의 그림판과 총 50개의 검사문항으로 구성되어 있다. 이를 제시하면 〈표 5-7〉과 같다.

<표 5-7> 언어문제 해결력검사의 범주별 문항

범주	질문	문항수	총 문항수
원인이나 이유를 파악하는 원인 이유 범주	'왜'라는 의문사를 포함	18	
해결 대안을 제시해야 하는 해결 추론 범주	'어떻게'가 포함된 질문	20	50
상황 단서나 미래 상황을 추측하는 단서 추측 범주	어떻게 알았나요?	12	

3) 실시방법 및 채점

언어문제 해결력검사는 그림판을 아동에게 보여 주고 검사문항에 따른 아동의 반응을 검사지에 표시하는 개인 검사로 검사 소요시간은 대개 20분에서 30분 정도이다. 검사자는 대답하는 말을 듣는 동시에 검사지에 적고, 적을 수 없는 상황일 때는 녹음기를 사용하여 검사 후에 바로 전사한다. 검사자는 각 문항별로 아동의 반응을 채점 기준에 의거하여 0, 1, 2점 중 하나로 채점하고 각 쪽의 소계를 합한 후 마지막 쪽에 있는 총계 점수의 세 범주 점수란에 기입한다.

4) 결과 및 해석

총점과 세 범주에 대한 원점수와 아동이 속한 연령 집단을 비교 기준으로 퍼센타일 점수대를 기록한다. 총점과 세 범주의 퍼센타일 점수대를 프로파일에 옮겨 아동의 언어문제해결력의 강약점을 표시한다. 이때 개개인의 상대적인 강약점을 파악하는 데 중점을 둔다.

8. 수용 · 표현 어휘력검사(REVT)

수용 · 표현 어휘력검사(Receptive and Expressive Vocabulary Test: REVT)는 어휘능력을 측정하기 위해 김영태, 장혜성, 임선숙, 백현정(2009)에 의해 제작된 검사도구이다.

1) 목적 및 대상

REVT는 수용어휘능력과 표현어휘능력을 측정하기 위한 검사로 2세 6개월부터 만 16세 이상 성인 연령을 대상으로 한다. 검사는 환경적 요인, 유전적 요인이나 발달적 요인, 단순 언어장애, 정신지체, 청각장애, 뇌손상, 자폐, 전반적 발달장애, 뇌병변 등으로 인해서 수용어휘력이나 표현어휘력 발달의 지연이 예상되는 자를 대상으로 한다. 본 검사는 검사대상자의 어휘 발달수준과 같은 생활연령대의 대상자들에 대한 상대적인 어휘 발달수준을 제시할 수 있다. 또 품사별, 의미 범주별 수행 분석을 통하여 치료 진행 시 목표어휘의 선정과 치료효과를 점검하거나 특정 집단 간 어휘능력 비교 등의 연구에 활용할 수 있다.

2) 구성 체계

검사 내용은 수용어휘(명사 98개, 동사 68개, 형용사 및 부사 19개)와 표현어휘(명사 106개, 동사 58개, 형용사 및 부사 21개)로 구성되어 있으며, 총 문항수는 수용어휘와 표현어휘 각 185문항이다.

3) 실시방법 및 절차

REVT 검사는 그림판을 아동에게 보여 주고 아동의 반응에 따라 검사문항을 검사지에 표시하는 개인 검사이다. 6세 미만인 경우에는 연습문항 A, B, C를 실시하고, 6세 이상일 경우에는 연습문항 D와 E를 실시한다. 검사를 실시하기 위해서는 대상자의 생활연령을 계산해야 한다. 검사는 표현어휘검사부터 실시하고, 검사지침서에 나와 있는 표를 참고하여 생활연령에 따른 시작 문항을 결정한다. 수용어휘검사의 경우 표현어휘검사에서 설정된 기초선 번호를 시작 문항번호로 한다. 연속해서 8개를 맞히는 문항을 기초선으로 하고 8개 중 6개를 틀리는 문항을 최고 한계선으로 하고 검사를 중지한다.

4) 결과 및 해석

이 검사는 어휘능력 발달에 대한 전반적인 정보를 제공해 주는 선별검사이므로 1차적으로 검사 결과를 '정상발달' '약간 지체/유의 요망' '어휘능력 발달지체'로 나눌 수 있다. -1표준편차 내에 해당하는 경우는 '정상발달', -1과 -2 표준편차 내에 있을 경우 '약간 지체/유의 요망', -2표준편차를 넘어선 점수를 얻을 경우 '어휘능력 발달지체'로 판정한다. 또 본 검사는 어휘력 발달이 문제가 되는 경우 수용 및 표현 어휘능력 발달연령 규준을 제공하여 정상발달 연령 수준과 어느 정도의 차이를 보이는지를 설명할 수 있도록 수용 및 표현 어휘능력 획득점수에 따른 등가연령과 백분위점수를 산출한다.

9. 한국판 맥아더-베이츠 의사소통발달 평가(K M-B CDI)

한국판 맥아더-베이츠 의사소통발달 평가(Korean MacArthur-Bates Communicative Development Inventories: K M-B CDI)는 배소영, 곽금주(2006)가 한국어에 맞게 적용시켜 표준화하였다.

1) 목적 및 대상

K M-B CDI는 어휘 사용력과 제스처와 놀이 및 문법 수준을 살펴볼 수 있으며 8개월에서 36개월까지의 영유아를 대상으로 한다.

2) 구성 체계

K M-B CDI는 8개월에서 17개월까지의 영아용과 18개월에서 36개월까지의 유아용으로 구성되어 있다. 영아용은 18개 범주의 표현어휘와 이해어휘 능력, 제스처와 놀이 영역으로 구성되어 있으며 사용된 어휘는 279개(이해의 경우 284개)이다. 유아용 체크리스트에 사용된 어휘는 24개 범주에서 641개로서 낱말 및 문법형태소들을 포함한다. 영아용과 유아용 각각 원판과 축약판이 있다.

3) 실시방법 및 채점

K M-B CDI는 보고자의 체크리스트로 작성하도록 되어 있으며 보호자 조건은 아동의 어휘와 의사소통 수준을 잘 아는 주양육자 또는 성인이어야 한다. 주양육자는 아동이 표현하는 낱말을 동그라미에 표시하도록 한다. 제스처 및 놀이는 '가끔'은 1점, '자주'는 2점, '안 함'은 0점으로 채점한다. 유아용의 문법 채점 시 '안 함'은 0점, '가끔'은 1점, '종종'은 2점으로 한다.

4) 결과 및 해석

어휘, 제스처와 놀이, 문법 영역별로 해당 월령과 성별을 고려한 백분위수 자료에 근거하여 해석하는데, 백분위 10 이하에 해당하는 경우는 적신호이며 백분위수 25 미만에 해당하는 경우 지속적인 모니터링이 필요하다.

10. 학령기 아동 언어검사(LSSC)

학령기 아동 언어검사(Standardization of the Language Scale for School-Aged Children: LSSC)는 학령기 아동의 언어평가를 위해 이윤경, 허현숙, 장승민(2015)에 의해 제작, 표준화된 검사도구이다.

1) 대상 및 목적

LSSC는 학령기 아동의 잠재적인 언어 문제를 판별하고 현재 언어 수행능력을 평가하며 중재 효과 측정을 목적으로 하며, 초등학교 1학년에서 6학년 아동들을 대상으로 한다. 단순 언어장애, 언어학습장애, 지적장애, 자폐범주성장애, 주의력결핍 과잉행동장애, 다문화 등의 아동들을 포함한다.

2) 구성 체계

LSSC는 수용언어(상위개념 이해 24문항, 구문 이해 35문항, 비유문장 이해 23문항, 문법오류 판단 35문항, 단락 듣기 31문항) 영역과 표현언어(상위어 표현 24문항, 반의어 표현 22문항, 동의어 표현 22문항, 문법오류 수정 35문항, 복문 산출 30문항) 영역, 보조(문장 따라 말하기) 영역으로 이루어져 있다.

3) 실시방법 및 채점

LSSC는 언어치료사(재활사), 언어발달 영역에 대한 전문적 지식을 갖춘 학습치

료사나 특수교사 등이 검사문항에 따라 개별적으로 검사를 실시하는데 검사 소요
시간은 약 60분에서 70분이며 발달장애가 있는 경우 소요시간에 변화가 있을 수
있다. 아동의 반응이나 수행 정도를 고려하여 중간에 1회 내지 2회 휴식이 가능하
다. 휴식은 5분에서 10분을 넘지 않도록 한다. 한 회기를 검사하되 아동을 고려하
여 두 회기에 나누어 실시도 가능하나 간격이 1주일을 넘지 않도록 한다. 채점은
정반응일 때 '+', 오반응일 때 '−'로 표기한다.

4) 결과 및 해석

검사 결과는 언어지수와 백분위로 도출하는데 언어지수 130 이상은 매우 우수,
115에서 129는 우수, 105에서 114는 평균 상, 95에서 104는 평균, 85에서 94는 평
균 하, 70에서 84는 약간 부족, 69 이하는 매우 부족으로 처리한다.

11. 조음기관 구조 · 기능 선별검사(SMST)

조음기관 구조 · 기능 선별검사(Speech Mechanism Screening Test: SMST)는 정상
성인의 조음기관 구조 및 기능의 정상 범위를 파악하기 위해 신문자, 김재옥, 이수
복, 이소연(2010)에 의해 제작되었다.

1) 목적 및 대상

SMST는 언어, 말 관련 검사 시행 전에 조음기관의 문제를 평가, 진단함으로써
진전을 예방하고 치료계획을 수립할 수 있으며 만 18세에서 59세 사이의 남녀 성
인을 대상으로 한다.

2) 구성 체계

SMST는 조음기관의 구조와 기능에 관련된 30문항으로 구성되어 있다. 또 발성기관
의 구조와 기능을 평가하는 3개의 문항과 조음교대운동을 평가하는 14문항이 있다.

3) 실시방법 및 채점

SMST는 검사자가 검사지의 지시사항에 따라 대상자에게 검사를 실시하여 기록하도록 하는데, 시간은 약 40분에서 1시간 정도 소요된다. 모든 문항을 실시하도록 하나 대상자에 따라 필요한 문항들만 선별하여 실시할 수도 있다.

4) 결과 및 해석

검사 결과를 해석하기 위해서는 각 문항에 따라 정상일 경우 2점, 약간 비정상 1점, 심각한 비정상 0점, 실시 안 했을 경우 NT에 동그라미 표시를 한 후 원점수를 기록한다. 지침서의 부록을 참고하여 점수를 계산하여 대상자의 문제 정도를 파악하도록 한다.

12. 우리말 조음 · 음운평가(U-TAP)

우리말 조음 · 음운평가(Urimal Test of Articulation and Phonation: U-TAP)는 조음검사를 위해 김영태, 신문자(2004)에 의해 만들어진 조음 · 음운 평가도구이다.

1) 목적 및 대상

본 검사는 단어와 문장 수준에서 자음과 모음 오류 여부를 검사하기 위한 목적으로 제작되었으며 2세부터 12세 아동을 대상으로 한다. 정상발달 아동과 비교하여 조음치료에 대한 필요 여부를 결정하고, 음소목록과 분석자료를 이용하여 조음치료 계획을 수립할 수 있도록 해 준다. 그림낱말검사와 그림문장검사를 실시하는데 그림낱말검사의 내용은 이름 말하기, 따라 말하기가 가능한 아동의 조음평가의 활용에 가능하고, 지적장애, 청각장애, 뇌병변 아동들에게도 실시할 수 있다. 그림문장검사의 경우 이야기 구성이나 문장 따라 말하기가 가능한 아동에게 실시할 수 있다.

2) 구성 체계

U-TAP의 그림낱말검사는 아동이 목표낱말을 쉽게 산출할 수 있는 그림들로 구성되어 있다. 자음의 경우 우리말 19개 음소의 각 위치(어두초성, 어중초성, 종성)에 따라 총 43개 음소검사를 실시하며, 한 낱말 속에 최대 2개의 음소(총 23개의 낱말판에서 검사)가 포함된다. 모음의 경우 우리말 단모음 10개에 한하여 검사하며, 한 낱말 속에 최대 2개의 단모음(총 7개의 낱말 그림판에서 검사)이 포함된다. 그림 문장검사는 그림낱말검사에서 사용하고 있는 30개의 목표낱말(자음검사 23개, 모음검사 7개)을 16개 문장 속에 포함시켜 검사하며, 평균 5개 어절, 평균 15.5개 음절로 한 문장을 구성한다. 그리고 하나의 그림에서 2~3개의 문장을 유도하고, 그림 내 각 사물을 보면서 문장을 산출한다.

3) 실시방법 및 채점

검사자는 기록지와 그림을 준비해 두고 검사 실시 내용을 녹음기로 녹음하거나 비디오로 녹화할 수 있도록 사전에 준비한다. 검사자가 그림을 보여 주면서 목표문장을 들려주면 아동이 이를 모방하거나 재구성해서 말하게 하여 조음능력을 평가한다. 발음전사를 할 때 낱말 전체 정조음은 '+'로 기록하고 오조음은 발음대로 음소를 표기한다. 모방산출은 ( )를 쳐서 구분하고 반응하지 않는 경우 'NR'로 기록한다. 오류분석을 기록할 때 목표음소 대치는 대치한 음소대로 기록하고 왜곡한 경우 'D'로 기록하고 생략한 경우 'Ø'로 기록한다. 출현한 음운변동이 있으면 검사지의 해당 빈칸에 × 표시한다. 모든 검사낱말에서 해당 음운변동이 나타난 빈도(× 표시 개수)를 세어 음운변동 출현 기회 수로 나눈 후 100을 곱하여 해당 음운변동의 출현율을 계산한다.

4) 결과 및 해석

U-TAP는 문장발음전사와 낱말발음전사를 통해 어두초성, 어중초성, 종성에서의 오류분석을 실시하며 낱말수준과 문장수준에서의 오류횟수를 계산하여 자음정확도와 모음정확도를 산출한다. 피검사자의 자음정확도가 -1표준편차 이하인

경우 조음치료의 고려가 필요하며, −2표준편차 이하인 경우 조음치료가 반드시 요구된다. 음운변동 분석을 통해 생략 및 첨가 음운변동, 대치음운변동에 대한 오류를 분석할 수 있다.

📑 13. 한국어 표준 그림 조음음운검사(KS-PAPT)

한국어 표준 그림 조음음운검사(Korean Standard Picture of Articulation and Phonological Test: KS-PAPT)는 석동일, 박상희, 신혜정, 박희정(2008)에 의해 제작된 검사로 선별검사와 정밀검사로 구분된다.

1) 목적 및 대상

검사의 대상은 조음음운장애가 의심되는 3세부터 성인까지이며, 특히 3세에서 6세까지 우리나라 아동의 자음과 모음 산출에 대한 문제를 선별하여 정밀진단을 할 수 있도록 개발되었다.

2) 구성 체계

KS-PAPT의 선별검사는 조음음운장애가 의심되는 아동에게 실시하는 검사로서 우리말 자음 19개에 대하여 어두초성, 어중초성, 어중종성, 어말종성의 위치에서 총 30개의 어휘로 검사한다. 모음검사는 단모음 7개로 실시하며 자음검사에서 실시하는 어휘 내에서 검사함으로써 효율적인 선별검사를 실시할 수 있도록 하였다. 정밀검사 또한 우리말 자음의 음소 출현 위치를 4위치로 하여 음절수를 1음절, 2음절, 다음절로 고려함으로써 조음의 평가를 보다 정밀하게 실시할 수 있도록 구성되어 있다. 정밀검사의 검사어휘는 총 75개이다.

3) 실시방법 및 채점

검사자는 기록지와 그림을 준비해 두고 검사 실시 내용을 녹음기로 녹음하거나 비디오로 녹화할 수 있도록 사전에 준비한다. 검사자는 피검자의 발화를 발음기록지의 '발음'란에 간략 표기를 사용하여 모두 기록한다. 생략은 '-', 대치는 대치된 음소, 왜곡은 해당 음소 위에 'D'로 표기하고 정조음은 '+'로 표기한다. I는 어두초성, MI는 어중초성, MF는 어중종성, F는 어말종성을 나타낸다. 검사 결과는 결과요약지에 기록하고 음운변동은 음운변동 분석지에 'V'로 표기한 후 출현율을 계산한다.

4) 결과 및 해석

KS-PAPT 검사결과 자음정확도는 정조음한 자음에 대하여 백분율로 계산하며, 획득점수를 근거로 각 연령별 아동의 조음오류 정도를 살펴볼 수 있다. 모음정확도는 아동이 정조음한 모음에 대해 백분율로 계산하며, 음운변동분석은 분석지에 기록된 표를 직접 체크하여 분석하거나 KAPA(한국어 자동화 음운변동 시스템)로 실시할 수 있다. 선별검사 결과 아동의 표준편차가 -1 이하라면 정밀검사를 실시할 필요가 있다. 정밀검사에서는 아동의 획득점수의 평균과 표준편차를 고려하여 -1표준편차 이하라면 조음음운치료 대상으로, -2표준편차 이하라면 조음음운장애로 진단할 수 있다. 검사 기록지는 결과요약지, 발음기록지, 오류분석지, 음운변동분석지로 구성되어 있다.

14. 파라다이스-유창성검사(P-FS)

파라다이스-유창성검사(Paradise-Fluency Assessment: P-FS)는 유창성 장애 검사를 위해 심현섭, 신문자, 이은주(2004)에 의해 제작된 검사도구이다.

1) 목적 및 대상

P-FS는 취학 전 아동과 초등학생 및 중학생 등을 대상으로 의사소통장애 중 유창성 장애 여부와 그 정도를 파악하는 데 목적을 둔다. 검사를 통해 유창성 문제를 진단함으로써 문제의 진전을 예방하고 치료계획을 수립, 재평가를 통해 효과

를 검증한다. 이 검사는 구어 영역뿐만 아니라 의사소통태도를 함께 평가함으로써 유창성 문제의 전반적인 평가가 가능하다.

2) 구성 체계

P-FS는 구어평가와 의사소통태도 평가 영역으로 크게 구분된다. 검사과제는 시간 제약과 목적에 따라 다르며, 필수과제와 선택과제로 구분된다. 필수과제는 문장그림, 그림책, 읽기, 이야기 그림, 말하기 그림, 대화 영역으로 구분되고, 선택과제는 낱말그림, 따라 말하기로 구분된다. 필수과제의 경우 연령별로 구분되는데, 취학 전 아동은 문장 그림, 그림책, 말하기 그림을 포함하며, 초등학생의 경우 읽기, 이야기 그림, 말하기 그림을 포함한다. 중학생 이상의 경우 읽기, 말하기 그림, 대화의 세 가지로 구분된다. 의사소통태도 평가는 초등학생과 중학생 이상의 두 유형으로 구분된다.

3) 실시방법 및 채점

P-FS를 실시할 때는 검사 대상의 연령별로 필요한 평가과제와 검사도구, 기록지 등을 확인하고 연령별 검사지침에 따라 실시하여야 한다. 녹화 또는 녹음을 하더라도 비유창성이나 부수행동이 나타나거나 특이사항이 관찰되면 바로 결과기록지에 기록한다. 또한 검사과제와 연령에 따라 수집하여야 할 최소음절수를 파악하고 충분한 발화표본을 얻도록 유도한다.

4) 결과 및 해석

P-FS의 결과는 우선 결과기록지에 각 과제들의 점수, 부수행동 정도, 의사소통태도 평가 점수를 기록하여야 한다. 필수과제에 해당되는 과제들의 점수를 합하여 필수과제 점수를 산출하고 점수분포표를 이용하여 백분위점수의 범위와 말더듬 정도를 파악할 수 있다. 대략 1~40백분위점수는 약한 정도, 41~80백분위점수는 중간 정도, 81백분위점수 이상은 심한 정도로 볼 수 있다.

15. 아동용 한국판 보스턴 이름대기검사(K-BNT-C)

아동용 한국판 보스턴 이름대기검사(Korean version-Boston Naming Test: K-BNT -C)는 표현언어장애를 선별하기 위해 Goodglas, Kaplan, Weintraub이 제작한 이름대기 검사도구로, 김향희, 나덕렬(2007)이 한국판으로 번역하여 표준화하였다.

1) 대상 및 목적

K-BNT-C는 표현어휘력 인출 평가를 통하여 표현언어장애를 선별하기 위한 도구로서 만 3세에서 14세 11개월까지의 아동을 대상으로 한다.

2) 구성 체계

K-BNT-C는 총 60개의 문항으로 구성되어 있다.

3) 실시방법 및 채점

K-BNT-C는 개별검사로서 대상자에게 흑백으로 그려진 사물의 그림을 보여 주고 이름을 말하도록 하며 검사 소요시간은 약 15분 정도이다. 60개 문항 중 아동의 생활연령에 맞는 문항부터 이름대기를 측정한다. 기초선과 최고한계 기준을 활용하여 검사를 효율적으로 실시한다.

4) 결과 및 해석

정반응은 정답란에 '+'로, 오반응은 오답란에 '-'로 기록한다. 오반응인 경우는 오답란에 오반응을 자세히 기록한다. 총점은 최고한계 문항에서 오반응 수를 빼서 산출한다. 검사의 부록을 통해 백분위수, 등가연령을 구하여 결과표를 작성한다.

사회성

❖ 오 자 영

사회성(sociality)은 한 개인의 사회 적응의 정도나 대인관계의 원만성이다. 애착이 특정한 사람과의 친밀감을 뜻한다면 사회성은 보다 다양한 사람과의 긍정적인 관계 형성을 의미한다. 사회성의 정도는 대부분의 장애 진단에 매우 중요한 요소가 된다.

사회성 기술(social skills)은 인간관계 및 주어진 사회 환경에서 균형과 조화를 유지하는 데 필요한 기술이다. 생활 적응 구성요소를 포함하는 개념으로 사회생활에 효과적인 것으로 입증된 반응들, 즉 상호 간에 긍정적인 효과를 산출하고, 유지하고, 증가시킬 가능성을 최대화하는 구체적인 행동기술을 의미한다. 따라서 사회성 기술은 일상생활에서 타인과의 관계를 형성하고 유지하는 데 필수적이라 할 수 있다. 대인관계 관련 기술, 자신과 관련된 행동, 학업 관련 행동, 또래 수용, 대화기술, 자기주장의 요인 등이 사회성 기술에 포함될 수 있다(국립특수교육원, 2009c).

사회성 기술의 하위영역은 학자들마다 상이하게 제시되어 왔다. Gresham과 Elliot(1990)은 사회성 기술의 하위영역으로 협력, 주장, 책임, 공감, 자기통제를 제시하였고, Matson, Rotatori와 Helsel(1983)은 적절한 사회성 기술, 부적절한 자기주장, 충동성/위축, 과잉확신, 질투/위축을, Asher, Renshaw와 Hymel(1982)은 상호작용 시작기술, 관계지속 기술, 갈등조절 기술을 포함하였다(오자영, 2010).

이 장에서는 우리나라 실정에 맞게 표준화되어 있는 사회성 검사도구로서 한국판 청소년용 사회성 기술 평정척도(K-SSRS: 중고생용 II), 한국 유아 사회성 기술검사(K-SSRSP), 한국판 아동 사회성 기술척도(CS4-K), Matson 사회기술 평가(MESSY)를 중심으로 제시하였다.

1. 한국판 청소년용 사회성 기술 평정척도(K-SSRS: 중고생용 II)

사회성 기술 평정척도(Social Skills Rating System: SSRS)는 사회적 행동을 측정하기 위하여 Gresham과 Elliot(1990)이 개발한 사회성 기술 척도로 취학 전 아동, 유치원, 초등학생, 중고등학생을 대상으로 한 교사 평정척도, 부모 평정척도, 자기보고 평정척도가 있다. 이 중에서 우리나라에서 문성원(2003)에 의해 만들어진 한국판 청소년용 사회성 기술 평정척도(K-SSRS: 중고생용 II)는 자기보고 평정척도 중 중고등학생용을 우리나라 실정에 맞게 표준화한 검사도구이다.

1) 목적 및 대상

K-SSRS: 중고생용 II은 개인의 긍정적인 사회성 기술과 이의 발달을 저해할 수 있는 부정적인 사회적 행동 모두를 측정하도록 고안되었다. 이는 개인의 사회적 행동의 빈도와 중요성을 평가하여 선별, 배치, 분류하는 도구로 사용할 수 있으며, 중재계획을 마련하기 위해 사용할 수 있다. K-SSRS: 중고생용 II의 적용 대상은 취학 전 아동, 유치원, 초등학생, 중고등학생이다.

〈표 6-1〉 SSRS 척도의 종류

영역 \ 검사 대상	교사 평정척도			부모 평정척도			자기보고 평정척도		
평가자	취학 전	유초등	중고등	취학 전	유초등	중고등	취학 전	유초등	중고등
사회성 기술	○	○	○	○	○	○	×	○ (초3~)	○
문제행동	○	○	○	○	○	○	×	×	×
학업적 유능감	×	○	○	×	×	×	×	×	×

(○: 검사도구 있음, ×: 검사도구 없음, ▨: 우리나라 실정에 맞게 표준화됨)

2) 구성 체계

K-SSRS: 중고생용 II은 중고등학생용 자기보고 평정척도로만 표준화되었으며, 사회성 기술 영역은 4개의 영역에 걸쳐 총 39문항으로 되어 있는데 이를 구체적으로 제시하면 〈표 6-2〉와 같다.

〈표 6-2〉 K-SSRS: 중고생용 II의 구성 체계

영역		내용	문항수	총 문항수
사회성 기술	협동성	다른 사람을 도와주고, 자료를 교환 및 공유하고, 규칙이나 지시에 따르는 행동(협력 및 놀이기술, 학급 내 상호작용 기술)	9	39

주장성	다른 사람에게 정보를 구하고, 자신을 소개할 줄 알고, 친구로부터의 압력·모욕에 반응하는 등 자기가 먼저 주도적으로 하는 행동	10
공감	다른 사람의 느낌이나 관점에 대하여 관심을 갖고, 이를 존중하는 행동	10
자기조절	갈등상황이나 괴롭힘에 대해 적절하게 반응하는 행동(갈등 해결 기술, 분노통제 기술)	10

3) 실시방법 및 채점

K-SSRS: 중고생용 II의 자기보고 평정척도는 학생 자신의 보고 형태로 실시하는 검사이며, 약 20분 정도의 시간이 소요된다. 각각의 문항에 대해 3점 평정척도로 빈도와 중요도를 평정한다. 빈도 평정에서는 행동을 전혀 하지 않는 경우 '0점', 행동을 가끔 하는 경우 '1점', 행동을 자주 하는 경우 '2점'에 응답한다. 중요도 평정에서는 행동이 전혀 중요하지 않다고 생각하는 경우 '0점', 행동이 중요하다고 생각하는 경우 '1점', 행동이 매우 중요하다고 생각하는 경우 '2점'에 응답한다. 모든 문항에 응답한 후 각 영역별로 점수를 합산하여 영역별 원점수를 산출한다. K-SSRS: 중고생용 II 자기보고 평정척도 검사 실시의 예시는 [그림 6-1]과 같다.

4) 결과 및 해석

K-SSRS: 중고생용 II의 자기보고 평정척도는 사회성 기술의 각 하위영역에 해당하는 문항별로 점수를 합산하여 원점수를 산출하고, 원점수에 근거하여 표준화 점수, 백분위점수, 사회성 기능 수준을 얻을 수 있다. 산출한 표준화 점수 및 백분위점수를 표준화 샘플과 비교하여 사회성 기능 수준을 '평균보다 낮음' '평균' '평균보다 높음'으로 해석한다. 해석된 사회성 기능 수준에 따라 사회성 기술의 부족이 지식의 부족 때문인지 혹은 수행능력의 부족 때문인지를 결정하여 중재계획 수립에 활용할 수 있다.

  예를 들어, [그림 6-1]과 같은 결과를 통해 대상학생이 사회성 기술이 무엇이며 얼마나 중요한 것인지 알고 있으나 실제로 그 기술을 수행하는 빈도는 매우 낮다는 것, 특히 주장성과 자기조절의 빈도수가 현저하게 낮다는 것을 알 수 있다. 따라서 이 학생의 사회성 기술 지도와 관련하여 사회성 기술의 수행 및 일반화에 초점을 두고 IEP를 작성하도록 한다. 우선, 주장성 기술에서는 '3. 다른 아이들이 나를 심하게 때리거나 지나치게 괴롭히려고 할 경우 고민하지 않고 바로 어른에게 도움을 청한다.' '33. (여학생일 경우) 남학생이 나를 놀리듯이 쳐다보아도 나는 내 감정을 잘 조절한다.' 등 타인으로부터 놀림이나 괴롭힘을 당하는 상황에서 자기를 보호하고 의사를 표현하는 문항에서 점수가 낮으므로 이와 관련된 중재를 적용할 수 있다. 또한 자기조절 기술에서는 '27. 어른이 나를 야단칠 때 화내지 않고 받아들인다.' '32. 사람들이 나에게 화를 내더라도 나는 내 감정을 잘 조절한다.' '34. 부모님의 비난을 화내지 않고 받아들인다.' 등 타인이 나를 비난하거나 나와는 다른 의견을 제시할 때 감정을 조절하는 문항에서 점수가 낮으므로 이와 관련된 중재를 적용할 수 있다.

빈도				문항번호	문항 내용	빈도			중요도			중요도			
협동성	주장성	공감	자기조절			0	1	2	0	1	2	협동성	주장성	공감	자기조절
1				1	나는 친구를 쉽게 사귄다.		○		○			1			
	1			2	다른 사람이 무엇인가를 잘 했을 경우, 나는 그 사람에게 "훌륭해", "멋있어" 등으로 칭찬을 해준다.		○				○		2		
	0			3	다른 아이들이 나를 심하게 때리거나 지나치게 괴롭히려고 할 경우 고민하지 않고 바로 어른에게 도움을 청한다.	○					○		2		
	1			4	나는 우리 반 친구들과 잘 지낸다.		○				○		2		
		1		5	친구가 화가 나 있거나, 슬퍼하고 있을 때 친구의 마음을 이해해주려고 노력한다.		○			○				2	
1				6	나는 어른이 말씀하시면 귀담아 듣는다.		○			○		2			
			1	7	다른 아이들이 나를 놀려대거나 욕을 하더라도 신경 쓰지 않고 그냥 무시해버린다.	○				○					1
	2			8	나에게 골칫거리가 있을 경우 그것에 관해 친구의 도움을 구한다.		○			○					
2				9	다른 사람의 물건을 사용하게 될 때 미리 물어보고 사용한다.										2
			0	10	내 의견이 어른들의 생각과 다른 경우, 화내지 않고 내 생각을 전달한다.	○				○					2
			2	11	나중에 어른에게 꾸지람을 듣게 될 만한 일은 하지 않는다.		○		○						1
		1		12	다른 사람에게 좋지 않은 일이 생겼을 경우, 그 사람에 대해서 불쌍한 마음이 든다.		○			○					2
1				13	나는 숙제를 항상 한다.		○			○					
0				14	나는 항상 책상을 깨끗하게 정리한다.	○				○					1
			1	15	부모님께서 먼저 시키지 않아도, 부모님을 도와서 집안 일을 한다.		○			○					2
1				16	나는 학교 활동에 열심히 참여한다.		○			○			2		
0				17	수업 시간 내에 해야 하는 과제를 정해진 시간에 마친다.	○			○			0			
			0	18	나의 의견이 부모님이나 선생님의 의견과 같지 않을 경우 대화를 통해서 타협한다.	○				○					2
			1	19	수업 중에 장난을 치는 아이들과 어울려서 같이 까불거나 하지 않고 그냥 모르는 척 해버린다.		○			○					0
		0		20	남자든 여자든 좋아하는 반 친구에게 내가 먼저 같이 놀자고 한다.	○				○		1			
		1		21	친구들이 자신의 문제에 관해서 이야기를 할 때는 잘 들어준다.		○			○				2	
			0	22	부모님과 의견이 다를 때 소란을 피우지 않고 조용하게 마친다.	○				○					2
0				23	남자친구든 여자친구든 잘한 행동에 대해서는 칭찬을 할 줄 안다.	○			○			1			
		1		24	다른 사람이 뭔가를 잘 했을 경우 그 사람에게 말로 칭찬하는 표현을 해준다.	○						1			
		2		25	다른 사람과 마주쳤을 때는 미소를 짓거나 손을 흔들거나 고개를 끄덕이는 등 인사를 한다.		○			○				2	
0				26	남학생(여학생의 경우), 여학생(남학생의 경우)과 이야기를 시작할 때 불안해하거나 안절부절 하지 않는다.	○				○					2

	번호	문항					
0	27	어른이 나를 야단칠 때 화내지 않고 받아들인다.	O				2
0	28	내가 어떤 친구를 좋아하고 있으면, 그 사실을 말이나 감정 표현을 통해서 그 친구가 알게끔 한다.	O		O		1
1	29	친구가 억울한 비난을 받고 있을 경우 그 친구의 편이 되어 준다.		O		O	2
0	30	친구들과 어울려 놀 때 옆에 있는 다른 친구에게도 함께 하자고 권한다.	O			O	2
1	31	여가 시간을 적절하게 사용한다.		O		O	2
∂	32	사람들이 나에게 화를 내더라도 나는 내 감정을 잘 조절한다.	O			O	2
0	33	남학생이(여학생일 경우), 또는 여학생이(남학생일 경우) 나를 놀리듯이 처다보아도 나는 내 감정을 잘 조절한다.	O			O	2
0	34	부모님의 비난을 화내지 않고 받아들인다.	O			O	2
1	35	선생님의 지시에 잘 따른다.		O		O	2
0	36	교실에서 벌이는 토론에서는 지나치게 과격하거나 무례하지 않은, 차분하고 교양 있는 말투를 사용한다.	O		O		1
2	37	부탁을 들어달라고 친구에게 말한다.			O	O	2
2	38	내가 먼저 말을 꺼내서 반 친구들이 대화를 시작한다.			O	O	1
0	39	문젯거리나 말다툼이 발생할 경우 그 일에 관해 반 친구와 이야기를 나눈다.	O		O		1
8 5 10 5		**총합**					13 16 17 16

※ 영역별 원점수 산출

	빈도	중요도
협동성	8	13
주장성	5	16
공감	10	17
자기조절	5	16

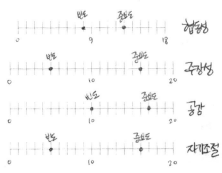

[그림 6-1] K-SSRS: 중고생용II 자기보고 평정척도 검사 실시의 예시

2. 한국 유아 사회성 기술검사(K-SSRSP)

한국 유아 사회성 기술 검사(Korean-Social Skill Rating Scale for Preschoolers: K-SSRSP)는 윤치연(2012)이 유아의 사회성 기술을 측정하기 위해 개발한 척도이다.

1) 목적 및 대상

K-SSRSP는 유아의 문제해결, 정서표현, 질서의식, 자신감 등 사회성 기술능력을 평가하는 도구로 사용할 수 있다. 또한 사회성 기술문제를 조기에 선별하고 문제영역에 대한 구체적인 양육 및 교육 정보를 제공하는 데 활용할 수 있다. K-SSRSP의 적용 대상은 30개월부터 만 7세까지의 정상 유아 및 사회성 기술문제의 위험성이 있는 유아이다.

2) 구성 체계

K-SSRSP는 4개의 사회성 기술 영역에 걸쳐 총 40문항으로 되어 있다. 이를 구체적으로 제시하면 〈표 6-3〉과 같다.

<표 6-3> K-SSRSP의 구성 체계

영역	내용	문항수	총 문항수
문제해결	문제가 발생하였을 때 친사회적 방법으로 해결하는지, 게임에 졌을 때 화를 내지 않고 받아들이는지, 무엇이 공정하고 불공정한가를 아는지, 자신의 실수를 받아들이는지 등 문제 발생 상황에서 대처하고 해결해 나가는 능력	13	40
정서표현	활동이나 놀이에 즐겁게 참여하는지, 아는 사람을 만나면 아는 체하고 인사하는지, 자신의 애정을 적절하게 표현하는지, 화가 났을 때 말로 표현하는지, 다른 사람에게 다정하게 말하는지 등 평상시 정서적으로 질서를 표현하는 능력	15	

질서의식	게임이나 활동을 할 때 규칙을 지키는지, 장난감이나 교구를 또래와 사이좋게 사용하는지, 부모나 교사의 지시를 잘 따르는지 등의 공중도덕이나 질서를 지키는 능력	6
자신감	어떤 상황에서도 기가 죽지 않고 침착한지, 자기 의사를 당당하게 말하는지, 또래와 갈등이 있을 때 자신 있게 말하는지, 자신의 생각을 떳떳하게 말하는지 등 자기 확신에 찬 태도	6

4) 실시방법 및 채점

K-SSRSP는 평가자의 직접적인 관찰과 판단에 근거하여 평가하도록 되어 있다. 따라서 주 4일 이상 유아를 양육하면서 문항을 읽고 이해할 수 있는 부모나 양육자가 실시하거나 2개월 이상 보육 및 교육을 직접 담당하고 있는 교사 및 원장이 실시한다. 임상가가 직접 실시할 경우에는 부모 혹은 양육자와 면담을 통해 행동발달 상황을 확인하여야 한다.

K-SSRSP는 각 문항의 행동 관찰 정도에 따라 5점 평정척도로 평정한다. 대상 유아가 항상 그렇지 않을 경우 0% '전혀 아님', 평균 30% 정도만 그러할 경우 '약간 그러함', 평균 50% 정도 그러할 경우 '보통', 평균 70% 정도 그러할 경우 '대체로 그러함', 항상 그러할 경우 100% '항상 그러함'에 응답한다.

K-SSRSP는 '전혀 아님' 1점, '약간 그러함' 2점, '보통'은 3점, '대체로 그러함'은 4점, '항상 그러함'은 5점으로 계산하여 영역별로 원점수를 산출한다. 뿐만 아니라 웹기반 평가시스템(www.tespia.com)에서도 40개 검사문항을 채점하고 결과를 확인할 수 있다.

5) 결과 및 해석

K-SSRSP는 각각의 하위영역에 대한 척도점수(표준점수), 사회성 기술지수(SSQ), 백분위점수(%ile) 등의 변환점수를 제공한다. 각 하위영역의 원점수를 산출하고, 이를 통해 변환점수를 산출하여 또래와 사회성 기술 수준을 비교한다. 웹기반 평

가시스템에서 응답을 끝내면 자동으로 점수를 산출하여 결과를 알 수 있다. 각 하위영역의 변환점수를 통해 검사 대상 유아의 영역별 발달수준과 사회성 기술 지수 및 수준 등을 확인할 수 있으며, 이에 대한 예시는 [그림 6-2]와 같다. K-SSRSP를 통해 산출한 변환점수의 범위와 해석은 〈표 6-4〉와 같다.

〈표 6-4〉 변환점수의 범위와 해석

범위	척도점수(표준점수)	백분위(%ile)	발달지수(DQ)	해석
최우수	17~19	98+	130+	최우수 수준
우수	15~16	91~97	120~129	우수 수준
평균상	13~14	75~90	110~119	평균상 수준
평균	8~12	25~74	90~109	평균 수준
평균하	6~7	9~24	80~89	경도 지연 수준
저조	4~5	2~8	70~79	중도 지연 수준
최저조	1~3	1	=69	최중도 지연 수준

한국유아사회성기술검사

◉ 검사설명 및 인적사항

대상자명	생년월일	생활연령	검사일	기관명
정 ○○	2011년 04월 20일	5세 9월 (69 개월)	2017년 01월 26일	○○ 학교

◉ 검사프로파일

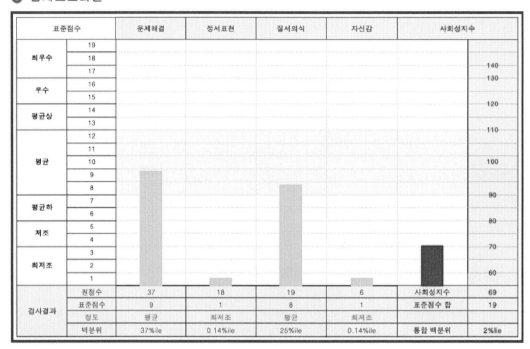

표준점수		문제해결	정서표현	질서의식	자신감	사회성지수	
최우수	19						
	18						140
	17						130
우수	16						
	15						120
평균상	14						
	13						110
평균	12						
	11						
	10						100
	9						
	8						90
평균하	7						
	6						80
저조	5						
	4						70
최저조	3						
	2						60
	1						
검사결과	원점수	37	18	19	6	사회성지수	69
	표준점수	9	1	8	1	표준점수 합	19
	정도	평균	최저조	평균	최저조		
	백분위	37%ile	0.14%ile	25%ile	0.14%ile	통합 백분위	2%lie

◉ 종합결과분석

이 아동은 전체적으로 볼 때 사회성지수가 69(으)로 최저조(profound retarded) 정도의 발달수준을 보이고 있습니다. 하위영역별로 현재의 표준점수를 보면 **문제해결**(9, 평균), **정서표현**(1, 최저조), **질서의식**(8, 평균), **자신감**(1, 최저조)입니다. 이 아동은 사회성 기술이 아주 부족할 뿐만 아니라 다른 영역에서도 문제가 있을 가능성이 있습니다. 즉 또래들로부터 거부당하거나 위축되어 있을 수 있으므로, 가정에서나 혹은 유치원에서 심리부적응 문제나 장애가 있는지에 대해 관심을 가져야만 합니다. 따라서 아동의 정신건강과 행복한 삶을 위해서 정신건강전문가로부터 정밀검사와 상담을 받아 보시기 바랍니다.

[그림 6-2] K-SSRSP 검사 결과 예시(검사지, 웹기반 평가시스템)

출처: 테스피아 홈페이지(www.tespia.com).

3. 한국판 아동 사회성 기술 척도(CS4-K)

한국판 아동 사회성 기술 척도(Korean Children's Self-Report Social Skills Scale: CS4-K)는 초등학생의 사회성 기술을 평가하기 위하여 2003년 Danielson과 Phelps가 개발한 자기보고형 척도를 2008년 김용석, 홍지영이 우리나라 실정에 맞게 표준화한 것이다.

1) 목적 및 대상

CS4-K는 가정, 학교 등 각기 다른 상황들 속의 행동을 아동 자신의 눈높이에서 보고하여, 아동이 각 상황마다 어떤 사고과정을 거치며 어떤 정서반응으로 대처하는지 파악하고, 제3자가 평가할 수 없는 의도를 파악하는 데 사용할 수 있다. 또한 문항수가 적어서 집중력과 지구력이 떨어지는 아동의 사회성 기술을 측정하기에 적합하다. CS4-K의 적용 대상은 초등학교 1학년부터 초등학교 6학년까지이다.

2) 구성 체계

CS4-K는 3개의 사회성 기술 영역에 걸쳐 21문항으로 되어 있다. 이를 구체적으로 제시하면 〈표 6-5〉와 같다.

〈표 6-5〉 CS4-K의 구성 체계

영역	내용	문항수	총 문항수
사회규범	학교생활이나 또래관계에 잘 적응하기 위해 필요한 행동을 사회적으로 용인되는 규범 내에서 적절히 수행하고 있는지 평가	12	
호감도	또래 사이에서 자신이 어느 정도 인기가 있는지를 아동 스스로 인지하는 정도를 평가	5	21
사회적 미숙	아동이 사회적 상호작용의 맥락을 제대로 파악하여 인식하고 있는지, 기본적인 규칙을 제대로 이해하고 있는지 평가	4	

3) 실시방법 및 채점

CS4-K는 자기보고형으로 대상학생이 스스로 문항을 읽고 실시하며, 각각의 문항에 대해 5점 척도로 평정한다. 문항을 읽고 자신이 전혀 그렇지 않다고 생각하면 '①'에, 별로 그렇지 않다고 생각하면 '②'에, 때때로 그렇다고 생각하면 '③'에, 대부분 그렇다고 생각하면 '④'에, 항상 그렇다고 생각하면 '⑤'에 응답한다.

오른쪽 응답란에서 체크된 숫자(점수)를 확인하여 왼쪽 점수기록란에 적는다. 점수를 기록한 후 A(사회규범), B(호감도), C(사회적 미숙)에 해당하는 점수끼리(같은 세로줄에 있는 점수끼리) 합하여 합계 점수란에 합계 점수를 적는다. 실시방법에 대한 예시를 제시하면 [그림 6-3]과 같다.

4) 결과 및 해석

CS4-K는 자동채점 프로그램을 통해 결과를 확인할 수 있다. 합계 점수를 산출한 후 채점 사이트(www.mindpress.co.kr)에서 제공하는 자동채점 프로그램에 합계 점수를 입력하면 결과가 산출된다. 검사 결과로 각각의 하위영역과 사회성 기술 전체에 대한 백분위점수와 판단내용을 제시한다. 자동채점 프로그램의 예시는 [그림 6-4]와 같다.

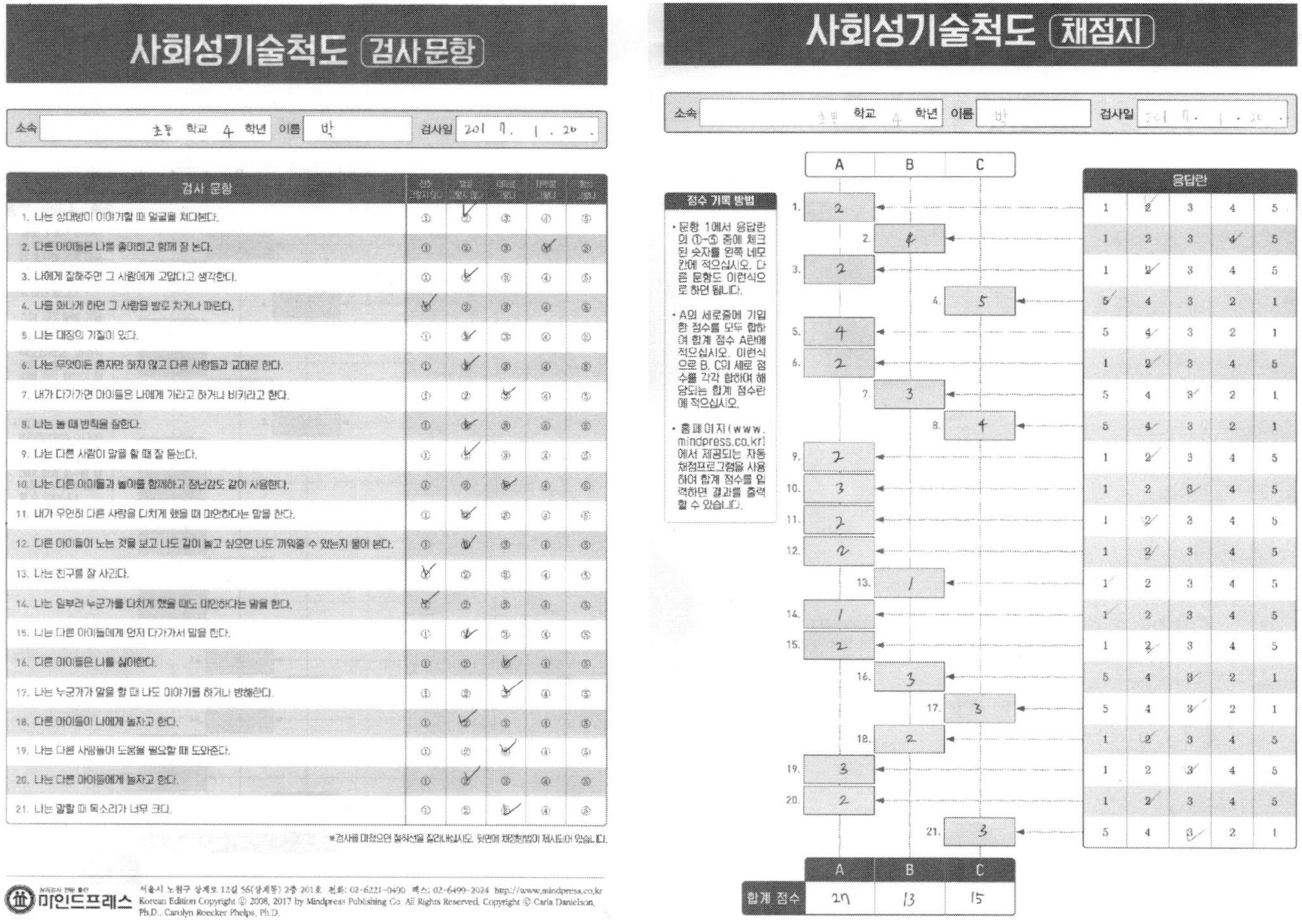

사회성기술척도 (검사문항)

소속: 초등 학교 4 학년 이름: 박 검사일: 201 7. 1. 20.

검사 문항	①	②	③	④	⑤
1. 나는 상대방이 이야기할 때 얼굴을 쳐다본다.	①	②✓	③	④	⑤
2. 다른 아이들은 나를 좋아하고 함께 잘 논다.	①	②	③	④✓	⑤
3. 나에게 잘해주면 그 사람에게 고맙다고 생각한다.	①	②✓	③	④	⑤
4. 나를 화나게 하면 그 사람을 발로 차거나 때린다.	①✓	②	③	④	⑤
5. 나는 대장의 기질이 있다.	①	②✓	③	④	⑤
6. 나는 무엇이든 혼자만 하지 않고 다른 사람들과 교대로 한다.	①	②✓	③	④	⑤
7. 내가 다가가면 아이들은 나에게 가라고 하거나 비키라고 한다.	①	②	③✓	④	⑤
8. 나는 놀 때 반칙을 잘한다.	①	②✓	③	④	⑤
9. 나는 다른 사람이 말을 할 때 잘 듣는다.	①	②✓	③	④	⑤
10. 나는 다른 아이들과 놀이를 함께하고 장난감도 같이 사용한다.	①	②	③✓	④	⑤
11. 내가 우연히 다른 사람을 다치게 했을 때 미안하다는 말을 한다.	①	②✓	③	④	⑤
12. 다른 아이들이 노는 것을 보고 나도 같이 놀고 싶으면 나도 끼워줄 수 있는지 물어 본다.	①	②✓	③	④	⑤
13. 나는 친구를 잘 사귄다.	①✓	②	③	④	⑤
14. 나는 일부러 누군가를 다치게 했을 때도 미안하다는 말을 한다.	①✓	②	③	④	⑤
15. 나는 다른 아이들에게 먼저 다가가서 말을 한다.	①	②✓	③	④	⑤
16. 다른 아이들은 나를 싫어한다.	①	②	③✓	④	⑤
17. 나는 누군가가 말을 할 때 나도 이야기를 하거나 방해한다.	①	②	③✓	④	⑤
18. 다른 아이들이 나에게 놀자고 한다.	①	②✓	③	④	⑤
19. 나는 다른 사람들이 도움을 필요할 때 도와준다.	①	②	③✓	④	⑤
20. 나는 다른 아이들에게 놀자고 한다.	①	②✓	③	④	⑤
21. 나는 말할 때 목소리가 너무 크다.	①	②	③✓	④	⑤

※검사를 마쳤으면 절취선을 잘라내십시오. 뒷면에 채점방법이 제시되어 있습니다.

마인드프레스
서울시 노원구 상계로 12길 56(상계동) 2층 201호 전화: 02-6221-0490 팩스: 02-6499-2024 http://www.mindpress.co.kr
Korean Edition Copyright © 2008, 2017 by Mindpress Publishing Co. All Rights Reserved. Copyright © Carla Danielson, Ph.D., Carolyn Roecker Phelps, Ph.D.

사회성기술척도 (채점지)

소속: 초등 학교 4 학년 이름: 박 검사일: 201 7. 1. 20.

점수 기록 방법

- 문항 1에서 응답란의 ①~⑤ 중에 체크된 숫자를 왼쪽 네모 칸에 적으십시오. 다른 문항도 이런식으로 하면 됩니다.
- A의 세로줄에 기입한 점수를 모두 합하여 합계 점수 A란에 적으십시오. 이런식으로 B, C의 세로 점수를 각각 합하여 해당되는 합계 점수란에 적으십시오.
- 홈페이지(www.mindpress.co.kr)에서 제공되는 자동채점프로그램을 사용하여 합계 점수를 입력하면 결과를 출력할 수 있습니다.

문항	A	B	C	응답란				
1.	2			1	2✓	3	4	5
2.		4		1	2	3	4✓	5
3.	2			1	2✓	3	4	5
4.			5	5✓	4	3	2	1
5.	4			5	4✓	3	2	1
6.	2			1	2✓	3	4	5
7.		3		5	4	3✓	2	1
8.			4	5	4✓	3	2	1
9.	2			1	2✓	3	4	5
10.	3			1	2	3✓	4	5
11.	2			1	2✓	3	4	5
12.	2			1	2✓	3	4	5
13.		1		1✓	2	3	4	5
14.	1			1✓	2	3	4	5
15.	2			1	2✓	3	4	5
16.		3		5	4	3✓	2	1
17.			3	5	4	3✓	2	1
18.		2		1	2✓	3	4	5
19.	3			1	2	3✓	4	5
20.	2			1	2✓	3	4	5
21.			3	5	4	3✓	2	1
합계 점수	27	13	15					

[그림 6-3] CS4-K 검사 실시에 따른 표기(검사지, 채점지)

출처: 마인드프레스 홈페이지(www.mindpress.co.kr).

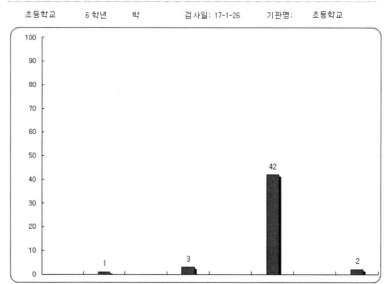

Korean Children's Self-Report Social Skills Scale:CS4-K

한국판 아동 사회성기술척도

학교명   초등학교
학년 6
이름 박
검사일 2017-01-26
ADHD입니까? 2   (1=예, 2=아니오)
검사자
기관명   초등학교

합계 점수 A   27
합계 점수 B   13
합계 점수 C   15

> 검사지에 있는 합계 점수를 적으시면 됩니다.

Korean Children's Self-Report Social Skills Scale:CS4-K

한국판 아동 사회성기술척도 프로파일
김용석·홍지영 교수

초등학교   6 학년   박   검사일: 17-1-26   기관명: 초등학교

하위척도	사회규범	호감도	사회적 미숙	전체
원점수	27	13	15	55
백분위	1	3	42	2
판 단	낮음	낮음	보통	낮음

전체 사회성 기술
학교생활과 또래관계 등에서의 다양한 사회성 기술을 측정한 결과 이 아동의 전체 사회성 기술은 낮은 편입니다.

사회규범(Social Rules)

이 척도는 아동이 학교생활이나 또래관계에 잘 적응하기 위해 필요한 행동을 사회적으로 용인되는 규범 내에서 적절히 수행하고 있는지를 평가합니다. 이 아동의 사회규범성은 낮은 편입니다. 사회적 규칙을 잘 준수하지 않을 수 있으며 이로 인해 문제 행동을 일으킬 가능성이 있는 것으로 보이며, 대인관계에서도 사교적이지 못하며 학교 부적응을 가져올 수 있습니다.

[그림 6-4] CS4-K 검사 결과 예시

출처: 마인드프레스 홈페이지(www.mindpress.co.kr).

4. Matson 사회기술 평가(MESSY)

　Matson 사회기술 평가(Matson Evaluation of Social Skills with Youngsters: MESSY)는 사회관계에서의 유능성(사회적 능력)을 평가하기 위하여 1983년 Matson, Rotatori와 Helsel 등이 개발한 교사 또는 부모용 검사도구로, 우리나라에서는 박난숙, 오경자(1992)가 번안하였다.

1) 목적 및 대상

　MESSY는 발달지체 아동 및 사춘기 아동의 사회적 능력을 평가하기 위하여 사용할 수 있다. 또한 사회적 능력이 결핍된 아동이 사회성 훈련 프로그램 참여 후 그 중재효과를 확인하기 위하여 사용할 수 있다. MESSY의 적용 대상은 만 4세부터 18세까지이다.

2) 구성 체계

　MESSY는 2개의 행동 영역에 걸쳐 64문항으로 되어 있다. 이를 구체적으로 제시하면 〈표 6-6〉과 같다.

<표 6-6> MESSY의 구성 체계

문항 내용	5점 척도				
	전혀 그렇지 않다	그렇지 않다	보통이다	그렇다	매우 그렇다
1. 다른 사람들을 웃긴다(농담이나 우스운 이야기를 한다).					
2. 사람들을 위협하거나 난폭한 사람 같이 행동한다.					
3. 쉽게 화를 낸다.					
4. 우두머리 기질이 있다(명령하기 좋아한다).					
5. 자주 불평을 한다.					

6. 다른 사람들이 말하고 있을 때 끼어들어서 말한다.				
7. 자신의 것이 아닌 물건들을 허락 없이 가지거나 사용한다.				
58. 필요 이상으로 설명을 한다.				
59. 새로 만난 사람들에게 친절하다.				
60. 자신이 원하는 것을 얻기 위해서 다른 사람에게 상처를 입힌다.				
61. 문제나 걱정거리에 대해 많이 이야기한다.				
62. 이기는 것만이 전부라고 생각한다.				
63. 다른 사람들을 놀리는 과정에서 상처를 입힌다.				
64. 자신에게 상처를 준 사람에게 보복하고 싶어 한다.				

3) 실시방법 및 채점

MESSY의 자기보고형 검사도구는 대상학생이 실시하며, 제3자 보고형 검사도구는 대상학생을 잘 아는 교사 또는 부모(주양육자)가 실시한다. 자기보고형, 제3자 보고형 모두 각각의 문항에 대해 5점 평정척도로 평정한다.

각각의 문항에 대하여 대상학생이 문항에 해당하는 행동을 매우 많이 보이면 '매우 그렇다', 행동을 보이면 '그렇다', 보통 수준이면 '보통이다', 행동을 자주 보이지 않으면 '그렇지 않다', 행동을 전혀 보이지 않으면 '전혀 그렇지 않다'에 응답한다.

MESSY는 적절한 사회적 행동과 부적절한 사회적 행동에 해당하는 문항을 따로 계산하여 점수를 활용하거나 전체 문항을 총합하여 점수를 활용할 수 있다. 2개 행동 영역의 점수를 따로 산출하는 경우에는 '매우 그렇다'를 5점, '그렇다'를 4점, '보통이다'를 3점, '그렇지 않다'를 2점, '전혀 그렇지 않다'를 1점으로 계산한다. 전체 문항의 점수를 총합하는 경우에는 부적절한 사회적 행동 문항에 대하여 '매우 그렇다'를 1점, '그렇다'를 2점, '보통이다'를 3점, '그렇지 않다'를 4점, '전혀 그렇지 않다'를 5점으로 계산한다.

4) 결과 및 해석

MESSY 결과는 전체 문항에 대한 총점과 각각의 행동 영역에 대한 점수를 산출하고 해석한다. 전체 문항 점수가 가능한 범위는 0점에서 320점이며, 적절한 사회적 행동 점수가 클수록 사회적 유능함을 나타내고, 부적절한 사회적 행동 점수가 클수록 사회적인 기술이 부족함을 나타낸다.

운동 및 시지각

❖ 이 성 용

운동 협응(motor coordination)은 효율적인 동작 패턴을 위해 개별 운동 시스템을 통합하는 능력이다. 운동 협응 능력은 신체와 사지 중추신경과 말초신경계 간의 지속적인 상호작용을 통해 나타난다. 그리고 시지각(visual perception)은 시자극을 조직하여 의미 있게 재해석하는 과정이다. 시지각 기술은 사물의 유사성과 차이성을 구별하는 시각 변별(visual discrimination), 불완전한 자극의 완전한 형태를 알아내는 시각 종결(visual closure), 복잡하고 혼란스러운 배경 속에 숨겨진 자극을 확인하는 전경-배경(figure-ground), 자극을 정확한 형태로 재생해 내는 시각 기억(visual memory) 등을 포함한다. 시지각의 장애는 사물의 인지, 공간에서 사물의 상호관계 인지 등에 어려움을 야기하거나 학습부진의 원인이 될 수 있다(국립특수교육원, 2009c).

이 장에서는 우리나라에서 많이 활용되고 있는 운동 및 시지각 관련 표준화 검사도구로서 한국판 아동 시지각발달검사(K-DTVP-3), 시각-운동통합검사 6판(VMI-6), 한국판 시지각기능검사(K-TVPS-R), 한국판 오세레츠키 운동능력검사를 제시하였다.

1. 한국판 아동 시지각발달검사(K-DTVP-3)

한국판 아동 시지각발달검사(Korean Developmental Test of Visual Perception-Third Edition: K-DTVP-3)은 시지각 능력과 시각-운동 능력을 측정하기 위해 2013년에 Hammill, Pearson과 Voress가 개발한 DTVP-3을 문수백(2016)이 우리나라에 맞게 표준화한 검사도구이다.

1) 목적 및 대상

K-DTVP-3은 학생의 시지각 또는 시각-운동 통합에 특별한 문제가 있는지 실제로 확인하거나 보다 심각한 문제가 있을 수 있는 학생을 찾아내 타 전문기관에 의뢰하고자 할 때에 사용할 수 있다. 검사의 적용 대상은 만 4세부터 12세까지이다.

2) 구성 체계

K-DTVP-3의 5개 하위검사(눈-손 협응 5문항, 따라 그리기 18문항, 도형-배경 23문항, 시각 통합 26문항, 형태 항상성 24문항)에 걸쳐 총 96문항으로 되어 있다. 이를 제시하면 〈표 7-1〉과 같다.

<표 7-1> K-DTVP-3의 구성 체계

종합척도	운동개입 정도	하위검사	문항수
1. 시각-운동 통합 (Visual-Motor Integration: VMI)	운동개입 강화	1. 눈-손 협응(EH)	
		2. 따라 그리기(CO)	
2. 운동축소-시지각 (Motor Reduced Visual Perception: MRVP)	운동개입 최소화	3. 도형-배경(FG)	
		4. 시각 통합(VC)	
		5. 형태 항상성(FC)	96
3. 일반시지각 (General Visual Perception: GVP)	운동개입 강화	1. 눈-손 협응(EH)	
		2. 따라 그리기(CO)	
	운동개입 최소화	3. 도형-배경(FG)	
		4. 시각 통합(VC)	
		5. 형태 항상성(FC)	

3) 실시방법 및 채점

K-DTVP-3은 피검자의 연령과 관계없이 모든 하위검사에서 문항 1번부터 시작한다. 하위검사는 눈-손 협응, 따라 그리기, 도형-배경, 시각 통합, 형태 항상성 순으로 실시한다. 중단 규칙은 다음과 같다. 첫째, '하위검사 1: 눈-손 협응'의 경우 마지막 문항까지 중단 조건 없이 끝까지 실시한다. 둘째, '하위검사 1: 눈-손 협응'을 제외한 나머지 4개의 하위검사에서는 연속적으로 3개 문항에서 0점을 받을 경우 해당 하위검사의 실시를 중단한다. 만약 실수로 중단점을 넘어서 검사를 실시하게 된 경우, 피검자가 중단점 이후의 문항에서 정답반응을 한 경우라도 오답으로 간주하고 0점으로 처리한다. 검사 소요시간은 약 20~40분 정도이다.

4) 결과 및 해석

K-DTVP-3은 원점수를 바탕으로 규준점수를 산출하며, 규준점수를 활용해 표준점수와 백분위를 확인한다. 검사 결과를 학부모나 다른 전문가들에게 보고할 경우 연령 규준점수보다 표준점수와 백분위를 활용하는 것이 좋다. K-DTVP-3는 이전의 K-DTVP-2(문수백, 여광응, 조용태, 2003)와 달리 인싸이트 홈페이지(http://inpsyt.co.kr/)에서 채점 결과에 대한 분석 자료를 제공하고 있다.

하위검사별 척도점수는 각 하위검사의 원점수를 평균 10, 표준편차 3인 분포 하위 점수로 변환한 점수다. 종합척도지수는 VMI, MRVP, GVP의 3개 척도점수를 합산한 다음, 평균 100, 표준편차 15인 표준점수로 변환한 점수이다. 각 하위검사의 척도점수와 표준점수의 서술적 지침을 제시하면 〈표 7-2〉와 같다.

〈표 7-2〉 **척도점수 및 표준점수의 서술적 지침**

척도점수	표준점수	기술 평정	백분율
17~20	>130	매우 우수	2.34
15~16	121~130	우수	6.87
13~14	111~120	평균상	16.12
8~12	90~110	평균	49.51
6~7	80~89	평균하	16.12
4~5	70~79	낮음	6.87
1~3	<70	매우 낮음	2.34

K-DTVP-3의 온라인 검사 결과를 예를 들어 제시하면 [그림 7-1]과 같다. 온라인 검사 결과(총 11쪽)는 매우 자세히 제시되었고, 척도에 대한 설명도 포함하고 있다. 뿐만 아니라 하위검사 영역별로도 결과 해석을 제공하고 있다.

K-DTVP-3 Interpretive Report

2017/03/03   Page 2   홍길동   남자   만 09세11개월

종합척도지수 (일반시지각 지수 : GVP)

종합척도	척도점수의 합	지수 M=100, SD=15	백분위	신뢰구간 95%	수준
일반시지각 지수 GVP	37	84	15	78 ~ 90	평균 이하

종합척도 프로파일

일반시지각 지수(GVP)

	Very Low		Low		Average		High		Very High	
40	55	70	85	100	115	130	145	160

홍길동의 일반시지각 지수(GVP)가 84인 것으로 나타났다.

일반시지각 종합척도에서 측정된 홍길동의 시지각 능력은 같은 또래 연령집단 아동들의 시지각 능력과 비교해볼 때, 백분위가 15(으)로써 전체 아동의 15%가 홍길동보다 낮은 시지각 능력을 지니고 있음을 보여주고 있다.

일반시지각 종합척도에서 홍길동의 시지각 지수가 84인 것으로 나타났지만 이 종합척도가 시지각 능력을 측정하는 과정에서 범할 수 있는 측정의 오차를 고려할 경우,
일반시지각 종합척도에 의해 측정하고자 하는 홍길동의 실제 시지각 능력은 78 ~ 90구간에 있을 것으로 추론되며,
이 78 ~ 90구간이 홍길동의 실제 시지각 능력을 포함하고 있을 확률은 95% 정도되는 것으로 확신할 수 있다.

척도설명

일반시지각 지수(GVP)는 운동개입이 뚜렷한 시지각(VMI:Visual-Motor Integration)과 운동개입이 최소화된 시지각(MRVP:Motor Reduced Visual Perception)을 포함한 일반 시지각 능력을 나타낸다.

[그림 7-1] K-DTVP-3 온라인 채점 결과보고서 예시

출처: 인싸이트 홈페이지(http://inpsyt.co.kr/).

2. 시각-운동통합검사 6판(VMI-6)

시각-운동통합검사(Beery-Buktenica Developmental Test of Visual-Motor Integration, Sixth Edition: VMI-6)는 시각-운동 협응 능력을 측정하기 위한 도구로 2010년에 Berry와 Berry가 개발한 VMI-6를 황순택, 김지혜, 홍상황(2016)이 우리나라에서 표준화한 검사도구이다.

1) 목적 및 대상

VMI-6는 학생의 시각-운동 통합 능력과 운동협응 능력, 시지각 능력 또는 운동능력을 확인하고, 교육적·의학적·심리학적으로 개입하고자 할 때 사용할 수 있다. 검사의 적용 대상은 만 2세부터 90세까지다.

2) 구성 체계

VMI-6는 3개의 검사 영역(시각-운동 통합 검사, 시지각 보충검사, 운동협응 보충검사)에 걸쳐 총 90문항으로 되어 있다. 이를 제시하면 〈표 7-3〉과 같다.

<표 7-3> VMI-6의 구성 체계

검사 구성	측정 내용	문항수	총 문항수
1. 시각-운동 통합검사 (Visual-Motor Integration)	감각입력과 운동 활동을 통합하는 능력	30	90
2. 시지각 보충검사 (Visual Perception)	시각 자극을 선행경험과 관련시켜 인식, 변별, 해석하는 능력	30	
3. 운동협응 보충검사 (Motor Coordination)	쓰기에 쓰이는 소근육군의 지속적 협응 능력	30	

3) 실시방법 및 채점

VMI-6는 검사자의 지시와 피검자의 수행으로 이루어지며 번호 순서대로 문항 과제를 준다. 다만, 시각-운동 통합 검사의 경우 문항 7번(수직선 모사)에서부터 모사 과제가 시작되며, 문항 1~6번은 기능 수준이 모사 단계에 미치지 못하는 피검자들을 대상으로 실시한다. 검사의 종료는 시각-운동 통합 검사의 경우 5문항 연속 실패할 때이며, 나머지 두 검사는 종료 없이 끝까지 실시한다. 3개의 검사를 모두 수행하는 데 소요되는 시간은 약 15~25분 정도이다.

채점 방식은 각 하위검사의 모든 문항을 득점(1) 또는 무득점(0)으로 채점한다. 각 문항에서의 성공/실패 여부는 검사에서 제시하는 득점 기준을 엄격하게 적용하여 판단한다. 그런 다음 각 하위영역마다 총점(원점수)을 기록한다.

4) 결과 및 해석

VMI-6는 원점수를 바탕으로 평균 100, 표준편차 15의 분포로 전환된 해당 연령집단 규준에 의거해 산출된 값인 표준점수를 산출하며, 표준검사의 기술적 범주는 보호자, 교사 등과 소통하는 데 활용될 수 있다. 이를 제시하면 〈표 7-4〉와 같다.

〈표 7-4〉 VMI, VP, MC의 표준점수에 대한 기술적 범주

표준점수	표준편차	기술적 범주	백분위 범위
131 이상	2.0 이상	높음	98%ile 이상
116~130	1.0~2.0	약간 높음	84~97%ile
86~115	−1.0~1.0	평균	18~83%ile
71~85	−2.0~1.0	약간 낮음	3~17%ile
70 이하	−2.0 이하	낮음	2%ile 이하

VMI-6는 검사자의 편의를 위해 한국심리주식회사 홈페이지(www.koreapsy.co.kr)에서 원점수를 입력하면 표준점수, 백분위점수 등을 자동으로 산출할 수 있게 하였다. VMI-6의 온라인 검사 결과를 예를 들어 제시하면 [그림 7-2]와 같다.

[그림 7-2]에서 제시된 VMI-6의 검사 결과를 간략하게 해석하면 다음과 같다. 대상학생은 표준점수에서 VMI 103점, 시지각 105점, 운동협응 101점으로 평균 수준을 보였다. 백분위점수에서도 VMI 58%ile, 시지각 63%ile, 운동협응 53%ile로 중간 수준을 보였다. 등가연령에 있어서는 현재 생활연령(CA)과 비교했을 때 2~4개월 빠른 시지각 및 운동 통합 수준을 보였다. 종합해 보면 대상학생은 평균의 시각-운동 통합 능력을 보이고 있다고 볼 수 있다.

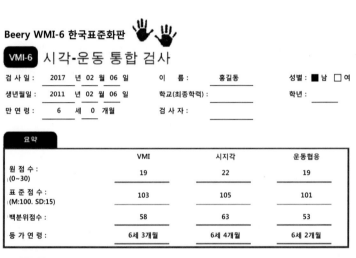

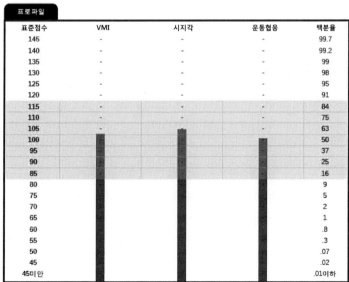

[그림 7-2] VMI-6 온라인 채점 결과

출처: 한국심리주식회사 홈페이지(http://www.koreapsy.co.kr/).

3. 한국판 시지각기능검사(K-TVPS-R)

한국판 시지각기능검사[Korean-Test of Visual Perceptual Skill(non-motor)-Revised: K-TVPS-R]는 시지각을 측정하기 위해 1996년에 Gardner가 개발한 TVPS-R을 김정민, 강태옥, 남궁지영(2007)이 우리나라에서 표준화한 검사도구이다.

1) 목적 및 대상

K-TVPS-R은 운동이 포함되지 않은 시지각 검사를 통해 피검자의 시지각적인 강점과 약점을 파악하는 데 사용할 수 있다. 검사의 적용 대상은 만 4세부터 12세까지이다.

2) 구성 체계

K-TVPS-R은 일곱 가지 시지각 기능(시각변별, 시각기억, 공간관계, 형태 항상성, 순차기억, 도형배경, 시각 통합)에 걸쳐 총 112문항으로 구성되어 있다. 이를 제시하면 〈표 7-5〉와 같다.

<표 7-5> K-TVPS-R의 구성 체계

검사 구성	측정 내용	문항수	총 문항수
1. 시각변별(Visual Discrimination)	비슷한 도형들 가운데서 똑같은 두 도형을 찾아낼 수 있는 능력	16	112
2. 시각기억 (Visual Memory)	주어진 형태의 모든 특성을 즉각적으로 회상(4~5초 후)하기 위해 기억하는 능력, 그리고 비슷한 도형들 중에서 이 형태를 찾아낼 수 있는 능력	16	
3. 공간관계 (Visual Spatial-Relationships)	같은 모양의 5개 형태 가운데서 방향이 달라진 것을 찾아내는 능력	16	

4. 형태 항상성 (Visual Form- Constancy)	다른 크기(커지거나 혹은 작아지거나) 일지라도 형태를 보고 찾아내는 능력, 그리고 회전되거나 반전되고 혹은 다른 형태들 가운데 숨어 있더라도 형태를 찾아내는 능력	16
5. 순차기억 (Visual Sequential Memory)	4개의 다른 형태 시리즈 중에서 어떤 형태의 시리즈를 즉각적으로 회상(4~5초)하기 위해 기억할 수 있는 능력	16
6. 도형배경(Visual Figure-Ground)	시각적으로 형태를 인식하고 밀집된 배경 안에 숨겨진 형태를 찾아내는 능력	16
7. 시각 통합 (Visual Closure)	4개의 불완전한 도형으로부터 완전한 형태가 되었을 때 똑같아지는 도형을 찾아내는 능력	16

3) 실시방법 및 채점

K-TVPS-R은 검사자의 지시와 피검자의 수행으로 이루어지며 번호 순서대로 문항 과제를 준다. 검사의 종료는 하위영역이 사지선다형(순차기억, 도형배경, 시각 통합)이면 3문제를 연속으로 틀릴 때, 오지선다형(시각변별, 시각기억, 공간관계, 형태 항상성)이면 4문제를 연속으로 틀릴 때이다. 검사 소요시간은 약 9~25분 정도이다.

채점 방식은 각 하위검사의 모든 문항을 득점(1) 또는 무득점(0)으로 채점하며, 각 하위영역마다 총점(원점수)을 기록한다.

4) 결과 및 해석

K-TVPS-R은 원점수를 바탕으로 표준점수(평균 100), 변환점수(평균 10), 전체 검사에 대한 시지각 지수를 산출한다. 백분위점수는 각 연령 및 시지각 지수 규준표에서 확인할 수 있으며, 평균 백분위는 50이고 이것은 평균적인 수행을 나타낸다. 또한 시지각 능력 연령 규준표를 통해 학생의 생활연령과 시지각 수행 연령을 비교할 수 있다. K-TVPS-R의 검사 결과 예시를 제시하면 [그림 7-3]과 같다.

의뢰인 : 담임 선생님
의뢰사유 : 시각적으로 제시되는 자료 기억의 어려움
피검자의 행동 기술 : 위축됨, 자신감 부족

한국판 시지각 기능 검사 분석표(변환 점수)

시각변별	시각기억	공간관계	형태항상성	순차기억	도형배경	시각통합
19	19	19	19	19	19	19
18	18	18	18	18	18	18
17	17	17	17	17	17	17
16	16	16	16	16	16	16
15	15	15	15	15	15	15
14	14	14	14	14	14	14
13	13	13	13	13	13	13
12	12	12	12	12	12	12
11	11	11	11	11	11	11
10	10	10	10	10	10	10
9	9	9	9	9	9	9
8	8	8	8	8	8	8
7	7	7	7	7	7	7
6	6	6	6	6	6	6
5	5	5	5	5	5	5
4	4	4	4	4	4	4
3	3	3	3	3	3	3
2	2	2	2	2	2	2
1	1	1	1	1	1	1

변환점수를 이용하여 피검자의 시지각 기능을 기록할 때 사용하세요.

한국판 시지각 기능 검사(K-TVPS-R)

/개인 기록 용지/

이름 : 홍 길동 성별 : 남 학년 : 1
학교 : 한국 초등학교 검사자 : 김 정민

검 사 일 : 2006년 3 월 20일
생년월일 : 1999 년 7 월 14 일
생활연령 : 6 년 9 8 월 16 일*

* 만약 일(日)의 수가 15를 넘는다면 한 달로 간주해서 1개월을 더합니다.

검사결과 :	원점수	시지각 연령	표준 점수	변환 점수	T-점수	백분위 점수	스태나인
시각변별	9	5.10	94	9	46	57	4
시각기억	7	5.0	84	7	39	43	3
공간관계	9	5.6	90	8	43	53	4
형태항상성	9	7.3	111	12	58	68	7
순차기억	5	6.0	93	9	45	34	4
도형배경	10	6.6	105	11	53	63	6
시각통합	10	8.6	117	13	61	66	7

변환점수 합 69 백분위: 49
시지각지수 99 시지각 연령 중앙값: 6.0

[그림 7-3] K-TVPS-R의 검사 결과 예시

출처: 김정민, 강태옥, 남궁지영(2007).

K-TVPS-R의 검사 결과를 간략하게 해석하면 다음과 같다. 대상학생은 백분위 49, 시지각지수 99, 시지각 연령 6.0세로 전반적으로 평균적인 시지각 기능을 보이는 것으로 나타났다. 다만, 검사 결과와 의뢰사유에서 볼 수 있듯 시각기억에는 다소 어려움이 있으므로 이를 증진시키는 훈련이 필요할 것으로 사료된다.

4. 한국판 오세레츠키 운동능력검사

한국판 오세레츠키 운동능력검사는 나이에 따라 성장하는 운동능력의 성숙도를 측정하기 위해 만들어졌다. 이 검사는 1923년에 소련의 Oserestky가 개발한 검사를 1946년에 미국의 Doll이 영문으로 번역하였고, 이를 우리나라의 김정권, 권기덕, 최영하(1987)가 번역해 제작한 검사도구이다.

1) 목적 및 대상

한국판 오세레츠키 운동능력검사는 학생의 운동기능을 평가하고 운동훈련 프로그램을 개발하고 평가하는 데 활용할 수 있으며, 운동기능장애와 발달지체를 평가하는 도구로 사용할 수 있다. 검사의 적용 대상은 만 4세부터 16세까지이다.

2) 구성 체계

한국판 오세레츠키 운동능력검사는 6개의 영역(일반적 정적 협응검사, 손동작 협응검사, 일반동작 협응검사, 운동속도검사, 동시적 자발동작검사, 단일동작 수행능력검사)에 걸쳐 총 60문항으로 되어 있다. 이를 제시하면 〈표 7-6〉과 같다.

<표 7-6> **한국판 오세레츠키 운동능력검사의 구성 체계**

영역	연령별 문항수										문항수	총 문항수
	4세	5세	6세	7세	8세	9세	10세	11~12세	13~14세	15~16세		
일반적 정적 협응검사	1	1	1	1	1	1	1	1	1	1	10	60
손동작 협응검사	1	1	1	1	1	1	1	1	1	1	10	
일반동작 협응검사	1	1	1	1	1	1	1	1	1	1	10	
운동속도검사	1	1	1	1	1	1	1	1	1	1	10	
동시적 자발동작검사	1	1	1	1	1	1	1	1	1	1	10	
단일동작 수행능력검사	1	1	1	1	1	1	1	1	1	1	10	

3) 실시방법 및 채점

한국판 오세레츠키 운동능력검사는 피검자에게 직접 실시한다. 피검자가 그의 나이에 해당되는 검사의 수행이 불가능하거나 두 항목 이상 할 수 없었을 때 검사자는 즉시 피검자의 연령 수준보다 단계가 낮은 검사로 내려가서 실시한다. 검사가 성공적으로 끝났을 때는 '+'를, 실패로 끝났을 때는 '−'를 채점표에 기록한다. 피검자의 나이에 해당되는 검사를 성공적으로 통과했을 때는 그 연령 수준보다 한 단계 높은 검사를 실시하며 한 연령집단의 모든 검사를 실패할 때까지(6개 문항을 모두 실패하는 연령 수준까지) 계속한다.

4) 결과 및 해석

한국판 오세레츠키 운동능력검사 결과, 1년 내지 1년 반이 뒤떨어지면 '가벼운 운동지체'가 있고, 1년 반에서 3년의 차이가 나도록 뒤떨어지면 '보통의 운동지체'가 있으며, 3년 내지 5년이 뒤떨어지면 '심각한 운동지체'이며 이에 대해서는 특별한 조치를 취해야 한다. 생활연령에서 5년 이상 뒤떨어질 때에는 운동능력에 있어 '장애'[1]라고 볼 수 있다. 검사 결과의 예시를 제시하면 [그림 7-4]와 같다.

---

[1] 검사 요강(매뉴얼)에는 '백치'라고 하고 있으나 이 용어는 현재 사용하지 않고 부정적인 의미를 지니고 있으므로 집필진은 '장애'로 대체해 기술하였다.

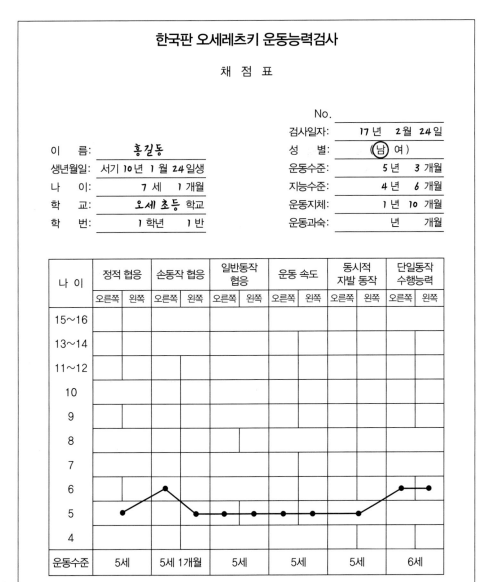

[그림 7-4] 한국판 오세레츠키 운동능력검사 결과 예시

　한국판 오세레츠키 운동능력검사의 검사 결과를 간략하게 해석하면 다음과 같다. 대상학생은 5년 3개월의 운동 수준을 보이고 있으며, 생활연령(CA)과 비교했을 때 운동이 1년 10개월 지체된 것으로 나타났다. 본 검사의 판별 준거로 살펴보았을 때 '보통의 운동지체'가 있으므로 별도의 특수교육과 운동능력 증진을 위한 훈련 등이 필요할 것으로 사료된다.

제 **8** 장

학습능력

❖ 김 려 원

학습능력은 학습자가 학습한 내용을 보다 쉽게 이해하고 익히도록 도와주는 능력으로 학습을 정상적으로 수행하도록 한다. 이러한 학습능력 요소는 일반적으로 언어능력, 수학적 능력, 정보처리 능력, 의사소통능력, 주의집중력, 기억력, 이해력, 논리력, 추리력, 자료 분석력 등 다양한 능력으로 구성된다. 이 밖에 좀 더 성공적인 학습 수행을 위한 요소로 학습 의욕이나 동기 등이 포함된다(김진선, 심준영, 2015).

이러한 학습능력에서 정규 학교교육기간 중 지속적으로 어려움을 경험할 경우 정상적 형태의 학업기술을 습득하지 못하게 된다. 그러나 이러한 학습능력은 단순히 학습기회의 부족이나 부적합한 교육에 따른 결과가 아니며, 학업기술 습득의 어려움에서 기인하는 것이다. 학습의 어려움은 관찰 및 묘사 가능한 행동과 증상으로 나타나게 된다. 학령기 아동이나 취학 전 아동의 학습 관련 검사는 읽기, 쓰기, 수학 등의 학습영역에서 전반적 혹은 부분적으로 학업능력을 측정한다.

이 장에서는 학습능력을 측정하고 검사할 수 있는 현장에서 주로 사용되고 있는 측정도구인 기초학습기능검사, 기초학력검사(KISE-BAAT), 기초학습능력검사(NISE-BACT), 기초학습기능 수행평가체제(BASA) 읽기 · 쓰기 · 수학 검사를 중심으로 제시하였다.

1. 기초학습기능검사

기초학습기능검사(Individual Basic Learning Skills Test)는 개인용 표준화 검사로서, 학생의 학습 수준이 정상 수준에서 어느 정도 떨어지는가를 알아보거나 학습집단 배치에서 어느 정도 수준의 학생집단에 들어가야 하는가를 파악할 수 있도록 고안된 검사이다. 윤점룡, 박경숙, 박효정(1989)이 개발한 학력검사로 언어 기능, 수 기능 및 정보처리 기능이 복합된 검사도구이다.

1) 목적 및 대상

기초학습기능검사는 학생의 기초학습기능의 학년 수준 및 연령 수준을 파악하기 위한 검사로 만 5세부터 12세 11개월까지의 학생을 대상으로 한다. 능력이 부족한 장애학생뿐만 아니라 일반학생의 경우도 학력 수준을 평가할 수 있다.

2) 구성 체계

기초학습기능검사는 세 가지 영역(정보처리 기능, 언어 기능, 수 기능)으로 총 270문항
이다. 각 영역별 측정요소 및 소검사는 〈표 8-1〉과 같다.

〈표 8-1〉 **기초학습기능검사의 구성 체계**

영역	소검사	측정요소	검사순	문항수	총 문항수
정보처리 기능	정보처리	관찰능력	1	60	270
		조직능력			
		관계능력			
수 기능	셈하기	기초개념 이해능력	2	60	
		계산능력			
		문제해결능력			
언어 기능	읽기 I	문자와 낱말의 재인능력	3	50	
		독해능력	4	50	
		철자의 재인능력	5	50	

출처: 박경숙, 윤점룡, 박효정(1989).

3) 실시방법 및 채점

기초학습기능검사의 각 소검사는 학생의 학년에 따라 다르다. 시작점 문항에서
실시하여 3문항을 모두 맞추지 못하면 시작점 바로 이전 문항에서 거꾸로 실시하
여 3문항을 연속으로 맞출 때까지 실시한다. 3문항을 연속으로 맞추었을 때는 그
이전의 쉬운 문항들은 맞춘 것으로 간주하고, 다시 시작점 문항 뒤로 돌아가서 계
속 실시한다. 정보처리, 셈하기, 읽기(Ⅰ,Ⅱ) 소검사는 시작점 문항부터 계속해서
5문항을 틀리면 검사를 중지하나, 쓰기(철자의 재인능력)검사는 7개 문항을 틀
리면 검사를 중지한다. 이 검사는 시간 제한이 없는 능력 검사이므로 피검사자가
충분히 생각해서 대답할 수 있도록 하되 셈하기 검사의 경우 약 30초, 다른 소검

사들은 15초 정도가 적당하다. 총 소요시간은 40~60분 정도이다. 이를 정리하여 각 소검사 실시와 채점방법을 제시하면 〈표 8-2〉와 같다.

〈표 8-2〉 각 소검사의 실시와 채점방법

구분		정보처리	셈하기	읽기 I (문자와 낱말의 재연)	읽기 II (독해력)	쓰기
시작	시작점 문항	유치원: 1번 초 1~2: 5번 초 3~4: 10번 초 5~6: 15번	유치원: 1번 초 1~2: 7번 초 3~4: 14번 초 5~6: 21번	유치원: 1번 초 1~2: 6번 초 3~4: 13번 초 5~6: 20번	전 학년 모두 연습문제 실시 후 1번 문항부터 시작	유치원: 1번 초 1~2: 6번 초 3~6: 9번
	방법	시작점 문항부터 실시하며 3문항을 모두 맞추지 못하면, 시작점 바로 이전 문항에서 거꾸로 실시하여 3문항을 연속으로 맞출 때까지 실시한다. 3문항을 연속으로 다 맞추면 다시 시작점 문항으로 가서 계속 실시한다.				정보처리, 셈하기, 읽기 I 과 같은 방법으로 실시한다.
중지		시작점 문항부터 계속해서 5문항 틀리면 검사 중지			계속해서 5문항 틀리면 중지	정보처리와 동일
지시		구체적인 〈지시〉에 관한 내용은 검사 실시요강 19~26쪽 참조				
채점		검사 기록 용지에 피검사자가 대답한 문항 번호를 그대로 기입한 후 정답지를 참고하여 채점		피검사자가 읽은 낱말을 듣고 맞게 읽었으면 ○, 틀리면 × 표시	피검사자가 대답한 문장 번호 기입 후 정답지 참고하여 채점	정보처리, 셈하기와 동일

4) 결과 및 해석

기초학습기능검사는 검사 실시 결과 얻은 원점수를 의미 있게 해석하기 위하여 학년 규준(grade equivalents), 연령 규준(age equivalents)과 학년 및 연령별 검사 백분위의 세 가지 유형의 유동점수(derived score)를 산출한다. 이러한 점수들은 각 소검사 및 전체검사로 제시된다. 다음에 제시하는 사례는 초등학교 3학년(만 8세)

여학생으로 김영희가 받은 검사 점수 결과를 토대로 학년규준과 백분위를 해석하고자 한다([그림 8-1] 참조). 김영희의 IQ가 90이고, 생활연령이 8세 1개월이므로 개월로 바꾸면 97개월이 된다. 그러므로 이 아동의 정신연령은 지능지수/100× 생활연령(개월로 표시)으로 계산하면 87개월(7년 3개월)이 된다. 조정된 정신연령을 통해 이 학생은 7년 3개월이 나왔으므로 2학년 또는 1학년 수준부터 검사를 시작해야 한다는 것을 알 수 있다. 3학년인 김영희의 학년규준 합계는 2학년 5개월의 학년 배치 수준이 나왔으며, 각 소검사별로 백분위를 살펴보았을 때 모든 검사의 백분위가 50% 미만으로 중간능력보다 하위에 있음을 나타낸다. 특히 김영희는 3학년임에도 셈하기 원점수가 17점으로 백분위 6%에 해당되어 상당히 낮음을 보여 특별한 교육이 필요한 것으로 보인다.

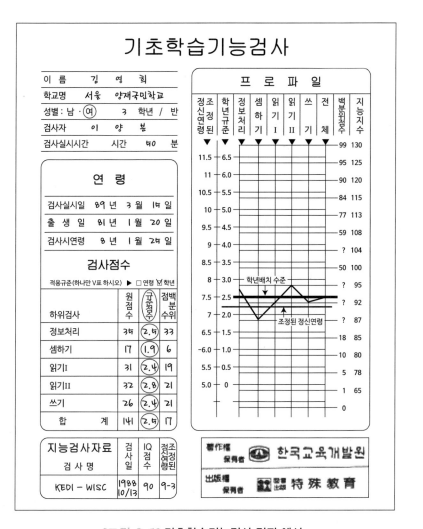

[그림 8-1] 기초학습기능검사 결과 예시

출처: 윤점룡, 박경숙, 박효정(2001). 기초학습기능검사 실시요강, p.39.

2. 기초학력검사(KISE-BAAT)

기초학력검사(Korea Institute for Special Education-Basic Academic Achievement Test: KISE-BAAT)는 박경숙, 김계옥, 송영준, 정동영, 정인숙(2005)이 기초학력을 측정하기 위해 개발한 검사이다. 2016년 국립특수교육원의 기관 영문명칭(National Institute for Special Education: NISE) 변경으로 NISE-BAAT와 혼용되어 사용되고 있다.

1) 목적 및 대상

KISE-BAAT는 읽기, 쓰기, 수학의 세 영역에서의 학생의 기초학력을 측정하기 위한 검사로 만 5세부터 14세까지의 학생을 대상으로 한다.

2) 구성 체계

KISE-BAAT는 세 가지 소검사(읽기, 쓰기, 수학)로 총 480문항의 가형과 나형의 동형검사로 이루어져 있다. 구성내용을 요약하면 〈표 8-3〉과 같다.

<표 8-3> KISE-BAAT의 구성 체계

읽기		문항수	쓰기	문항수	수학		문항수
선수기능		15	선수기능	20	수	범 자연수	24
음독능력		25				분수와 소수	12
						비와 백분율	7
독해능력	낱말이해	20	표기능력	20	도형	도형	24
	문장완성	10			연산	덧셈, 뺄셈, 곱셈, 나눗셈, 암산	94
	어휘선택	10	어휘구사력	20	측정	측정, 시간과 화폐, 어림	60
	어휘배열	10	문장구사력	20	확률과 통계	확률과 통계	18
	짧은글 이해	30	글 구성력	20	문제해결	문제해결	21
총 문항수		120		100	260		
			480				

3) 실시방법 및 채점

KISE-BAAT는 한 번의 회기(session) 내에 검사 전체를 시행해야 한다. 1개의 소검사를 시행하는 데 60~90분이 소요되며 검사 순서는 구성영역 순으로 실시한다. 단, 순서대로 실시하는 것이 어려울 경우 검사의 순서를 바꿔 실시할 수 있으나 피검사자의 부적절한 동기나 피로의 누적 등으로 인해 한 번의 회기 내에 검사 전체를 시행하기 어려운 경우에는 평가 영역별로 검사를 분리해서 시행해도 된다. 그렇지만 첫 번째 검사와 두 번째 검사의 간격이 일주일 이상이어서는 안 된다. 5~6세의 어린 학생과 특수학생의 경우에는 언제나 모든 검사 영역에서 1번 문항부터 실시하며 4학년 이상의 학생은 KISE-BAAT(읽기)와 KISE-BAAT(쓰기)에서 선수기능검사는 생략한다(시작문항 이전에 위치한 선수기능검사의 원점수는 합산에 포함). KISE-BAAT는 연속해서 한 검사 영역에서 5문항에 대해 정답을 제시하지 못하면 해당 검사 영역을 중단하고 다음 검사 영역을 실시한다.

4) 결과 및 해석

KISE-BAAT는 소검사별로 백분위점수, 학력지수(평균 100, 표준편차 15일 표준점수), 학년 수준을 제공한다. 학년에 상관없이 환산점수의 합에 해당되는 학력지수는 〈표 8-4〉에 의해 분류, 제공된다. BAAT의 검사 결과로 학습장애를 진단할 때에는 학력지수나 학년규준점수 둘 중에서 어느 한 점수가 -2표준편차 이하이거나 2년 이상 지체된 것으로 나타났을 때 학습장애로 진단한다. [그림 8-2]는 김석동의 학년규준 프로파일을 작성한 사례이다. 김석동을 대상으로 한 검사 결과를 살펴보면, 김석동의 읽기, 수학 학력지수는 평균 이하이며, 특히 수학 학력지수는 읽기와 쓰기 학력지수보다 낮게 나타났다.

〈표 8-4〉 **학력지수 분류**

지수	분류	포함비율(%)
130 이상	최우수	2.2
120~129	우수	6.7
110~119	평균상	16.1
90~109	평균	50
80~89	평균하	16.1
70~79	지체	6.7
69 이하	심한 지체	2.2

국립특수교육원 기초학력검사

KISE-BAAT(읽기), (쓰기), (수학)
Korea Institute for Special Education-Basic Academic Achievement Tests(Reading), (Writing), (Math)

이 름	김석동	성 별	남
생년월일		(만 10세 6개월)	
학 교	방상초등학교	학 년	5
주 소	인천광역시 남구 주월동 33-33번지		

구 분	읽기	쓰기	수학
학력지수	(85) 85	(48) 98	(37) 80
학년규준	3.8	4.8	2.8
검사일	년 월 일	년 월 일	년 월 일
검사자			

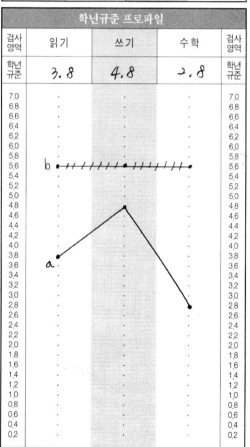

[그림 8-2] 김석동의 KISE-BAAT 검사 결과 예시

출처: 박경숙, 김계옥, 송영준, 정동영, 정인숙(2005).

　　김석동의 학년규준점수는 읽기 3.8학년, 쓰기 4.8학년, 수학 2.8학년이다. [그림 8-2]에 의하면 기초학력은 현재 학년인 5, 6학년보다 읽기 기초학력이 1.8학년, 쓰기 기초학력이 0.8학년, 수학 기초학력이 2.8학년 지체되어 있다. 본 검사의 판별 준거로 살펴보면, 김석동은 KISE-BAAT(수학)의 학년규준점수만 학습장애로 진단할 수 있다.

3. 기초학습능력검사(NISE-B · ACT)

　　기초학습능력검사(NISE-Basic Academic Comppetence Test: NISE-B · ACT)는 국립특수교육원에서 2015~2016년 이태수, 서선진, 나경은, 이준석, 김우리, 이동원, 오유정이 표준화 과정을 걸쳐 개발한 검사도구로 2018년 현장에 새롭게 보급될 예정이다. NISE-B · ACT는 기존의 국립특수교육원 기초학력검사(KISE-BAAT)를 개정한 것으로 학생들이 학습을 함에 있어 가장 기본적으로 필요로 하는 읽기, 쓰기, 수학 등의 기초학습기술(Basic Academic Skills) 사용 능력을 평가한다.

1) 목적 및 대상

　　NISE-B · ACT는 만 5~14세 학생을 대상으로 장애발생 고위험군 학생과 특수교육 대상학생을 진단 · 평가하기 위한 것이다.

2) 구성 체계

　　NISE-B · ACT는 세 영역(읽기, 쓰기, 수학) 총 444문항으로 구성되어 있다. 이를 요약하여 제시하면 〈표 8-5〉〈표 8-6〉〈표 8-7〉과 같다.

<표 8-5> 읽기 검사의 구성 및 내용

소검사	구인	실시학년	문항수	총 문항수
Ⅰ. 음운처리	1. 음절 합성	k~초1	8	
	2. 음절 탈락	k~초1	8	
	3. 음절 변별	k~초1	8	
	4. 음절 대치	k~초1	8	
	5. 음소 변별	k~초1	10	
	6. 빠른 자동 이름하기(사물, 색깔)	k~초1	2	
			합 44	
Ⅱ. 글자 · 단어 인지	1. 글자 인지	k~초2	20	
	2. 단어 인지(규칙단어, 불규칙단어)	k~초2	80	
			합 100	
Ⅲ. 유창성	2. 글 읽기 유창성 문학, 비문학(각각 지문 1개씩)	초2~초6	2	230
Ⅳ. 어휘	1. 단어 뜻하는 그림 찾기	초2~중3	9	
	2. 반대말	초2~중3	14	
	3. 비슷한 말	초2~중3	13	
	4. 유추	초2~중3	10	
	5. 빈칸 채우기	초2~중3	13	
			합 59	
Ⅴ. 읽기이해	1. 문장 이해	k~초2	10	
	2. 짧은 글 이해	초2~중3	7	
	3. 긴 글 이해	초3~중3	10	
			합 27	

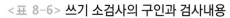

<표 8-6> 쓰기 소검사의 구인과 검사내용

소검사	구인	주요 내용	문항수	총 문항수
Ⅰ. 글씨 쓰기	1. 쓰기 준비도	선 따라 그리기/도형 똑같이 그리기/같은 글자 찾기/글자모양과 이름 알기/글자 및 낱말의 조성	7	68
	2. 글씨의 질	줄 · 칸에 대한 인식/글자의 모양/쓰기 속도	5	
			합 12	
Ⅱ. 철자하기	1. 받아쓰기	낱말/구/문장을 듣고 맞춤법에 맞게 쓰기	11	
	2. 옳은 철자 쓰기	• 맞춤법이 틀린 낱말 고치기 • 의미에 맞는 정확한 낱말 고르기	9	
	3. 기억해서 쓰기	낱말과 문장을 기억해서 쓰기	8	
			합 28	
Ⅲ. 글쓰기	1. 문장완성하기	• 문장카드 퍼즐 완성하기 • 문장에 어울리는 공통된 낱말 찾기 • 논리적 흐름에 맞게 연결되는 문장 쓰기	10	
	2. 문법지식	문장부호, 높임말, 문장성분, 교정부호, 외래어, 주어-서술어 호응	9	
	3. 짧은 글짓기, 이야기 구성하기	제시된 낱말로 짧은 글짓기하기	5	
	4. 쓰기 유창성	주어진 시간 내에 제시된 낱말로 문장 만들기	4	
			합 28	

<표 8-7> 수학 소검사의 구인과 검사내용

영역	구분		주요 내용	문항수
Ⅰ. 수와 연산	산술	기본수준	네 자리 이하의 수, 두 자릿수의 덧셈과 뺄셈, 곱셈구구	53
		중간수준	다섯 자리 이상의 수, 세 자릿수의 덧셈과 뺄셈, 곱셈, 나눗셈, 자연수의 혼합계산, 분수, 소수, 분수와 소수의 덧셈과 뺄셈	
		상위수준	약수와 배수, 분수의 덧셈과 뺄셈, 분수의 곱셈과 나눗셈, 소수의 곱셈과 나눗셈, 분수와 소수, 소인수분해	
	유창성		1. 덧셈, 뺄셈	30
			2. 곱셈, 나눗셈	22
				합 105
Ⅱ. 도형		기본수준	입체도형의 모양, 평면도형의 모양, 평면도형과 그 구성요소	170
		중간수준	도형의 기초, 평면도형의 이동, 원의 구성요소, 여러 가지 삼각형, 여러 가지 사각형, 다각형	16
		상위수준	합동과 대칭, 직육면체와 정육면체, 각기둥과 각뿔, 원기둥과 원뿔, 입체도형의 공간 감각	
Ⅲ. 측정		기본수준	양의 비교, 시각 읽기, 시각과 시간, 길이	20
		중간수준	시간, 길이, 들이, 무게, 각도, 어림하기(반올림, 올림, 버림), 수의 범위(이상, 이하, 초과, 미만)	
		상위수준	평면도형의 둘레와 넓이, 무게와 넓이의 여러 가지 단위, 원주율과 원의 넓이, 겉넓이와 부피	

IV. 규칙성	기본수준	규칙 찾기	15
	중간수준	규칙 찾기, 규칙과 대응	
	상위수준	비와 비율, 비례식과 비례배분, 정비례와 반비례, 문자의 사용과 식의 계산, 일차방정식, 좌표평면과 그래프, 일차함수와 그래프	
V. 자료와 가능성	기본수준	분류하기, 표 만들기, 그래프 그리기	14
	중간수준	자료의 정리, 막대그래프와 꺾은선 그래프	
	상위수준	가능성과 평균, 자료의 표현, 비율그래프(띠그래프, 원그래프), 자료의 정리와 해석	

3) 실시방법 및 채점

NISE-BACT는 연령 또는 학년에 따라 시작점 문항이 다르며, 소검사 영역별로 학년에 따라 주어진 시작점 문항에서부터 차례로 시행한다. 읽기 검사의 경우 'Ⅲ. 유창성'을 평가하는 문항(1분 내 읽기) 이외에는 검사 시간의 제한이 없다. 채점은 유창성을 제외한 모든 문항에서 0~1점 점수를 사용한다. 쓰기 검사는 'Ⅰ. 글씨 쓰기' 'Ⅱ. 철자하기' 'Ⅲ. 글쓰기'의 순으로 실시한다. 오류가 연속해서 3개 문제 이상에서 발생될 때 검사를 종료한다. 채점은 0~2의 세 가지 점수를 사용한다. 수학 검사의 경우 'Ⅰ. 수와 연산' 영역에서 연산유창성을 평가하는 연산유창성(1)과 연산유창성(2)에서 각각 3분까지만 허용하는 시간 제한이 있으며, 이외의 소검사 문항에는 시간 제한이 없다. 오류가 연속해서 3개 문제 이상에서 발생할 때 검사를 종료하며 0~1점의 두 가지 점수를 사용하여 채점된다.

4) 결과 및 해석

NISE-B·ACT의 채점 결과는 (주)샤크로 홈페이지(http://sharkro.co.kr/bact)에서 각각의 소검사에 대한 원점수와 Z점수, 전체평균 점수를 제공한다. 원점수는 백분위점수, 환산점수, 학력지수로 변환되어 산출되며, 학년규준은 자동화되어 산출된다. 특히 통계학적 지식이 적은 사람에게는 학력지수를 분류하여 진단적 명칭을 붙여 설명하는 것이 좋다. NISE-B · ACT의 학력지수를 분류한 내용은 〈표 8-8〉과 같다. 읽기 검사 결과를 해석한 사례는 다음 〈표 8-9〉와 같다.

<표 8-8> NISE-B · ACT의 학력지수에 대한 진단적 분류

학력지수	분류	포함비율(%)
130 이상	최우수	2.3
115~129	우수	13.6
105~114	평균상	21.2
95~104	평균	25.8
85~94	평균하	21.2
70~84	학습지체	13.6
69 이하	심한 학습지체	2.3

김진수(가명)는 만 7세 3개월의 남학생으로 초등학교 2학년 1학기에 재학 중이다. 김진수 학생은 읽기 검사의 경우, 글자 · 단어 인지 85점, 유창성 390점, 어휘 20점, 읽기이해 10점을 획득하였다. 원점수에 대한 환산점수를 산출하면 글자 · 단어 인지영역은 9점, 유창성 9점, 어휘 8점, 읽기이해 8점으로 변환되어 총 합산점수는 34점을 얻게 된다. 합산점수 34점에 해당하는 표준점수는 88점으로 산출되고 이러한 환산점수를 통해 백분위를 얻어 낼 수 있다. 김진수는 글자 · 단어 인지와 유창성에서 상대적으로 강점을 가지고 있으나 그 외 영역에서는 다소 낮은 수행 수준임을 확인할 수 있다. 학력지수 산출은 표준점수 88점이므로 〈표 8-8〉에서 제시된 학력지수에 대한 진단적 분류에 의해 김진수 학생은 읽기 학력지수 수준이 평균하임을 알 수 있다.

<표 8-9> NISE-B · ACT 채점 결과 해석 예시

		음운처리	글자·단어인지	유창성	어휘	읽기이해
읽기	원점수	–	85점	390점	20점	10점
	환산점수	–	9점	9점	8점	8점
	표준점수	–	88점			
	백분위	–	37%	37%	25%	25%
	학력지수	평균하(Low Average) 정도의 수행수준				

		글씨 쓰기	철자하기	글쓰기
쓰기	원점수	23점	30점	30점
	환산점수	12점	10점	9점
	표준점수	102점		
	백분위	75%	50%	37%
	학력지수	평균 정도의 수행수준		

		수와 연산	도형	측정	규칙성	자료와 가능성	유창성1 (덧셈과 뺄셈)
수학	원점수	10점	4점	3점	3점	2점	7점
	환산점수	10점	9점	7점	6점	7점	7점
	표준점수	76점					
	백분위	50%	37%	16%	9%	16%	16%
	학력지수	학습지체(Under Achievement) 정도의 수행수준					

출처: 국립특수교육원(http://www.nise.go.kr).

4. 기초학습기능 수행평가체제(BASA) 읽기검사

　기초학습기능 수행평가체제(Basic Academic Skills Assessment: BASA) 읽기검사는 김동일(2000)이 개발한 것으로, 교육과정중심측정(Curriculum-Based Measurement) 읽기검사의 측정학적 특성 및 절차를 반영하여 우리나라 초등학교 1, 2, 3학년 973명을 대상으로 표준화된 읽기검사이다. BASA 검사는 중재반응모형(Responsiveness to Intervention: RTI) 이론을 기초로 한다.

1) 목적 및 대상

BASA 읽기검사는 읽기부진 학생의 선별, 학습장애 영역의 읽기장애 진단을 위한 읽기 유창성검사이다. 초등학교 1학년에서 초등학교 3학년까지의 학생을 대상으로 한다. 그러나 읽기 기술의 수준을 알고 싶다면 학년과 나이에 상관없이 중고등학생도 시행해 볼 수 있다.

2) 구성 체계

BASA 읽기검사의 기본 체제는 기초평가와 형성평가로 나뉘어 있으며, 읽기 정확성과 유창성을 측정하기 위한 구두 읽기검사와 읽기 독해력을 측정하기 위한 선택형 빈칸 채우기 검사로 구성되어 있다. 구두 읽기검사의 경우, 주어진 읽기자료를 학생이 1분 동안 얼마나 정확하게 많이 읽었는지를 측정하게 된다. 검사를 통해 학생의 읽기 유창성이 또래 학생의 수행수준과 비교할 때 상대적으로 어느 정도인지와 현재의 학년 수준에 비추어 보았을 때 읽기 발달이 어느 수준에 있는지에 대한 정보를 얻을 수 있다. 선택형 빈칸 채우기 읽기 검사는 집단용 읽기 검사로서, 문맥에 맞는 적절한 단어를 선택하는 문항으로 검사가 구성되어 있다. 요약하여 제시하면 〈표 8-10〉과 같다.

<표 8-10> BASA 읽기검사의 구성 체계

평가	하위검사	검사내용	자료
기초평가	읽기 검사자료 1 (읽기 정확성)	개인검사로서 학생이 제한된 시간 내에 얼마나 많은 글자를 얼마나 정확하게 읽는가를 측정하는 문항으로 구성됨	• 읽기검사(1) '토끼야 토끼야' (김학선, 1991) • 읽기검사(2) '분명히 내 동생인데' (교육개발원, 1991)
	읽기 검사자료 2 (빈칸 채우기)	독해력을 측정하는 집단검사로서 문맥에 맞는 적절한 단어를 선택하는 문항으로 구성됨	'남자와 여자' (두손미디어, 1993)
형성평가	읽기 검사자료 (읽기 유창성)	지속적으로 대상학생의 읽기 진전도를 모니터링할 수 있도록 다양한 읽기자료를 활용한 구두 단락읽기 검사로 구성됨	초등학교 저학년 수준의 21개 이야기로 구성 (교육개발원, 1991)

3) 실시방법 및 채점

BASA 읽기검사는 35분 정도 소요된다. 기초평가의 읽기 검사자료 1을 3회 실시하여[읽기검사(1) → 읽기검사(2) → 읽기검사(1)] 기초선을 확인한다. 검사지는 학생용과 검사자용(채점을 위한 누적 음절수 표시)으로 구성되어 있다. 1분 동안 얼마나 많은 글자를 얼마나 정확하게 읽는가를 측정하는 것으로 검사자는 학생이 틀리게 읽은 글자에 사선(/)을 긋고, 빠뜨리거나 더 넣거나 잘못 발음한 글자는 모두 틀린 글자로 간주한다. 그러나 학생이 스스로 고쳐서 읽으면 틀린 것으로 간주하지 않는다. 형성평가의 실시요령은 기초평가의 읽기 검사자료 1과 같다. 매 검사 회기마다 검사자는 우선적으로 하나의 검사자료를 뽑아서 형성평가를 실시한다. 1분 이전에 읽기를 모두 마쳤다면 그 동안 걸린 시간을 하단에 기록한다.

읽기 검사자료 2(빈칸 채우기)는 독해력을 측정하는 집단검사이다. 검사지는 학생용과 검사자용(정답이 표시되어 있음)으로 되어 있다. 학생이 3분 동안 글을 읽으면서 문맥에 적절한 단어를 선택(정답이 되는 단어를 포함한 3개의 단어 제시 구성)하는 것으로 시간이 될 때까지 확실하지 않더라도 옳다고 생각되는 단어를 빠짐없이 선택해야 한다.

4) 결과 및 해석

BASA 읽기검사는 원점수, 백분위점수, T점수, 학년점수 수준을 제공한다. BASA 읽기검사의 결과처리는 인싸이트 홈페이지(http://inpsyt.co.kr)에서 제공하는 온라인 자동채점 프로그램을 이용할 수 있다.

기초평가의 읽기 검사자료 1과 형성평가는 학생이 1분 동안 읽은 글자 수 중 맞게 읽은 글자수가 원점수가 되고, 읽기 검사자료 2(빈칸 채우기)는 학생의 검사지를 채점해서 맞은 문제 수가 원점수가 된다. 백분위점수가 어느 단계에 해당되는지와 현재 수준의 설명은 〈표 8-11〉에 의해 분류, 제공된다.

<표 8-11> 백분위점수 단계와 현재 수준 설명

단계	백분위	현재 수준 설명
1단계	95% 초과	매우 우수한 읽기 수준입니다.
2단계	85% 초과 95% 이하	우수한 읽기 수준입니다.
3단계	15% 초과 85% 이하	정상적인 읽기 수준입니다.
4단계	5% 초과 15% 이하	기초 읽기능력 향상을 위하여 지도를 부탁드립니다.
5단계	5% 이하	전반적이고 지속적인 읽기지도가 필요합니다.

　검사 결과의 예시를 제시하면 〈표 8-12〉와 같다. 제시한 BASA 읽기검사 결과는 다음과 같이 간략하게 해석할 수 있다. 박영운(가명)의 읽기검사를 실시한 결과를 보면, 현재 학년점수는 1.8학년으로 현재 학년인 3.7학년과 비교할 때 1.9학년의 차이를 보이고 있다. 백분위점수에 의해 영운이는 현재 4단계로 기초읽기능력 향상을 위하여 지도가 필요하다. 대체로 백분위점수 15% 미만을 기준으로 이보다 낮은 백분위점수를 나타낼 때 구체적인 중재가 필요한 것으로 판단된다. 따라서 영운이는 읽기 영역, 특히 기초읽기능력의 향상을 위한 구체적인 중재가 필요하다. 빈칸 채우기 검사 결과는 영운이의 기초 독해력 수준을 보여 주는 것으로서 현재 학년 점수는 2.2학년 수준으로 나타났다. 백분위점수가 약 15 미만일 경우에 구체적인 중재에 들어가야 하는 것으로 여겨지는데, 영운이는 36.31로 또래보다 낮기는 하지만 읽기 해독 능력이 향상되면 독해력 수준이 또래 수준으로 곧 회복될 것으로 보인다. 종합적으로 영운이의 읽기 검사 결과는 현재 읽기 유창성과 독해력 능력이 학년 수준보다 지체되어 있다고 볼 수 있다.

<표 8-12> BASA 읽기검사 결과 예시

이름	박영운(가명)	검사자	나**
성별	남	검사실시일	2008년 11월 29일
학교명	**초등학교	생년월일	2000년 02월 24일
학년·반	3학년 1반	검사 시 연령	8년 9월 5일

읽기검사 1회	①	원점수	176
읽기검사 2회	②	원점수	162
읽기검사 3회	③	원점수	208
읽기 수행수준	④	원점수(중앙값)	176
	⑤	T점수(중앙값)	38.19
	⑥	백분위점수(중앙값)	11
	⑦	백분위점수 단계	4단계
	⑧	현재 수준 설명	기초읽기능력 향상을 위하여 지도를 부탁드립니다.
	⑨	현재 학년	3.7
	⑩	학년점수(중앙값)	1.8
	⑪	학년 차이(학년점수−현재 학년)	1.9
	⑫	월 진전도	6+
빈칸 채우기	⑬	원점수	5
	⑭	백분위점수	13
	⑮	T점수	36.31
	⑯	학년점수	2.2

출처: 김동일(2000).

5. 기초학습기능 수행평가체제(BASA) 쓰기검사

기초학습기능 수행평가체제(Basic Academic Skills Assessment: BASA) 쓰기검사는 김동일(2008)이 개발한 것으로, 대안적인 평가체제인 교육과정중심측정 절차에 의해 의하여 제작되었다. 제한된 시간 내에 촉진문장 뒤에 이어질 글을 산출하는 능력을 측정한다. 학생이 산출한 글은 총 음절수, 정확한 음절수 등의 양적 기준을 적용한 정량적 평가와 글의 내용, 조직 등에 대한 질적 기준을 적용한 정성적 평가를 모두 실시한다.

1) 목적 및 대상

BASA 쓰기검사는 학생의 쓰기 능력을 쓰기부진 및 쓰기장애 학생의 진단평가 및 형성평가로 활용할 수 있는 검사이다. 규준은 초등학교 1학년에서 6학년까지로 되어 있으나 성인까지 대상으로 검사가 가능하다.

2) 구성 체계

BASA 쓰기검사는 개인검사로서 이야기 서두제시검사의 형태로 실시되며, 학생이 주어진 시간 내에 얼마나 많은 글자를 얼마나 정확하게 쓰는가를 측정한다. BASA 쓰기검사의 기본 체제는 기초평가와 형성평가로 나뉘어 있다. 정량적 평가는 학생의 쓰기 유창성을 측정하기 위해 실시하며, 정성적 평가는 부가적 평가로서 학생의 쓰기 능력에 대한 구체적인 정보를 얻기 위해 실시한다. 요약하여 제시하면 〈표 8-13〉과 같다.

<표 8-13> **BASA 쓰기검사의 구성 체계**

구분	하위영역	검사내용
기초평가	정량적 평가	쓰기 유창성을 측정하기 위해 실시되며, 학생이 쓴 글에서 정확한 음절의 수를 계산해서 기록한다. 정확한 음절의 수는 총 음절에서 오류의 수를 뺀 값으로 산출되며, 학생이 쓴 글에서 발견된 오류를 유형에 따라 기호로 표시해 두어야 한다. 오류의 유형에는 '소리 나는 대로 쓰기' '삽입' '대치' '생략'이 포함된다.
	정성적 평가	부가적 평가로서 학생의 쓰기 능력에 대한 구체적인 정보를 얻기 위해 실시되며, 이야기 서두제시검사에서 학생이 쓴 글에 대해 '글의 형식' '글의 조직' '글의 문체' '글의 표현' '글의 내용' '글의 주제' 영역으로 나누어 분석적으로 평가한다.
형성평가	정량적 평가	기초평가를 통해 쓰기 수행수준을 확인한 후, 다양한 이야기 서두를 활용하여 지속적으로 대상학생의 쓰기 발달을 모니터링할 수 있다. 매 검사 회기마다 검사자는 무선적으로 하나의 검사자료를 뽑아서 실시하며, 대상학생의 쓰기 수행을 점검한다.

3) 실시방법 및 채점

BASA 쓰기검사는 기초평가와 형성평가로 나누어 실시한다. 검사 소요시간은 40분이다. 기초평가용으로 제작된 이야기 서두를 제시한 후 총 4분(1분 생각하기, 3분 작성) 동안 이야기 서두에 이어질 내용을 쓰도록 하여 기초선을 확인한다. 3분 동안 작성한 분량에 '//' 표시를 한다. 학생이 이야기를 끝까지 완성하기를 원한다면 계속 쓰도록 하지만 '//'까지만 분석한다. 기초평가는 1회 실시를 원칙으로 하되, 학생의 검사 수행 태도에 근거하여 검사 결과를 신뢰하기 어려울 때는 이야기 서두제시검사를 총 2회 실시하여 더 높은 점수를 채택하도록 한다. 검사의 채점은 쓰기 유창성 수준을 측정하는 정량적 평가를 기본으로 하되, 학생의 쓰기 수행에 대한 부가 정보를 얻기 위해 정성적 평가를 실시할 수 있다. 쓰기 유창성을 평가하는 정량적 평가의 채점은 학생이 쓴 글에서 정확한 음절의 수를 계산해서 기록한다(정확한 음절의 수=총 음절-오류의 수). 형성평가는 기초평가를 통해 쓰기 수행 수준을 확인한 후, 매 검사 회기마다 검사자가 무선적으로 하나의 검사자료를 뽑아서 실시한다. 검사의 채점은 정량적 평가를 기본으로 한다. 정성적 평가는 학생이 쓴 글을 6개 영역(글의 형식, 조직, 문체, 표현, 내용, 주제)으로 나누어 1~5점 중 적절한 점수를 부여한다.

4) 결과 및 해석

BASA 쓰기검사는 원점수, 백분위점수, T점수, 학년점수 수준을 제공한다. BASA 쓰기검사의 결과처리는 인싸이트 홈페이지(http://inpsyt.co.kr/)에서 제공하는 온라인 자동채점 프로그램을 이용할 수 있다. 백분위점수가 어느 단계에 해당되는지와 현재 수준의 설명은 〈표 8-14〉에 의해 분류, 제공된다.

<표 8-14> 백분위점수 단계와 현재 수준 설명

단계	백분위	현재 수준 설명
1단계	95% 초과	매우 우수한 쓰기 수준입니다.
2단계	85% 초과 95% 이하	우수한 쓰기 수준입니다.
3단계	15% 초과 85% 이하	정상적인 쓰기 수준입니다.
4단계	5% 초과 15% 이하	기초 쓰기능력 향상을 위하여 지도를 부탁드립니다.
5단계	5% 이하	전반적이고 지속적인 쓰기지도가 필요합니다.

    검사 결과의 예시를 제시하면 〈표 8-15〉와 같다. 제시한 BASA 쓰기검사 결과는 다음과 같이 간략하게 해석할 수 있다. 김소연(가명)은 백분위 32%에 속하고, 단계는 3단계로 정상적인 쓰기 수준이며, 정성적 평가 결과를 바탕으로 소연이의 약점은 조직과 형식 영역에 있음이 드러났다. 따라서 소연에게는 글의 형식과 조직 영역에 특별한 지도가 필요할 것으로 보인다.

<표 8-15> BASA 쓰기검사 결과 예시

이름	김 소 연	검 사 자	최**
성별	여	검사실시일	2008년 6월 26일
학교명	서울초등학교	생년월일	1998년 5월 25일
학년·반	3학년 7반	검사 시 연령	10년 1월 1일

나는 오늘 아침에 일찍 일어났습니다.
그레서 부보님께 넘져 인사를 하고 세수도 하고 아침밥을 먹고 다시 이빨을 닦고 머리도 빗고 양말도 신고 수져도 챙기고 신발을 신고 학교로 간 다음 선생니께 인사를 드리고 하루를 시작했습니다.

쓰기 유창성수준	1	원점수	72
	2	T점수	47.34
	3	백분위점수	32
	4	백분위점수 단계	3단계
	5	현재 수준 설명	정상
	6	현재 학년	3.3
	7	학년수준	2.9
	8	학년 차이(학년점수−현재 학년)	0.4
	9	월 진전도	2+
정성적 평가 결과(선택)	10	형식	2
	11	조직	2
	12	문체	3
	13	표현	3
	14	내용	3
	15	주제	3
	16	총평	

출처: 김동일(2008).

6. 기초학습기능 수행평가체제(BASA) 수학검사

기초학습기능 수행평가체제(Basic Academic Skills Assessment: BASA) 수학검사는 김동일(2007)이 제한된 시간에 연산 문제를 빠르고 정확하게 푸는 능력을 측정하도록 개발한 것으로, 대안적인 평가체제인 교육과정중심측정 절차에 의하여 제작되었다. 학습부진학생이나 특수교육 대상자의 수학 수행수준을 진단, 평가하는 국내 최초의 검사이다.

1) 목적 및 대상

BASA 수학검사는 학생의 수학 연산 능력을 수학부진 및 수학장애 학생의 진단평가 및 형성평가로 활용할 수 있는 검사이다. 대상 규준은 초등학교 1학년부터 초등학교 3학년까지로 되어 있으나 중고등학생까지도 가능하다.

2) 구성 체계

BASA 수학검사는 초등 1, 2, 3학년 교과서와 익힘책을 분석하여 수와 연산, 도형, 측정, 확률과 통계, 규칙성과 문제해결의 단계별로 네 가지 검사로 구성되어 있다. I단계 검사는 1학년 수준 연산문제에 대한 시간 제한 검사, II단계 검사는 2학년 수준 연산문제에 대한 시간 제한 검사, III단계 검사는 3학년 수준 연산문제에 대한 시간 제한 검사, 통합단계는 1, 2, 3학년의 연산문제에 관한 내용을 모두 다루는 시간 제한 검사 문제를 담고 있다.

3) 실시방법 및 채점

BASA 수학검사의 검사 소요시간은 25분이다. 초등 1학년 학생에게는 I단계와 통합단계, 초등 2학년 학생에게는 II단계와 통합단계, 초등 3학년 이상 학생에게는 III단계와 통합단계 검사를 실시한다(〈표 8-16〉 참조). 정답인 경우는 괄호 안의 점수로 채점한다. 오답일 경우, 맞은 숫자의 수를 세어 채점하고 두 자리 수 곱셈이나 나눗셈의 경우 부분 계산을 통해 각 단계별 부분 점수를 적용한다(단, 받아올림이나 받아내림에 부분점수를 적용하지 않는다). 정답보다 한 자리 수를 더 쓴 경우, '정답인 경우의 점수−1'로 계산한다. 검사자용 검사지 옆에 표시된 총점수를 참고하여 학생의 CD(Correct Digits) 점수를 기록한다. 이것이 검사의 원점수가 된다. 그 결과, 백분위가 15% 이하인 경우에는 아래 학년 단계의 검사, 즉 초등 2학년 학생에게는 I단계, 초등 3학년 이상 학생에게는 II단계 수학검사를 실시하여 백분위를 확인한다. 3학년 이상 학생인 경우, II단계 검사에서도 백분위가 15% 이하인 경우에는 I단계 검사를 실시한다(〈표 8−17〉 참조).

〈표 8-16〉 BASA 수학검사

	I 단계	II단계	III단계	통합단계
1학년	○			○
2학년		○		○
3학년			○	○

〈표 8-17〉 학년별 재검사 종류

	I 단계	II단계	III단계
1학년			
2학년	○		
3학년		○	

4) 결과 및 해석

BASA 수학검사는 원점수, 백분위점수, T점수, 학년점수 수준을 제공한다. BASA 수학검사의 결과처리는 인싸이트 홈페이지(http://inpsyt.co.kr/)에서 제공하는 온라인 자동채점 프로그램을 이용할 수 있다. 백분위점수가 어느 단계에 해당되는지와 현재 수준의 설명은 〈표 8-18〉에 의해 분류, 제공된다.

<표 8-18> 백분위점수 단계와 현재 수준 설명

단계	백분위	현재 수준 설명
1단계	95% 초과	매우 우수한 수준입니다.
2단계	85% 초과 95% 이하	우수한 수준입니다.
3단계	15% 초과 85% 이하	정상적인 수행 수준입니다.
4단계	5% 초과 15% 이하	기초 수학능력 향상을 위하여 지도를 부탁드립니다.
5단계	5% 이하	전반적이고 지속적인 수학지도가 필요합니다.

　　검사결과의 예시를 제시하면 〈표 8-19〉〈표 8-20〉과 같다. 제시한 BASA 수학 검사 결과를 다음과 같이 간략하게 해석할 수 있다. 김순희(가명)는 현재 5학년으로 기초평가는 학년단계(Ⅲ)와 통합단계를 각각 3회씩 총 6회를 실시하였다. 학년단계(Ⅲ)의 결과를 살펴보면, 현재 학년 차이는 2.6학년의 차이를 보이고 있다. 백분위점수에 의하면 순희는 현재 5단계로 전반적이고 지속적인 수학지도가 필요함을 보인다. 통합단계는 3.2학년의 차이를 보이고 있다. 백분위점수에 의한 단계 역시 5단계로 전반적이고 지속적인 수학지도가 필요한 것으로 나타났다. 결과적으로 순희는 현재 학년에 비해 2학년 이상 떨어져 있음을 알 수 있다. 수학능력 향상을 위하여 구체적인 중재가 필요한 것으로 보인다.

<표 8-19> BASA 수학검사 결과 예시: 학년단계(Ⅲ)

이름	김순희(가명)	검사자	강**
성별	여	검사실시일	2006년 10월 19일
학교명	**초등학교	생년월일	1994년 03월 13일
학년 · 반	5학년 5반	검사 시 연령	12년 7월 7일

Ⅲ단계	1차 검사	①	원점수	14
	2차 검사	②	원점수	17
	3차 검사	③	원점수	18
수학 수행수준		④	원점수(중앙값)	17
		⑤	T점수(중앙값)	33.06
		⑥	백분위점수(중앙값)	3
		⑦	백분위점수 단계	5단계
		⑧	현재 수준 설명	전반적이고 지속적인 수학지도가 필요합니다.
		⑨	현재 학년	5.6
		⑩	학년점수(중앙값)	3.0 이하
		⑪	학년 차이(학년점수- 현재 학년)	2.6 이상
		⑫	월 진전도	4+

출처: 김동일(2007).

<표 8-20> BASA 수학검사 결과 예시: 학년단계(통합단계)

이름	김순희(가명)	검사자	강**
성별	여	검사실시일	2006년 10월 20일
학교명	**초등학교	생년월일	1994년 03월 13일
학년반	5학년 5반	검사 시 연령	12년 7월 7일

III단계	1차검사	①	원점수	20
	2차검사	②	원점수	28
	3차검사	③	원점수	24
수학 수행수준		④	원점수(중앙값)	24
		⑤	T점수(중앙값)	28.69
		⑥	백분위점수(중앙값)	3
		⑦	백분위점수 단계	5단계
		⑧	현재 수준 설명	전반적이고 지속적인 수학지도가 필요합니다.
		⑨	현재 학년	5.6
		⑩	학년점수(중앙값)	2.4
		⑪	학년 차이(학년점수-현재 학년)	3.2
		⑫	월 진전도	2+

출처: 김동일(2007).

정서 및 행동

❖ 김 려 원

정서 및 행동 문제를 평가하는 데 있어서 기본적으로 다른 사람과 사회적 상호 작용이 거의 없는 내면화 행동(internalizing behaviors)과 반사회적 행동 또는 외현 화 행동(externalizing behaviors)구조로 분류된다. 내면화로 분류되는 행동에는 위 축, 열등감, 공포 등의 성격, 우울, 불안 등과 관련된 행동이며, 외현화로 분류되는 행동에는 불복종, 욕설, 파괴행동, 공격성 등과 관련된 행동을 일컫는다(방명애, 이 효신 역, 2004).

일반적으로 외현화와 내면화의 두 차원에서 자신이 속한 문화 및 또래 집단의 규준에서 유의미하게 벗어나는 행동을 비정상행동 혹은 문제행동이라고 일컫고, 이는 정서적 면과 함께 표출된다. 이러한 두 유형의 문제성은 학업성취와 사회적 관계에 나쁜 영향을 미친다. 대부분 정서 및 행동문제에 노출되는 학생들의 학업 수준은 자신 학년보다 1년 이상 저하되게 되고, 결핍으로 나타난 학습문제는 학습 장애나 언어지연을 초래할 수 있다(김진호 외, 2013).

따라서 학교나 가정에서는 정서 및 행동문제를 가진 아동을 조기 판별함과 동시 에 중재를 제공하여야 한다. 이 장에서는 정서 및 행동문제와 관련하여 표준화 검 사도구인 아동·청소년 행동 평가척도(CBCL6-18), KISE 정서행동장애학생 선별 척도, 청소년 자기행동 평가척도(YSR), 한국판 정서행동문제 평가척도(K-SAED) 를 중점적으로 제시하였다.

1. 아동 · 청소년 행동 평가척도(CBCL6-18)

아동·청소년 행동 평가척도(Child Behavior Checklist: CBCL6-18)는 Achenbach 와 Rescorla(2001)가 개발한 척도를 오경자, 김영아(2010)가 번안하여 표준화한 평 가도구이다.

1) 목적 및 대상

CBCL6-18은 만 6~18세 아동 및 청소년을 대상으로 부모가 사회적 적응 능력 및 정서행동문제를 지필식 설문으로 평가하는 도구로서 정서행동장애학생의 선 별과 진단에 사용된다. 그러나 이서정 등(2015)은 생물학적 연령보다 교육연령이 심리사회적 적응에 중요한 영향을 미칠 수 있다는 점을 감안하여 우리나라에서는 초등학교 1학년부터 고등학교 3학년까지 대상으로 실시하도록 권장하고 있다.

2) 구성 체계

CBCL6-18은 문제행동척도와 적응척도로 크게 나뉜다. 문제행동척도는 8개의 증후군 척도와 한 개의 기타 척도로 내재화 문제행동(불안/우울, 위축/우울, 신체증상), 외현화 문제행동(규칙위반, 공격행동), 사회성 미성숙, 사고문제, 주의집중문제, 기타 문제 문항의 총 120문항으로 구성되어 있다. 적응척도는 사회성과 학업수행의 14개의 문항으로 이루어져 있다.

이외에 DSM-IV상의 ADHD 진단기준에 따라 문제행동을 6개의 하위 영역[정서문제(Affective problems), 불안문제(Anxiety problems), 신체화문제(Somatic problems), 주의력결핍/과잉행동문제(Attention deficit/Hyperactivity problems), 반항행동문제(Oppositional defiant problems), 품행문제(Conduct problems)]으로 분류한 DSM 진단척도와 문제행동 특수척도 문항들로 구성되어 있다. CBCL6-18의 척도별 구성 내용을 제시하면 〈표 9-1〉과 같다.

〈표 9-1〉 **CBCL6-18 척도별 구성 내용**

요인				문항내용	문항수	점수 범위
① 증후군 척도	① 총 문제 행동	② 내재화	④ 불안/우울	'잘 운다' '신경이 날카롭고 곤두서 있거나 긴장되어 있다' 등 정서적으로 우울하고 지나치게 걱정이 많거나 불안해하는 것과 관련된 문항들로 구성됨	13	0~26
			⑤ 위축/우울	'즐기는 것이 매우 적다' '말을 하지 않으려 한다' 등 위축되고 소극적인 태도, 주변에 대한 흥미를 보이지 않는 것 등과 관련된 문항들로 구성됨	8	0~16
			⑥ 신체증상	'어지러워한다' '별다른 이유 없이 지나치게 피곤해한다' 등 의학적으로 확인된 질병이 없음에도 불구하고 다양한 신체증상을 호소하는 것과 관련된 문항들로 구성됨	11	0~22

③ 외현화	⑦ 규칙위반	'잘못된 행동(버릇없이 굴거나 나쁜 짓을 함)을 하고도 잘못했다고 느끼는 것 같지 않다' '집이나 학교 또는 다른 장소에서 규율을 어긴다' 등 규칙을 잘 지키지 못하거나 사회적 규범에 어긋나는 문제행동을 충동적으로 하는 것과 관련된 문항들로 구성됨	17	0~34
	⑧ 공격행동	'말다툼을 많이 한다' '자기 물건을 부순다' 등 언어적·신체적으로 파괴적이고 공격적인 행동이나 적대적인 태도와 관련된 문항들로 구성됨	18	0~36
	⑨ 사회적 미성숙	'어른들에게 붙어 있으려 하거나 너무 의존적이다' '다른 아이들과 잘 어울려 지내지 못한다' 등 나이에 비해 어리고 미성숙한 면, 비사교적인 측면 등 사회적 발달과 관련된 문항들로 구성됨	11	0~22
	⑩ 사고문제	'어떤 생각들을 마음에서 떨쳐버리지 못한다(강박사고)' '비정상적인 이상한 생각을 한다' 등 어떤 특정한 행동이나 생각을 지나치게 반복하거나, 실제로는 존재하지 않는 현상을 보거나 소리를 듣는 등의 비현실적이고 기이한 사고 및 행동과 관련된 문항들로 구성됨	15	0~30
	⑪ 주의집중 문제	'자기가 시작한 일을 끝내지 못한다' 집중력이 없고 어떤 일에 오래 주의를 기울이지 못한다' 등 주의력 부족이나 과다한 행동 양상, 계획을 수립하는 것에 곤란을 겪는 것 등과 관련된 문항들로 구성됨	10	0~20
	⑫ 기타문제	'손톱을 깨문다' '체중이 너무 나간다' 등 앞에 제시된 여덟 개의 증후군에는 포함되지 않지만 유의미한 수준의 빈도로 나타나는 문제행동과 관련된 문항들로 구성됨	17	0~34
DSM방식 척도	⑬ DSM 정서문제	'자기가 가치가 없거나 남보다 못하다고 느낀다' '지나치게 죄책감을 느낀다' 등 여러 가지 증상들로 나타나는 정서문제와 관련된 문항들로 구성됨	13	0~26
	⑭ DSM 불안문제	'학교에 가는 것을 겁낸다' '걱정을 한다' 등 불안증상과 유사한 행동들을 평가하는 척도로 전반적인 혹은 구체적인 상황에서의 불안을 측정하는 문항들로 구성됨	6	0~12

DSM방식 척도	⑮ DSM 신체화 문제	'몸이 여기 저기 아프다(배나 머리가 아프다고 하는 경우는 제외)' '발진 혹은 기타 피부의 이상' 등 의학적으로 확인된 질병이 없음에도 불구하고 심리적인 불안정, 긴장들이 해소되지 않을 경우 나타날 수 있는 신체적인 불편 또는 통증을 호소하는 것과 관련된 문항들로 구성됨	7	0~14
	⑯ DSM ADHD	'충동적이거나 생각해 보지 않고 행동한다' '집중을 잘 못하고 쉽게 산만해진다' 등 행동에 일관성이 없고, 부산하거나 한 가지 일에 주의 집중하는 데 어려움을 겪고, 즉각적인 요구 충족을 바라는 것과 관련된 문항들로 구성됨	7	0~14
	⑰ DSM 반항 행동문제	'말다툼을 많이 한다' '고집이 세고 시무룩해지거나 짜증을 부린다' 등 행동적으로 나타나는 폭력성, 비협조적 행동 등과 관련된 문항들로 구성됨	5	0~10
	⑱ DSM 품 행문제	'가족이나 다른 아이의 물건을 부순다' '남을 신체적으로 고역한다' 등 사회적으로 용납되지 않는 행동을 반복적으로 하는 것과 관련된 문항들로 구성됨	17	0~34
	⑲ 강박증상	'어떤 생각들을 마음에서 떨쳐버리지 못한다(강박사고)' '특정한 행동을 계속 되풀이한다(강박행동)' 등 특정 사고나 행동을 반복적으로 하는 것과 관련된 문항들로 구성됨	8	0~16
	⑳ 외상후 스트레스 문제	'어른들에게 붙어있으려 하거나 너무 의존적이다' '나쁜 생각이나 나쁜 행동을 할까 봐 두려워한다' 등 심각한 회상적인 사건에 직면한 후 나타날 수 있는 문제행동과 관련된 문항들로 구성됨	14	0~28
	㉑ 인지속도 부진	'혼란스러워하거나 갈피를 못 잡는다' '공상을 하거나 멍하게 자기 생각에 빠지곤 한다' 등 정신 및 신체적으로 수동적이고 활동 저하와 관련된 문항들로 구성됨	4	0~8
	㉒ 사회성	아동·청소년의 사회적 적응 수준을 평가할 수 있는 내용들, 즉 친구의 수와 어울리는 횟수 및 각 관계(친구, 형제, 부모 혹은 혼자 있는 경우)별로 얼마나 잘 어울리고 시간을 잘 보내는지 평가함	4영역	0~9
	㉓ 학업 수행	아동·청소년의 학업 수행 수준을 평가할 수 있는 내용들, 즉 성적(주요 과목의 수행 평균), 특수학급에 있는지 여부, 휴학 여부, 기타 학교에서의 학업 관련 문제 여부에 대한 항목들로 구성됨	4영역	0~7

3) 실시방법 및 채점

CBCL6-18의 검사 소요시간은 약 15~20분이다. 부모에게서 대상 아동이나 청소년의 문제행동과 사회적 적응능력 영역에 관한 자료를 수집하는 도구로서 '전혀 해당되지 않는다(0점)' '가끔 그렇거나 그런 편이다(1점)' '자주 그렇거나 많이 그렇다(2점)'의 범위에서 응답 표시를 하게 한다. 빠뜨린 문항이나 이중으로 답을 해서는 안 되며, 특히 적응척도의 경우 각 소척도들 중 하나라도 기재가 누락되어 있는 경우 총점을 계산하지 않는다. 문제행동 총점은 내재화문제 점수와 외현화문제 점수를 합산한다. 채점은 온라인과 오프라인으로 가능하다. 온라인 채점의 경우, 부모의 평가 결과를 ASEBA 개발사 홈페이지(http://www.aseba.co.kr)에 입력하면 결과가 막대그래프 형태로 제공되어 하위척도별 비교가 가능하기 때문에 별도의 환산표나 계산 과정을 거치지 않고도 즉시 결과를 해석할 수 있어 편리하다.

4) 결과 및 해석

문제행동 증후군 소척도(9개 하위영역), DSM 진단척도, 문제행동 특수척도의 경우에는 표준점수가 70점(백분위 98) 이상이면 임상범위, 65점(백분위 93) 이상 70점 미만이면 준임상범위로 해석한다. 또한 문제행동 증후군 소척도 중 내재화 척도(불안/우울, 위축/우울, 신체증상)와 외현화 척도(규칙위반, 공격행동)를 합산한 문제행동 총점의 경우, 표준점수 64점(백분위 92) 이상이면 임상범위, 60점(백분위 84) 이상 64점 미만이면 준임상범위로 해석한다.

적응척도에서는 적응척도의 총점과 사회성, 학업수행 척도의 점수에 대한 표준점수 기준이 다르다. 사회성과 학업수행 척도는 표준점수 30점(백분위 2) 이하이면 임상범위, 표준점수 30점 초과 35점 이하이면 준임상범위로, 적응척도의 총점에 대해서는 표준점수 36점(백분위 8) 이하이면 임삼범위, 표준점수 36점 초과 40점(백분위 16) 이하이면 준임상범위로 본다. 적응척도는 표준점수가 기준치보다 낮을 때 증상이 심각한 상태로 해석된다. 검사 결과의 예시를 제시하면 [그림 9-1]과 같다.

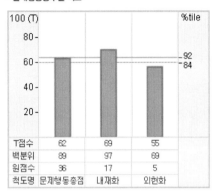

ASEBA 아동청소년 행동평가척도 부모용

CBCL6-18
CHILD BEHAVIOR CHECKLIST

이름 : 김휴노   나이 : 10세   성별 : 남   3학년 1반 1번   기록자 : 어머니   기록일 : 2011-12-07

■ 문제행동척도 프로파일

› 문제행동증후군 척도

T점수	62	69	55
백분위	89	97	69
원점수	36	17	5
척도명	문제행동총점	내재화	외현화

결과해석

문제행동 총점은 T점수=62으로 준임상범위이며,
내재화 척도는 T점수=69으로 **임상범위**,
외현화 척도는 T점수=55으로 **정상범위**입니다.
현재 임상범위에 해당하는 것으로 보이는 문제행동 증후군은
(신체증상) 이며 준임상범위에 해당하는 문제행동 증후군은 (불
안/우울,사고문제)으로 나타나고 있습니다.

＊ 무응답문항수 : 3개 (8개 이상이면 재검사권고)

＊ 임상범위 기준 : T점수 64(백분위 92)이상, 준임상범위 기준 : T점수 60(백분위 84)이상, T점수 64미만

척도명	불안/우울	위축/우울	신체증상	사회적미성숙	사고문제	주의집중문제	규칙위반	공격행동	기타문제
T점수	65	63	74	55	68	54	54	55	58
백분위	93	90	99	68	96	67	64	70	78
원점수	6	3	8	2	5	4	1	4	3

＊ 증후군 소척도 임상범위기준 : T점수 70(백분위 98)이상, 준임상범위기준 : T점수 65(백분위 93)이상, T점수 70미만

› DSM 진단척도

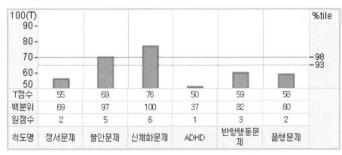

척도명	정서문제	불안문제	신체화문제	ADHD	반항행동문제	품행문제
T점수	55	69	76	50	59	58
백분위	69	97	100	37	82	80
원점수	2	5	6	1	3	2

결과해석

현재 임상범위에 해당하는 것으로 보
이는 DSM진단기준 문제행동은(신체
화 문제) 이며 준임상범위에 해당하는
DSM진단기준 문제행동은(불안문제)
으로 나타나고 있습니다.

＊ 임상범위 기준 : T점수 70(백분위 98)이상, 준임상범위 기준 : T점수 65(백분위93)이상, T점수 70미만

[그림 9-1] CBCL6-18 검사 결과 예시(앞면)

아동청소년 행동평가척도 부모용   **CBCL6-18**
CHILD BEHAVIOR CHECKLIST

■ **문제행동 특수척도 프로파일**

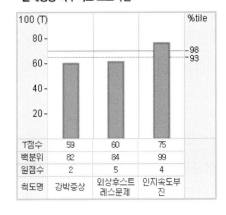

T점수	59	60	75
백분위	82	84	99
원점수	2	5	4
척도명	강박증상	외상후스트레스문제	인지속도부진

결과해석

강박증상은 T점수=59으로 **정상범위**이며,
외상후 스트레스 문제는 T점수=60으로 **정상범위**,
인지속도부진은 T점수=75으로 **임상범위**입니다.

✶ **문제행동 특수 척도**
- 임상범위 기준 :
  T점수 70(백분위 98)이상
- 준임상범위 기준: T점수 65(백분위
  93)이상, T점수 70미만

■ **적응척도 프로파일**

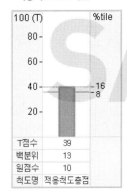

T점수	39
백분위	13
원점수	10
척도명	적응척도총점

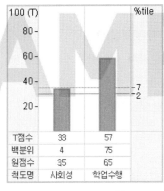

T점수	33	57
백분위	4	75
원점수	35	65
척도명	사회성	학업수행

결과해석

적응척도총점은 T점수=39으로 **준임상범위**입니다.
사회성 척도는 T점수=33으로 **준임상범위**입니다.
학업수행 척도는 T점수=57으로 **정상범위**입니다.

✶ **적응척도총점**
- 임상범위 : T점수 36(백분위 8)이하
- 준임상범위 : T점수 36 초과, T점수 40(백분위
  16)이하
✶ **사회성, 학업수행 척도**
- 임상범위 : T점수 30(백분위 2)이하
- 준임상범위 : T점수 30 초과, T점수 35(백분위 7)
  이하

✶ 결측치가 있을 경우, 해당척도 점수가 산출되지 않음(-1로 표기)

[그림 9-1] CBCL6-18 검사 결과 예시(뒷면)

출처: ASEBA 홈페이지(www.aseba.co.kr).

 2. KISE 정서 · 행동장애학생 선별척도

KISE 정서 · 행동장애학생 선별척도는 Walker 문제행동 체크리스트(Walker Problem Behavior Identification Checklist, WPBIC), 아동행동평정척도(The Child Behavior Ration Scale, CBRS), 학교행동체크리스트(School Behavior Checklist, SBC)의 문항을 참고하여 류문화, 서경희(1999)가 연구 · 개발하여 국립특수교육원에서

발행한 평정척도이다.

1) 목적 및 대상

KISE 정서 · 행동장애학생 선별척도는 초등학교 2학년과 5학년 학생만을 대상으로 정서 · 행동장애 아동을 진단하기 전 단계에 사용할 수 있는 선별도구이다.

2) 구성 체계

KISE 정서 · 행동장애학생 선별척도는 5개의 하위영역으로 총 65문항으로 구성되어 있다. 각 행동특성 영역별 문항수와 점수는 〈표 9-2〉와 같다.

<표 9-2> KISE 정서 · 행동장애학생 선별척도 영역

행동 하위영역	학생특성별 영역	문항수	점수	총 문항수
(가) 행동군	동료나 교사들과의 대인관계에 부정적인 문제를 나타내는 행동군	9	45	
(나) 행동군	주의집중결함 · 과잉행동장애군	18	90	
(다) 행동군	행위장애군	17	85	
(라) 행동군	늘 불안해하고 우울한 기분으로 생활하는 행동군	13	65	65
(마) 행동군	학교나 개인문제에 연관된 정서적인 장애 때문에 신체적인 통증이나 공포를 느끼는 행동군	8	40	

3) 실시방법 및 채점

KISE 정서 · 행동장애학생 선별척도는 교사가 6개월 이상 관찰한 다음에 선별하기를 권장하고 있으며 특별한 훈련을 받지 않고도 실시할 수 있는 도구이다. 선별척도는 총 65문항으로 5단계 행동평정척도로 담임교사가 각 문항을 읽고 전혀(1), 조금(2), 보통(3), 꽤(4), 매우(5) 중에서 학생의 상태를 가장 잘 나타내는 항에 동

그라미 표시를 하여 평정하게 되어있다. 채점은 학생이 획득한 점수를 행동영역
별로 합산하여 학년별(2, 5학년), 남녀별의 절단점에 따라 하위영역별로 정서·행
동장애학생으로 선별할 수 있다. 그리고 전체점수를 산출하여 전체점수 절단점을
참고하면 정서·행동장애학생으로 선별할 수 있는지를 제공받게 된다.

4) 결과 및 해석

KISE 정서·행동장애학생 선별척도는 1차적인 선별과정에서 사용하기 때문에
평정결과에 의해 정서·행동장애학생으로 의심된다 하더라도 바로 정서·행동장
애 학생이라는 명칭을 붙이는 것은 삼가야 한다.

3. 청소년 자기행동 평가척도(YSR)

Achenbach(1991)가 CBCL을 토대로 개발한 만 11세부터 18세까지의 아동·
청소년을 대상으로 한 YSR(Youth Self Report)을 오경자, 이혜련, 하은혜, 홍강의
(2010)가 번안 및 표준화한 검사도구(K-YSR)로 국내 임상현장에서 사용되고 있
다. 현재 K-YSR는 YSR로 개정되어 현장에서 청소년의 문제행동 및 행동장애의
평가도구로 사용되는 표준화 검사도구이다.

1) 목적 및 대상

YSR은 만 11세부터 18세까지의 청소년들이 자신의 적응 및 정서 행동에 대해
평가하는 도구이다.

2) 구성 체계

YSR은 크게 적응능력척도와 문제행동증후군척도로 구성되어 있다. 적응능력척
도 영역은 사회성, 학업수행, 총 적응능력의 3개 하위척도와 문제행동 증후군 척
도 영역의 위축과 우울, 신체증상, 불안/우울, 사회적 미성숙, 사고문제, 주의집중

문제, 규칙위반, 공격행동, 기타의 9개 하위척도로 구분되고 있다. 하위영역을 묶어서 다시 내재화문제, 외현화문제 하위척도로 구성되어 있다. 이를 요약하여 제시하면 〈표 9-3〉과 같다.

〈표 9-3〉 구성 내용

전체척도		하위척도	비고	문항수
적응능력 척도	1	사회성		6
	2	학업 수행	4~5세는 해당되지 않으며 6세인 경우에도 초등학생에게만 적용	4
문제행동 증후군	1	위축/우울		8
	2	신체증상		10
	3	불안/우울		13
	4	사회적 미성숙		11
	5	사고의 문제		12
	6	주의집중문제		9
	7	규칙위반		15
	8	공격행동		17
	9	기타		10
	9	내재화 문제	위축, 신체증상, 불안/우울 척도의 합	31
	10	외현화 문제	규칙위반, 공격행동 척도의 합	32

3) 실시방법 및 채점

YSR은 청소년이 자신의 적응능력영역과 문제행동증후군영역에 대해 평정하도록 되어 있다. 소요시간은 15~20분으로 3점 리커트 척도(전혀 해당되지 않는다: 0점, 자주 그런 일이 있다: 1점, 많이 그렇다: 2점)로 실시한다. ASEBA 개발사 홈페이지 (http://www.aseba.co.kr)에서 온라인으로 채점과 결과 확인이 가능하다.

4) 결과 및 해석

YSR 결과 해석은 CBCL6-18과 같은 범위기준으로 제공된다. 예시는 다음 [그림

9-2]와 같다.

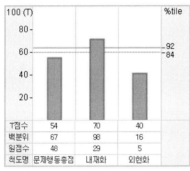

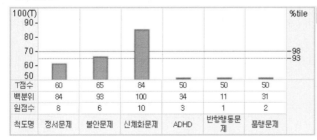

[그림 9-2] YSR 검사 결과 예시

출처: ASEBA 홈페이지(http://www.aseba.co.kr/).

🔲 4. 한국판 정서행동문제 평가척도(K-SAED)

한국판 정서행동문제 평가척도(Korea-Scales for Assessing Emotional Disturbance: K-SAED)는 미국의 유치원생부터 고등학생까지를 대상으로 한 SAED-2(Scales for Assessing Emotional Disturbance-Second Edition)를 진미영, 박지연(2017)이 「장애인 등에 대한 특수교육법」(이하 「장특법」)상의 '정서행동장애' 정의에 따른 '정서행동 장애를 지닌 특수교육대상자' 특징에 준하여 국내 초·중·고 일반학생 규준으로 표준화한 검사도구이다.

1) 목적 및 대상

K-SAED는 정서행동 문제로 인해 특수교육 서비스에 의뢰되는 학생에 대하여 법적 정의에 근거한 문제가 나타나는 영역과 심각한 정도를 사전 선별하고 추가 정밀 진단하기 위한 것이다. 만 6~18세 일반 학생을 대상으로 하며, 학생을 적어도 2개월 이상 잘 알고 있는 교사나 부모, 기타 주양육자가 검사를 실시한다.

2) 구성 체계

K-SAED는 3가지 형식 '규준 참조 평정척도' '발달과 교육에 대한 면담 기록지' '직접관찰 기록지'로 구성되어 있다(여기서는 주요 핵심 검사도구인 규준 참조 평정척도만을 다룬다). 규준 참조 평정척도는 정서행동문제 정의의 5가지 특징인 학습에 대한 어려움, 대인관계 문제, 부적절한 행동, 불행감이나 우울, 신체증상이나 공포 내용으로 37개 문항과 3개(38~40번)의 특별한 교육 조치 필요 정도를 측정하는 문항으로 총 40문항이다. 평정척도 구성 내용을 제시하면 〈표 9-4〉와 같다.

<표 9-4> K-SAED 척도별 구성 내용

종합척도	하위검사	내용	문항수	총 문항수
정서행동 문제	학습에 대한 어려움	• 읽기, 듣기, 쓰기, 수학 등에서의 어려움. • 주어진 학교 활동이나 숙제를 독립적으로 수행하지 못함. • 주의집중의 어려움. • 학교 과제에 대한 흥미나 동기의 부족 등에 관련된 정서행동문제 영역	10	40
	대인관계문제	반사회적 행동 또는 효과적인 사회적 행동의 부족함으로 나타나는 정서행동문제 영역	5	
	부적절한 행동	파괴적 행동과 공격적 행동에 초점을 둔 영역으로 공격, 반항, 방해. 파괴적인 특성으로 나타날 수 있는, 타인을 괴롭히거나 위협하거나 속이거나 거짓말을 하는 행동과 물건을 파괴하거나 망가뜨리는 행동으로 표출되어 예의가 없고 반항적으로 보이는 정서행동문제 영역	5	
	불행감 /우울	전반적으로 부정적인 사고와 정서(예: 슬픈 사건, 상실, 죽음, 무가치함, 죄책감 등) 및 행동들(사회적 행동과 관계로부터의 위축 등)을 포함한 정서행동문제 영역	10	
	신체증상/공포	괴로운 기분과 생각(예: 발생 가능성이 전혀 없는 재난에 대한 걱정 등) 부적절한 움직임(예: 틱, 손톱 물어뜯기, 머리카락 꼬기 등), 언어적 행동, 편치 못한 신체적 증상(예: 복통, 두통) 등을 포함한 정서행동문제 영역	7	
	교육적수행에 미치는 불리한 영향	학습, 사회성 또는 개인적 기술들을 포함한 학업에서의 학생의 기능 수준	3	

3) 실시방법 및 채점

K-SAED는 청소년이 자신의 적응능력 영역과 문제행동증후군 영역에 대해 평정하도록 되어 있다. 소요시간은 10분 이내로 4점 리커트 척도(전혀 해당되지 않는다: 0점, 약간 그러하다: 1점, 상당히 그렇다: 2점, 매우 심각하다: 3점)로 실시한다. 채점과 결과처리는 인싸이트 홈페이지(http://inpsyt.co.kr/)에서 온라인으로 확인이 가능하다.

4) 결과 및 해석

K-SAED의 정서행동문제 특징의 평정 결과는 5가지 하위척도별로 제시된다. 각 영역별로 세 가지 점수 결과(원점수, 백분위, 척도점수)가 산출되고, 이 평정척도에서 어느 영역의 척도 점수가 13 이하이면 그 영역은 정서행동장애를 가질 가능성이 없는 것으로 보고(문제 없음), 14에서 16까지의 점수는 정서행동장애의 가능성이 있다고 보며(준임상), 17 이상은 정서행동장애의 가능성이 높음(임상)을 의미한다. 또한 정서행동문제 지수는 평균 100, 표준편차 15인 표준 점수로 이 지수는 정서행동문제 특징을 구성하는 5가지 척도 점수의 합으로 산출된다. 정서행동문제 지수가 115 이상이면 매우 높은 점수를 의미하나 이 지수를 가지고 '정서행동장애의 가능성이 있음' 혹은 '정서행동장애 가능성이 높음'으로 해석하지는 않는다. 따라서 학생이 정서행동문제 특징 중 한 가지 영역 이상에서 '준임상 또는 임상' 범위에 속한다면 법적 정의하에서 특수교육 범주에 포함될 수 있으며, 그렇지 않으면 특수교육 범주 외에 기타 다른 적절한 중재가 제공되어야 한다.

예시를 제시하면 [그림 9-3]과 같다. 정다미(가명)의 척도 점수는 대인관계 문제 16, 부적절한 행동 15, 신체적 증상이나 공포 14로 이 세 가지 영역에서 '정서행동장애의 가능성이 있음'을 알 수 있으며, 학습에 대한 어려움 12, 불행감이나 우울 13이므로 이 두 영역에서는 '정서행동장애가 아님'으로 나타났으므로 특별한 교육 지원이 필요한 것으로 볼 수 있다.

K-SAED Korea-Scales for Assessing Emotional Disturbance **RESULT SUMMARY**

2015/05/10   Page 2   정다미   여자   만 12세08개월

Section 1. 기본 정보

학생이름	정다미	학교	초등
성별	여자	학년	6년
평정 응답일	2015/05/10	평정 응답자 이름 (학생과의 관계)	손유경(담임교사)
생년월일	2002/08/11	검사자의 이름	김예람
생활연령	12세08개월	검사자의 소속/직위	특수교육지원센터/교사

Section 2. 정서행동문제 특징의 평정 결과

정서행동문제 특징 하위척도	원점수	%ile (백분위)	척도 점수	해석(Descriptive Term)
학습에 대한 어려움(IL)	9	75	12	문제없음
대인관계 문제(RP)	14	98	16	준임상군
부적절한 행동(IB)	18	95	15	준임상군
불행감이나 우울(UD)	6	84	13	문제없음
신체적 증상이나 공포(PF)	8	91	14	준임상군
		척도 점수의 총합 =	70	

Section 3. 정서행동문제 특징의 해석

정서행동문제 특징 척도점수	13 이하	14~16	17 이상
정서행동문제 특징의 해석	정서행동장애가 아님 (문제없음)	정서행동장애의 가능성이 있음 (준임상군)	정서행동장애의 가능성이 높음 (임상군)

Section 4. 평정척도 검사 결과

척도 점수의 총합	70	%ile(백분위)	92	정서행동문제 지수	124

Section 5. 관찰한 바에 따른 해석과 제안

정다미 학생은 대인관계 문제, 부적절한 행동, 신체적 증상이나 공포 영역에서 정서행동문제의 가능성이 있는 것으로 나타났다. 이러한 정서행동문제는 정다미 학생의 교육적 수행에 심각한 정도로 불리한 영향을 미치고 있다.
쉬는 시간에 친구들에게 물건을 던지거나 욕을 하는 등의 부적절한 행동을 하며 교사에게도 무례한 태도로 반항한다.
자신이 한 행동을 인정하기보다는 친구들이 자기를 무시하거나 괴롭혔다고 주장할 때가 많다. 이러한 일들이 반복되면서 가깝게 지내는 친구가 거의 없는 채로 학교생활을 하고 있다. 정다미 학생의 학교생활적응을 높이기 위하여 특별한 지원이 필요하다. 이러한 지원에는 사회성 기술 향상프로그램, 자기조절 훈련, 특수교사와의 협력교수 등이 포함될 수 있다. 투입된 교육적 지원의 성과를 지속적으로 평가하여 적절한 행동의 증가를 위한 중재 방안을 추가 보완해 나가야 할 것이다.

[그림 9-3] K-SAED 검사결과 예시

출처: 진미영, 박지연(2017).

영유아 발달

❖ 차 재 경

장애 영유아는 0세부터 만 6세까지 장애인 등록을 하였거나 특수교육대상자로 선정된 영유아, 그리고 장애진단은 받지 않았지만 장애위험성이 높은 영유아까지 포함한다(국립특수교육원, 2016).

2007년 「장애인 등에 대한 특수교육법」에서 장애 영유아의 조기발견이 강조됨에 따라 선별검사를 효율적으로 실시하기 위하여 국내에서도 영유아 건강검진을 실시하는 등 지방자치단체 및 보건소와 병·의원 간에 원활한 협력관계가 이루어지도록 힘쓰고 있다. 또한 조기선별에 바탕을 둔 조기중재 프로그램은 장애를 예방하거나 장애 정도를 낮출 수 있기 때문에, 특수교육 분야에서 장애 영유아를 대상으로 한 교육지원은 향후 매우 중요하게 다뤄질 전망이다.

이 장에서는 국내에서 많이 사용되고 있는 영유아 발달 검사도구 중 선별 및 진단 검사도구 모두를 포함한 표준화된 검사도구를 중심으로 제시하고자 한다. 즉, 한국 영유아 발달선별검사(K-DST), 한국판 아동발달검사(K-CDI), 한국판 영유아 발달선별검사(KCDR-R), 한국형 Denver II(K-DDST-II), 한국 Bayley 영유아발달검사 II(K-BSID-II), 한국판 유아 발달선별검사(K-DIAL-3), 한국판 부모작성형 유아모니터링 체계(K-ASQ), 영아선별·교육진단 검사(DEP)를 중심으로 제시하였다.

1. 한국 영유아 발달선별검사(K-DST)

한국 영유아 발달선별검사(Korean Developmental Screening Test for Infants & Children: K-DST)는 국내 영유아 건강검진 사업의 일환으로 보건복지부와 질병관리본부(2014)에서 국내 실정에 맞는 발달선별 검사도구의 개발 필요성을 느끼고, 약 3년에 걸쳐 관련 학회 및 기관과 함께 개발한 검사도구이다(대한소아과학회, 2014).

1) 목적 및 대상

K-DST는 영유아 건강검진에서 영유아의 전반적인 발달을 평가하기 위한 검사로, 취학 전 연령인 6세 미만 영유아(만 4~71개월)를 대상으로 실시한다. 또한 의료기관이나 영유아 보육기관 등에서도 영유아의 발달을 선별하려는 목적으로 사용할 수 있다.

2) 구성 체계

　K-DST는 각 연령에 따라 총 5~6개의 영역에 걸쳐 총 40~48문항으로 구성되어 있다. 그중 자조영역은 일정한 발달기술을 획득한 후 계발되는 특성을 지니고 있어, 18개월 이후 평가하도록 이루어져 있다. 구체적인 구성 내용을 제시하면 다음 〈표 10-1〉과 같다.

<표 10-1> K-DST의 구성 체계

월령구간		영역 및 문항수						합계
		대근육운동	소근육운동	인지	언어	사회성	자조	
1	4~5개월	8	8	8	8	8	−	40
2	6~7개월	8	8	8	8	8	−	40
3	8~9개월	8	8	8	8	8	−	40
4	10~11개월	8	8	8	8	8	−	40
5	12~13개월	8	8	8	8	8	−	40
6	14~15개월	8	8	8	8	8	−	40
7	16~17개월	8	8	8	8	8	−	40
8	18~19개월	8	8	8	8	8	8	48
9	20~21개월	8	8	8	8	8	8	48
10	22~23개월	8	8	8	8	8	8	48
11	24~26개월	8	8	8	8	8	8	48
12	27~29개월	8	8	8	8	8	8	48
13	30~32개월	8	8	8	8	8	8	48
14	33~35개월	8	8	8	8	8	8	48
15	36~41개월	8	8	8	8	8	8	48
16	42~47개월	8	8	8	8	8	8	48
17	48~53개월	8	8	8	8	8	8	48
18	54~59개월	8	8	8	8	8	8	48
19	60~65개월	8	8	8	8	8	8	48
20	66~71개월	8	8	8	8	8	8	48

3) 실시방법 및 채점

K-DST는 영유아의 발달 과정 전반에 대한 관찰과 신뢰할 수 있는 보고가 가능한 부모 혹은 양육자가 작성하도록 한다. 검사지는 영유아의 검사 실시일과 출생일을 계산하여 월령에 적합한 것으로 결정하는데, 37주 미만의 미숙아의 경우에는 생후 24개월까지 실제 출생일 대신 출산 예정일을 기준으로 교정연령을 계산하여 검사지를 선택한다. 또한 전체 문항에 응답하는 데에는 약 5~10분이 소요된다. 만약 보호자가 일부 문항에 대한 반응을 결정하기 어려워 직접 영유아에게 시행해 본 후 응답을 결정하게 될 경우, 소요시간은 더욱 길어질 수 있다. 각 질문지는 양육자가 이해하기에 간단하며 직접적인 용어를 사용한 문항으로 구성되어 있다. 일부 문항의 경우, 양육자가 질문을 보다 쉽게 이해할 수 있도록 [그림 10-1]과 같이 제시되어 있다.

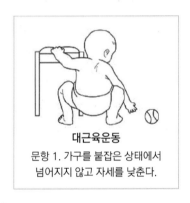

대근육운동
문항 1. 가구를 붙잡은 상태에서 넘어지지 않고 자세를 낮춘다.

소근육운동
문항 1. 엄지와 다른 손가락을 이용해 작은 과자를 집는다.

[그림 10-1] 그림문항 예시(12~13개월 대근육 · 소근육 운동 문항)
출처: 대한소아과학회(2014).

각 문항별 채점은 '전혀 할 수 없다'(0점), '하지 못하는 편이다'(1점), '할 수 있는 편이다'(2점), '잘 할 수 있다'(3점)의 총 4단계로 답하도록 구성되어 있다. 단, 검사지 후반에는 추가질문이 제시되어 있는데 아이가 해당 문제를 보이는지 여부에 대하여 '예(1)' 또는 '아니요(0)'에 표시한다(추가질문은 발달 과정에서 매우 중요하기에 별도로 고려가 필요한 항목과 신경발달장애를 탐지할 수 있는 항목을 주로 다룬다).

한편, 기존 영유아 건강검진 발달선별검사로 사용되어 온 한국판 부모작성형 유아 모니터링 체계(K-ASQ)는 오프라인에서만 사용이 가능한 반면, K-DST는 오프라인뿐만 아니라 온라인에서도 사용이 가능하다. 부모(양육자)가 '건강iN 사이트 (http://hi.nhis.or.kr)'에 접속해 영유아발달선별검사지를 작성해 저장하면, 검진의사가 해당 검사지를 온라인으로 확인해 보고 아이의 발달상태를 평가할 수 있어 검사 과정이 보다 쉽고 편리해졌다.

4) 결과 및 해석

K-DST는 검사자는 각 영역의 총점을 절단점과 비교하여 4가지 수준(빠른 수준, 또래수준, 추적검사 요망, 심화평가 권고)으로 분류한다. 이러한 4가지 수준에 대한 기준을 설명하면 다음과 같다.

'빠른 수준'은 각 영역별 총점이 월령집단 내에서 1표준편차(절단점 '다') 이상일 경우, 해당 영유아의 각 영역 발달수준은 빠른 편일 가능성이 높다. '또래수준'은 각 영역별 총점이 월령집단 내에서 ±1표준편차 이내에 해당할 경우(절단점 '나' 이상, 절단점 '다' 미만), 해당 영유아는 해당 영역에서 현재 '또래수준'에 해당하며 정상발달 중일 가능성이 높다. 그리고 '추적검사 요망'은 각 영역별 총점이 월령집단 내에서 −1표준편차(절단점 '나') 미만, −2표준편차(절단점 '가') 이상으로 나타날 경우, 해당 영유아의 발달사항은 지속적으로 관찰하고 주의를 기울여야 하는 상태일 가능성이 높다. 끝으로 '심화평가 권고'는 각 영역별 총점이 월령집단 내에서 −2표준편차(절단점 '가') 미만일 경우, 해당 영유아는 발달지연이 의심되므로 심화평가가 필요한 단계이다.

대한소아과학회(2014)의 사용지침서에 제시되어 있는 31개월 영유아의 검사 결과의 예를 살펴보면 다음 [그림 10-2]와 같다.

결과요약

영역 ＼ 분류	1	2	3	4	5	6	7	8	총점	절단점 가	절단점 나	절단점 다
대근육운동	3	3	3	3	3	3	3	2	23	14	17	23 √
소근육운동	3	3	3	2	3	3	2	2	21	12	15 √	22
인 지	3	2	2	2	2	1	1	0	13	7 √	14	23
언 어	2	2	2	1	1	0	1	0	9 √	12	19	23
사 회 성	2	2	1	2	1	1	1	0	10	9 √	15	23
자 조	2	3	2	3	2	3	2	1	18	11	15 √	23

추가 질문　　　　　　　　　　　　　　　　　　　1 = 예　0 = 아니오

문 항	1 (M)		2 (L)		3 (S)		4 (S)		5 (S)	
결 과	1	0 √	1 √	0	1 √	0	1 √	0	1	0 √

[그림 10-2] K-DST 30~32개월용 검사 결과지 예시

[그림 10-2] 검사 결과지의 결과를 해석해 보면, 영역별로 각 총점을 계산한 결과 대근육운동 영역은 절단점 '다'(+1표준편차) 이상인 '빠른 수준', 소근육운동 영역, 자조 영역은 절단점 '나'(-1표준편차)와 절단점 '다'(+1표준편차) 사이인 '또래 수준' 범위에 해당한다. 인지 영역과 사회성 영역은 절단점 '가'(-2표준편차)와 절단점 '나'(-1표준편차) 사이인 '추적평가 요망' 범위에 해당하며, 언어 영역은 절단점 '가'(-2표준편차) 미만인 '심화평가 권고' 범위에 해당한다. 이후 검사자는 추가질문에 응답한 내용 중 언어장애와 자폐성장애에 대한 추가질문에 '예'로 응답하고 있어 언어 및 사회성 발달의 문제에 대해서 심화평가가 필요하다고 결정한다.

2. 한국판 아동발달검사(K-CDI)

한국판 아동발달검사(Korean-Child Development Inventory: K-CDI)는 김정미, 신희선(2010)이 미국판 아동발달검사(CDI)(Ireton, 1992)를 국내 영유아 특성에 맞게 표준화한 것이다.

1) 목적 및 대상

K-CDI는 영유아의 발달수준 및 문제행동을 평가하기 위한 검사로, 15개월에서 만 6세 사이의 아동 또는 이보다 높은 연령임에도 생활연령이 약 15개월~만 6세 범위의 발달수준을 나타내는 것으로 판단되는 아동에게 실시하는 검사이다.

2) 구성 체계

K-CDI는 발달영역과 문제영역으로 나누어진다. 발달영역 총 9개 요소로 270문항과 문제영역(시각 · 청각 · 성숙문제, 운동능력 부조화, 언어문제, 미성숙, 주의집중문제, 행동문제, 정서문제) 7개 요소 30문항으로 구성되어 있으며, 총 300문항으로 구성되어 있다. 구체적인 구성내용은 다음 〈표 10-2〉와 같다.

<표 10-2> K-CDI의 구성 체계

영역		내용	문항수		
			하위 문항	영역 문항	총 문항수
발달 영역	사회성	개별적 상호작용, 집단 참여 상황에서 부모, 아동, 다른 성인들과의 상호작용 발달	35	270	300
	자조행동	먹기, 옷 입기, 목욕하기, 화장실 가기, 독립심과 책임감 발달	38		
	대근육운동	걷기, 뛰기, 오르기, 점프하기, 타기, 균형 잡기, 협응 능력 발달	29		
	소근육운동	물건을 들어 올리는 것부터 낙서하고 그림 그리는 것까지 눈과 손의 협응 발달	30		
	표현언어	간단한 몸짓, 발성, 언어 행동부터 복잡한 언어 표현까지 표현적 의사소통 발달	50		
	언어이해	간단한 이해에서부터 개념의 이해까지 언어이해 발달	50		
	글자	쓰기와 읽기를 포함하는 문자와 단어에 대한 인지발달	23		
	숫자	간단한 숫자 세기부터 간단한 산수 문제풀이까지 수의 양과 숫자에 대한 인지발달	15		

전체발달	발달의 총체적 지표를 제공해 주는 요약척도로, 위의 하위척도로부터 가장 연령 구분력이 뛰어난 10개의 문항(단, 글자 및 숫자척도에서 각각 5문항으로 구성)	(70)[1]	
문제 영역	시각 · 청각 · 성숙문제	9	30
	운동능력 부조화	2	
	언어문제	4	
	미성숙	4	
	주의집중문제	3	
	행동문제	3	
	정서문제	4	
	그 밖에 다른 문제가 있을 경우(직접 주관식으로 기록)	1	

3) 실시방법 및 채점

K-CDI는 아동을 양육하고 있는 부모나 양육자의 보고에 의해 실시하는 검사로 약 30~40분 정도 소요된다. 또한 2점 평정척도(예: 아니요)로 되어 있으며, '예'는 아동이 현재 하는 행동이거나 또는 지금은 하지 않지만 이전에 했던 행동들일 경우, '아니요'는 아동이 현재 잘하지 못하거나 요즘 막 시작하려는 행동으로 가끔씩 관찰되는 행동일 경우 응답하면 된다.[1]

4) 결과 및 해석

K-CDI는 피검자에게 발달영역의 9개 척도별로 발달연령과 발달프로파일을 제공한다. 인싸이트 홈페이지(http://inpsyt.co.kr)에서 피검자의 검사반응을 입력하면 웹상에서 검사 결과가 자동적으로 산출되고 출력할 수 있다. 5세 2개월 아동의 결과 예시를 살펴보면 다음과 같다.

---

1) 총 문항수에는 포함되지 않음.

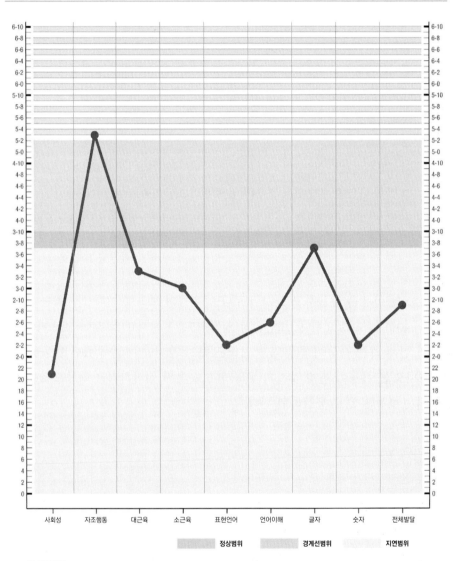

K-CDI Interpretive Report
2016/10/10   Page 3   SAMPLE   여   만 5세 2개월

K-CDI 결과 프로파일

정상범위   경계선범위   지연범위

(사회성 자조행동 대근육 소근육 표현언어 언어이해 글자 숫자 전체발달)

※ 주의사항

본 검사 결과는 아동발달을 돕기 위한 자료이며 아동을 이해하기 위해서는 다양한 검사를 실시하고 종합적인 해석을 요합니다.
따라서 본 검사 하나의 결과로 아동의 현재 발달상태를 단정할 수 없습니다.
또한 기록용지의 모든 문항 (발달영역 270문항과 문제항목 30문항)에 응답하지 않았다면 사실과 다른 결과가 나올 수 있습니다.

[그림 10-3] K-CDI 결과 프로파일

<표 10-3> K-CDI 결과 해석

K-CDI 2017-7-05	김○○/ 여		만 5세2개월
영역	**측정내용**	**K-CDI 진단 결과**	
		발달연령 (개월/년-월)	**발달범위**
사회성	개별적 상호작용, 집단 참여 상황에서 부모, 아동, 다른 성인들과의 상호작용 발달	21	지연
자조행동	먹기, 옷 입기, 목욕하기, 화장실 가기, 독립심과 책임감 발달	5-2	정상
대근육운동	걷기, 뛰기, 오르기, 점프하기, 타기, 균형 잡기, 협응 능력 발달	3-3	지연
소근육운동	물건을 들어올리는 것부터 낙서하고 그림 그리는 것까지 눈과 손의 협응 발달	3-0	지연
표현언어	간단한 몸짓, 발성, 언어 행동부터 복잡한 언어 표 현까지 표현적 의사소통 발달	2-1	지연
언어이해	간단한 이해에서부터 개념의 이해까지 언어이해 발달	2-5	지연
글자	쓰기와 읽기를 포함하는 문자와 단어에 대한 인지 발달	3-7	지연
숫자	간단한 숫자 세기부터 간단한 산수 문제풀이까지 수의 양과 숫자에 대한 인지발달	2-2	지연
전체발달	발달의 총체적 지표를 제공해 주는 요약척도로서, 위의 하위척도로부터 가장 연령 구분력이 뛰어난 10개의 문항(단, 글자 및 숫자 척도에서 각각 5문 항으로 구성)	2-8	지연

※ 결과 해석 시 주의사항: 아동이 현재 36개월 이하일 경우 글자, 그리고 24개월 이하일 경우 숫자
와 글자 영역에서 지연범위(예: 12개월)로 나타날 수 있습니다. 이는 발달상 자연스러운 성숙 과
정이므로 결과 해석 시 주의해야 합니다.

아동의 발달은 개인 내 그리고 개인 간 차이가 민감하게 작용하므로 각 아동에 대한 심층 이해를 위해서는 결과에 대해 전문가로부터 개별상담을 받으시길 권합니다.

총평

김○○ 아동은 전체발달이 경계선 이하(지연) 범위입니다. 자조행동 요인의 발달수준은 정상범위입니다. 아동의 사회성, 대근육, 소근육, 표현언어, 언어이해, 글자, 숫자, 전체발달 요인은 연령수준에 비해 발달지연이 의심됩니다. 전문가와 보다 자세한 진단 또는 상담이 요구됩니다. 영유아의 부모가 아동발달에 미치는 영향력은 매우 중요합니다. 아동의 현재 발달수준에서 아동을 이해하고 일상 중의 자연스러운 상황에서 아동의 관심과 흥미 수준에 맞는 활동의 경험을 자주 갖는 것은 아동발달을 향상시키는 데 도움이 될 것입니다.

문제항목

* 언어능력 문제

282. 또래 아이들에 비해 잘 말하지 못한다.

283. 아동이 하는 말을 이해하기 어렵다(만 3세 아동의 경우).

285. 다른 사람의 말을 잘 이해하지 못하거나 이해가 느리다.

3. 한국판 영유아 발달선별검사(KCDR-R)

한국판 영유아 발달선별검사(Korean Child Development Review-Revised: KCDR-R)는 미국판 영유아 발달선별검사(Child Development Review: CDR)에 근거하여 국내 타당화 연구를 거쳐 2006년 김정미와 신희선이 표준화한 K-CDI와 함께 출판되었다. 먼저, 부모질문지는 미국판 CDR을 그대로 번안하여 사용하였고, 영유아발달표는 국내 아동을 대상으로 표준화하였다. 그리고 K-CDI의 국내 아동발달 규준에 근거하여 영유아발달목록을 재구성하였다. 이후 K-CDR은 축약형으로 2009년 영유아발달표의 대상연령을 0~6세로 확장하여 문항을 추가해 보완하였고, 2011년 KCDR-R로 명명해 김정미와 신희선(2011)이 표준화하였다.

1) 목적 및 대상

KCDR-R은 영유아의 현행 발달수준을 평가하기 위한 발달선별검사로 0~6세를 대상으로 하는 검사이다.

2) 구성 체계

KCDR-R은 부모질문지와 영유아발달표로 구성되어 있다. 부모질문지에는 6개의 서술형 질문과 25개의 문제항목이 포함되어 있으며, 영유아발달표에는 5개 발달영역에 걸쳐 총 113문항이 포함되어 있다.

2006년도에 표준화한 K-CDR에서는 5개 영역에 걸쳐 0~5세 사이 아동의 발달 범위에 해당하는 100문항으로 구성되어 있었다. 그 이후 개정판 KCDR-R은 0~6세 범위에 해당되는 아동의 발달지표를 제시하고 있으며, 5개 발달영역에 거쳐 총 113문항으로 구성되어 있다. KCDR-R의 문항들은 K-CDI로부터 99개 문항과 IDI로부터 14개 문항을 추출하여 구성하였다. 구체적인 구성내용은 다음 〈표 10-4〉와 같다.

<표 10-4> KCDR-R의 구성 체계

영유아 발달영역	월령구간 및 문항수						전체 문항수
	0~1세	1~2세	2~3세	3~4세	4~5세	5세 이상	
사회성	6	5	4	4	2	2	23
자조행동	4	4	5	4	3	2	22
대근육운동	6	5	3	4	2	3	23
소근육운동	5	3	4	3	4	3	22
언어	5	4	4	3	4	3	23
합계	26	21	20	18	15	13	113

3) 실시방법 및 채점

KCDR-R은 아동을 잘 알고 있는 부모, 양육자의 보고에 의해 실시하는 검사로 소요시간은 약 10~15분이다. 또한 2점 척도로 아동이 규칙적으로 또는 빈번히

한다고 보고한 행동의 번호에 체크 표시하고, 아동이 요즘 하기 시작한 행동 또는 이따금씩 보이는 행동이라면 그 행동 번호에 B로 표시한다.

4) 결과 및 해석

KCDR-R은 부모 또는 검사자가 발달영역별로 체크한 결과를 바탕으로 연령규준에 따라 비교한다. 영유아발달표는 0~6세의 아동을 위한 것이고, 0~18개월 사이의 영아들은 영아발달표(Infant Development Inventory: IDI)를 사용하면 된다. 또한 결과 해석은 정상발달(전형적인 발달), 경계선 발달, 지연발달로 구분되며 아동의 약점뿐만 아니라 강점을 고려하여 해석한다.

4. 한국형 Denver II(K-DDST-II)

한국형 Denver II(K-Denver Development Screening Test: K-DDST-II)는 세계적으로 가장 널리 사용되고 있는 발달검사 중 하나로 Frankenburg와 Dodds가 1967년에 최초로 개발한 검사이다. 이를 토대로 국내에서는 국내 영유아의 특성에 맞게 오가실(1976)이 처음 표준화를 시작하였고, 최근에는 신희선, 한경자, 오가실, 오진주, 하미나(2002)가 표준화하였다.

1) 목적 및 대상

K-DDST-II는 영유아의 전반적인 발달상태를 알아보고 발달지연 또는 문제의 가능성이 있는 영유아를 선별하기 위한 검사로 생후 1~6세까지를 대상으로 실시한다.

2) 구성 체계

K-DDST-II는 네 가지 영역에 걸쳐 총 110개의 문항으로 구성되어 있다. 구체적인 구성내용은 다음 〈표 10-5〉와 같다.

<표 10-5> K-DDST-II의 구성 체계

영역	내용	문항수	총 문항수
전체운동	앉고 걷고 뛰는 등 큰 근육운동	27	
언어	듣고 이해하고 언어를 사용하는 능력	34	
미세운동-적응 기능	눈-손의 협응, 작은 물체의 조작, 문제해결 능력	27	110
개인-사회성	사람들과 상호작용하고 일상생활을 위한 개인적 요구를 스스로 해결할 수 있는 자가간호 능력	22	

3) 실시방법 및 채점

K-DDST-II는 개별검사 형태로 소요시간은 약 10~20분이다. 검사자는 검사 대상 연령에 알맞은 여러 가지 과제를 제시하여 수행할 수 있다. 응답형태는 '예'(유아가 행동을 수행할 때), '아니요'(아직 행동을 수행하지 못할 때)로 되어 있다. 그리고 각 항목의 합격여부를 50% 표시 가까이에 기호로 기입한다. 즉, 합격을 한 경우에는 P(Pass), 실패한 경우 F(Fail), 거부할 경우 R(Refuse), 그 항목을 한 적이 없을 경우에는 NO(No Opportunity)로 기입한다. 연령선을 교차하여 지나가지 않는 항목은 막대기(bar) 우측단을 진하게 칠하여 지연이 있음을 표시한다. 검사지는 다음 [그림 10-4]와 같다.

한국형 Denver Ⅱ 검사지

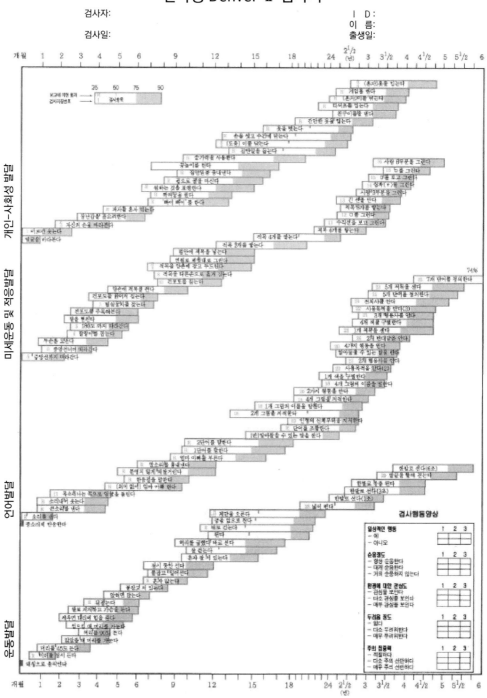

[그림 10-4] K-DDST-Ⅱ 검사지

출처: 신희선 외(2002).

4) 결과 및 해석

K-DDST II는 실시한 검사항목 중 지연으로 채점된 항목의 수에 따라 정상(주의 1개 이하), 의심(17개 이상의 지연 또는 2개 이상의 주의), 검사 불능으로 해석한다.

5. 한국 Bayley 영유아 발달검사 II(K-BSID-II)

한국 Bayley 영유아 발달검사(Korean-Bayley Scales of Infant Development-II: K-BSID-II)는 1993년 미국의 Bayley 영유아 발달검사 2판(BSID-II)을 2006년에 박혜원과 조복희가 우리나라 영유아를 대상으로 표준화한 검사이다.

1) 목적 및 대상

K-BSID-II는 영유아의 발달수준을 평가하고, 정상발달로부터 얼마만큼 지연되었는지 그 정도를 파악하기 위한 검사로 1~42개월의 영유아를 대상으로 한다.

2) 구성 체계

인지척도, 동작척도, 행동평정척도의 세 가지 척도에 걸쳐 총 319문항으로 구성되어 있다. 구체적인 구성내용을 살펴보면 다음 〈표 10-6〉과 같다.

<표 10-6> K-BSID-II의 구성 체계

영역	내용	문항수	총 문항수
인지척도	• 인지발달: 기억, 문제해결, 일반화, 분류, 변별, 타인조망, 수세기 등 • 언어발달: 발성, 어휘, 수용언어, 표현언어, 전치사 사용 등 개인-사회성 발달 등	178	319
동작척도	• 소근육 발달: 잡기, 쓰기, 도구의 사용, 손 운동의 모방 등 • 대근육 발달: 구르기, 기기, 앉기, 서기, 걷기, 뛰기, 균형 잡기 등	111	
행동평정척도	• 아동의 주의 및 각성 상태와 과제 및 검사자에 대한 참여 정도 • 정서 조절과 운동의 질	30	

3) 실시방법 및 채점

K-BSID-II는 검사자와 영유아 간에 일대일로 실시하는 형태이며, 소요시간은 15개월 미만은 30분 내외, 15개월 이상은 약 1시간 정도이다. 검사자는 영유아의 다양한 변인들을 고려하여 라포를 형성하며, 융통성 있게 영유아에게 친숙한 검사도구를 먼저 제시하는 것이 좋다. 채점 기준은 성공(Pass), 실패(Fail), 생략(Omit), 유아의 거부(Refused), 유아가 수행 가능(Reported by mother)으로 보고되는 문항으로 기입한다.

4) 결과 및 해석

K-BSID-II는 크게 네 가지 분류로 검사 결과를 해석할 수 있다. 즉, 빠름(발달지수 115 이상), 정상발달(85~115), 약간 지연(84~70), 심각한 지연(69 이하)으로 구분하여 해석할 수 있다.

6. 한국판 유아 발달선별검사(K-DIAL-3)

한국판 유아 발달선별검사(Korean-Developmental Indicators of Assessment for Learning-3: K-DIAL-3)는 미국판 유아 발달선별검사(DIAL-3)(Mardell-Czudnowski & Goldenberg, 1998)를 전병운, 조광순, 이기현, 이은상, 임재택(2004)이 한국 유아의 특성에 맞게 표준화한 것이다.

1) 목적 및 대상

K-DIAL-3는 잠재적 발달지체 및 장애위험성이 높은 아동들을 선별하기 위한 검사로 만 3세~6세 11개월까지의 영유아를 대상으로 하는 검사이다.

2) 구성 체계

K-DIAL-3는 5개의 발달영역으로 구성되며, 사회성 영역의 보완 영역으로 심리사회적 행동영역이 포함되어 있다. 구체적인 구성내용을 살펴보면 다음 〈표 10-7〉과 같다.

〈표 10-7〉 **K-DIAL-3의 구성 체계**

영역		문항수	총 문항수
운동		7	
인지		7	
언어		6	
자조		15	64
사회성	사회성 발달	20	
	심리사회적 행동	9	

3) 실시방법 및 채점

K-DIAL-3는 부모 보고와 개별검사를 함께 실시하는 검사로 소요시간은 30분 이내이다. 또한 3점 척도로 '항상 또는 대부분 그렇다'(2점), '때때로 또는 부분적으로 그렇다'(0점), '전혀, 또는 거의 전혀 그렇지 않다'(1점)로 구분되어 있다.

4) 결과 및 해석

K-DIAL-3는 운동·인지·언어 영역별, 그리고 전체 영역에 대한 백분위점수와 발달연령을 제공하고 자조·사회성 영역에서는 백분위점수를 제공한다. 이러한 백분위점수와 제시된 절선기준을 근거로 '잠재적 지체'(아동이 수행한 것이 평균 이하의 점수를 나타내 보여 잠재적으로 발달지체의 가능성을 지니고 있음), '통과'(아동이 수행한 것이 평균범위 내의 수준을 나타내어 생활연령에 적합한 기술이 발달하고 있음)라는 결정을 하게 된다.

7. 한국판 부모작성형 유아 모니터링 체계(K-ASQ)

한국판 부모작성형 유아 모니터링 체계(Korea-Ages and Stage Questionnaires: K-ASQ)는 미국의 Ages and Stage Questionnaires-2(ASQ)(Squires, Potter, & Bricker, 1999)를 허계형, Jane Squires, 이소영, 이준석(2006)이 한국 유아의 특성에 맞게 표준화한 것이다.

1) 목적 및 대상

K-ASQ는 발달지체 또는 장애 가능성이 있는 영유아들을 선별하기 위한 검사로 4~60개월까지의 영유아를 대상으로 실시하는 검사이다.

2) 구성 체계

K-ASQ는 하위 5개 영역에 걸쳐 30문항으로 구성되어 있으며, 종합부분의 7문항을 합해서 총 문항수는 37문항으로 구성되어 있다. 각 연령별 문항은 유아의 발달 단계에 따라 다르게 구성되어 있다. 구체적인 구성내용은 다음 〈표 10-8〉과 같다.

〈표 10-8〉 K-ASQ의 구성 체계

	월령	영역 및 문항수					합계
		의사 소통	대근육 운동	소근육 운동	문제 해결	개인- 사회성	
1	4개월	6	6	6	6	6	30
2	6개월	6	6	6	6	6	30
3	8개월	6	6	6	6	6	30
4	10개월	6	6	6	6	6	30
5	12개월	6	6	6	6	6	30
6	14개월	6	6	6	6	6	30
7	16개월	6	6	6	6	6	30
8	18개월	6	6	6	6	6	30
9	20개월	6	6	6	6	6	30
10	22개월	6	6	6	6	6	30
11	24개월	6	6	6	6	6	30
12	27개월	6	6	6	6	6	30
13	30개월	6	6	6	6	6	30
14	33개월	6	6	6	6	6	30
15	36개월	6	6	6	6	6	30
16	42개월	6	6	6	6	6	30
17	48개월	6	6	6	6	6	30
18	54개월	6	6	6	6	6	30
19	60개월	6	6	6	6	6	30

3) 실시방법 및 채점

K-ASQ는 유아를 잘 아는 부모나 양육자가 체크하는 형태이며, 약 15분 정도 소요된다. 유아의 관찰자가 해당 문항에 따라 아이의 관찰 행동을 바탕으로 '예' '가끔' '아니요'로 체크하도록 구성되어 있으며, '예'라고 응답한 경우 10점, '가끔'이라고 응답한 경우 5점, '아니요'로 응답한 경우에는 0점을 기록하여 해당 범주별로 총점을 기록한 뒤, 연령별 진단 기준과 비교하여 추후 관찰이 필요한지, 또는 정상적으로 발달하고 있는지를 판단한다.

4) 결과 및 해석

k-ASQ는 2가지 형태로 결과를 해석할 수 있는데, [   ]구간 안에 들어가 있을 때는 잘 수행하고 있음을 의미하고, [   ] 구간 안에 들어가 있을 때는 개별적으로 상담할 필요(이후 평가해 볼 필요)가 있는 경우를 의미한다.

8. 영아선별 · 교육진단 검사(DEP)

영아선별 · 교육진단검사(Developmental assessment for the Early intervention Program planning: DEP)는 기존의 외국에서 개발된 도구가 우리나라의 사회 · 문화적 특성이나 상황까지 반영하는 데 한계가 있다는 것을 느끼고 이러한 문제를 개선하기 위해 장혜성, 서소정, 하지영(2008)이 개발한 검사이다.

1) 목적 및 대상

DEP는 발달지체 또는 장애위험 가능성이 높은 영아를 조기 선별하고, 영아의 전반적인 발달수준을 파악해서 적절한 발달 과정을 밟고 있는지, 아니면 발달이 지체되는지 선별하기 위한 검사이다. 또한 개별화교육프로그램(IEP), 개별화가족서비스계획(IFSP)을 실행하기 위한 객관적이고 체계적인 정보를 제공할 수 있는 검사로 0~36개월 영아를 대상으로 한다.

2) 구성 체계

DEP는 6개 발달영역에 걸쳐 총 344문항으로 구성되어 있다. 또한 월령단계로 구분되어 있고 월령별로 단계별 문항이 구분되어 있다. 구체적인 구성내용은 다음 〈표 10-9〉와 같다.

〈표 10-9〉 **DEP의 구성 체계**

영역 구성＼월령	월령구간 및 문항수								전체 문항수
	0~3 개월	4~6 개월	7~9 개월	10~12 개월	13~18 개월	19~24 개월	25~30 개월	31~36 개월	
대근육운동기술	6	7	7	8	6	8	8	6	56
소근육운동기술	8	8	6	8	6	7	6	7	56
의사소통	6	7	7	7	6	8	11	16	68
사회정서	6	10	6	7	7	6	6	7	55
인지	6	6	6	7	7	7	9	9	57
기본생활	6	6	6	7	6	9	6	6	52
전체	38	44	38	44	38	45	46	51	344

3) 실시방법 및 채점

DEP는 교사 또는 부모, 양육자가 직접 관찰을 통해 작성하도록 되어 있고, 대상 영아를 관찰한 경험이 없는 제3자가 부모, 양육자, 교사를 대상으로 면접 질문을 통해 대상 영아의 현행 발달수준을 검사할 수도 있다. 각 문항에 대해 성공하면 '예', 부분적으로 성공하면 '가끔', 실패하면 '아니요'로 수행여부를 기록하도록 되어 있다. 각 문항의 수행여부에 대해서는 '예'는 10점, '가끔'은 5점, '아니요'는 0점으로 채점된다.

4) 결과 및 해석

DEP 검사를 통해 영아의 발달수준을 확인하고 영아가 지닌 장점과 취약점을 파악할 수 있으며, 결과 해석은 다섯 가지(매우 빠름, 빠름, 보통, 느림, 매우 느림)로 구분된다. 이 중 느림은 지속적인 관찰이 요구되는 아동을 의미하고, 매우 느림은 2차 전문가 평가가 필요한 아동을 의미한다.

제 11 장

진로 및 직업

❖ 오 자 영

진로(career)란 사람들이 살아가는 인생행로를 말하며, 살아간다는 것은 일을 한다는 것과 밀접한 관련이 있기 때문에 진로는 일과 관련된 것을 의미한다. 진로는 대상에 따라 다른 말로 사용되는데, 청소년과 관련된 분야에서는 '진로'라는 말로 흔히 사용되고 성인들과 관련된 분야에서는 '직업'이나 '경력'이라는 말로 더 많이 사용되고 있다.

직업이란 경제적 보상과 지속성이 있는 활동으로 사회적 지위나 위상을 나타내는 '직(profession)'과 생업을 뜻하는 업(occupation)'이 합쳐진 말이다. 직업은 생계를 유지하기 위하여 자신의 적성과 능력에 따라 일정 기간 동안 계속하여 종사하는 일로 정의된다.

진로교육은 의미 있는 직업 또는 직업 가치를 선택하도록 도와주는 교육이며, 직업교육은 개인이 일의 세계를 탐색하여 자기의 적성 · 흥미 · 능력에 맞는 일을 선택하고, 그 일에서 필요로 하는 지식 · 기능 · 태도 · 이해 및 판단력과 일에 대한 습관 등을 개발하는 형식 및 비형식적인 교육으로 정의된다(국립특수교육원, 2009c).

「장애인 등에 대한 특수교육법」의 진로 및 직업 교육에 대한 정의를 살펴보면 "특수교육대상자의 학교에서 사회 등으로의 원활한 이동을 위하여 관련기관의 협력을 통하여 직업재활훈련 · 자립생활훈련 등을 실시하는 것"을 말한다.

이 장에서는 우리나라에 출판되어 많이 활용되고 있는 진로 · 직업 검사도구로서 장애청소년 진로성숙도검사, 지적장애인용 그림직업흥미검사(PVIT), 홀랜드-Ⅲ 성격적성검사(Holland-CAS), 진로인식검사, Strong 직업흥미검사, 비언어성 직업흥미검사(개정판 RFVⅡ), 맥케런 다이얼 시스템(MDS), 퍼듀펙보드 등을 제시하였다.

1. 장애청소년 진로성숙도검사

장애청소년 진로성숙도검사는 장애학생의 자기주도적 진로탐색에 필요한 태도, 능력, 행동을 측정하기 위하여 한국장애인고용공단(2015)에서 개발한 검사도구로 김동일 외 6명에 의해 타당화되었다. 고등학교와 전공과에 재학 중인 장애학생 중 가장 활용도가 높을 것으로 예상되는 지적장애 및 발달장애 2, 3급 학생 수준에 맞게 제작되었다.

1) 목적 및 대상

본 검사의 대상자는 고등학교 2~3학년과 특수학교 전공과에 재학 중인 지적장애 및 자폐성장애 학생이다. 장애청소년들의 진로탐색에 필요한 태도, 능력, 행동을 평가하기 위해 지적장애 및 자폐성장애 2~3급 학생들이 검사 대상자로 추천되지만, 지적장애 및 자폐성장애 1급 학생이라 할지라도 교사(평가사)가 판단했을 때 기능 수준이 2~3급의 다른 장애학생과 비슷하다고 여겨진다면 검사를 실시해도 무관하다.

2) 구성 체계

이 검사도구는 3개 영역으로 되어 있고 총 32문항이다. 장애청소년 진로성숙도검사는 지적장애가 보이는 장애 특징(인지능력 부족, 일상생활 및 직업 적응 능력 부족)을 고려하여, 기존의 일반청소년 대상 진로성숙도 검사에서는 포함되지 않았던 새로운 개념인 자립성, 직장 적응능력, 진로 준비행동이 세부 영역으로 포함되었다. 이를 구체적으로 제시하면 〈표 11-1〉과 같다.

<표 11-1> 장애청소년 진로성숙도검사의 구성 체계

영역	문항 내용	문항수		총 문항수
1. 진로 태도	일에 대한 태도	3	9	32
	독립성	4		
	계획성	2		
2. 진로 능력	자기 이해	4	18	
	직업 지식	5		
	자립성	3		
	직장 적응능력	6		
3. 진로 행동	진로탐색	3	5	
	진로 준비행동	2		

3) 실시방법 및 채점

장애청소년 진로성숙도검사는 검사 실시자와 대상자가 구분된 검사이다. 대상 장애학생을 적어도 6개월(1학기) 이상 관찰한 교사(담임교사, 특수교사, 직업교사) 또는 직업평가사가 실시한다. 만약 교사가 6개월 이상 검사 대상자를 관찰하지 못한 경우, 검사 대상자를 오랜 시간 동안 관찰한 부모 또는 직업평가사, 사회복지사 등 주변 전문가에게 요청해야 한다.

본 검사는 진로 관련 검사에서 활용하던 리커트 척도가 아닌 위계적 선택지로 구성되어 각 문항별로 학생들이 경험하는 현상과 행동의 발생빈도를 낮은 수준부터 높은 수준까지 4단계의 위계적 선택지로 제공하고 있으며, 한국장애인고용공단(https://www.kead.or.kr)에서 제공하는 온라인 검사를 실시한다. 소요시간은 20분 정도이다.

4) 결과 및 해석

장애청소년 진로성숙도검사는 진로성숙 기초수준을 측정하는 3개의 문항을 포함하고 있어 평균/총점이 개인프로파일에 표시된다. 기초수준 테스트에서 평균 0점을 받았다면 검사 결과를 신뢰하기에 다소 어려움이 있는 것으로 판단하여 검사 해석에 유의하여야 한다.

검사 결과, 백분위점수와 환산점수에 따른 결과 해석 방법은 〈표 11-2〉와 같다.

〈표 11-2〉 진로성숙도 기준에 대한 해석

기준			해석	
구분	백분위점수	환산점수(T)		
매우 높음	93 이상	65 이상	일반고용	지원이 없이도 일반고용이 가능한 일반고용
조금 높음	71~93	55 이상~ 65 미만	간헐적 지원이 필요한 일반고용	직무지도원 배치 없이 개별적으로 직장에 배치될 수 있으나 업무 및 동료와의 관계 형성을 위해 다른 동료의 도움이 일시적으로 필요한 일반고용

중간	31~70	45 이상~ 55 미만	간헐적 지원이 필요한 지원고용	개별적으로 직장에 직무지도원이 함께 업무처리, 동료 및 상사와의 관계의 지도를 받는 지원고용
조금 낮음	7~30	35 이상~ 45 미만	지속적 모니터링 기반 지원고용	비장애인 동료와 제한적으로 통합된 형태의 지원고용
매우 낮음	7 이하	35 미만	보호고용	장애인에게 특별히 배려된 비통합 환경에서의 보호고용

　　검사 결과는 진로성숙도 하위영역별 원점수를 5단계(5-매우 높음, 4-조금 높음, 3-중간, 2-조금 낮음, 1-매우 낮음)로 구분하여 백분위 그래프로 나타낸다.

　　진로성숙도 전체 프로파일 해석은 〈표 11-2〉에서 해당되는 백분위점수와 환산점수(T)에 빨간색 글자로 표시된다. 그리고 하위구인별 프로파일 해석은 〈표 11-2〉 장애청소년 진로성숙도검사의 하위영역별 요인에서 백분위에 따라 3단계(높음, 중간, 낮음) 중 하위구분의 각 세부영역별로 빨간색 글씨로 표시된다.

　　장애청소년 진로성숙도 온라인 검사 결과를 예를 들어 제시하면 해석은 [그림 11-1] [그림 11-2] [그림 11-3] [그림 11-4]와 같다.

기초 수준 테스트

- 본 검사는 진로성숙 기초 수준을 측정하는 3개의 문항을 포함하고 있습니다.
- 기초수준 테스트에서 평균 0점을 받았다면 본 검사 결과를 신뢰하기에 다소 어려움이 있는 것으로 판단되오니 검사 해석에 유의해주십시오.

평균 2.0점 / 총점 3점

하위영역(해당 문항)	원점수	T점수	백분위점수	구인	원점수	T점수	백분위점수
일에 대한 태도(4, 5, 32)	3	44	26	진로태도	9	44	28
독립성(6, 7, 8, 9)	5	48	41				
계획성(10, 11)	1	42	20				
자기이해(12, 13, 14, 15)	5	49	44	진로능력	21	42	21
직업지식(16, 17, 18, 19, 2)	5	39	13				
자립성(1, 2, 3)	6	53	60				
직장적응능력(21, 22, 23, 24, 25, 26)	5	37	9				
진로탐색(27, 28, 29)	3	50	50	진로행동	4	46	35
진로준비행동(30, 31)	1	42	20				
원점수총점	34			하위구인별 T점수의 합	132		28
				환산점수(T점수)	44		
단계	조금 낮음 (2단계)			직업기능수준	지속적 모니터링 기반 지원 고용		

[그림 11-1] 장애청소년 진로성숙도 검사 결과 예시(기초수준 테스트 프로파일)

진로성숙도 하위영역별 그래프 (백분위점수)

단계안내 : 5 - 매우높음   4 - 조금높음   3 - 중간   2 - 조금낮음   1 - 매우낮음

하위구인	하위영역	백분위	%ile
진로태도	일에대한태도		26
	독립성		41
	계획성		20
진로능력	자기이해		44
	직업지식		13
	자립성		60
	직장적응능력		9
진로행동	진로탐색		50
	진로준비행동		20

[그림 11-2] 장애청소년 진로성숙도검사 결과 예시(하위영역별 그래프-백분위점수)

■ 진로성숙도 전체 프로파일 해석

구분	기준		해석	
	백분위점수	환산점수(T)		
매우높음	93이상	65이상	일반고용	지원이 없이도 일반고용이 가능한 일반고용
조금높음	91~93	55이상 – 65미만	간헐적 지원이 필요한 일반고용	직무지원 배치 없이 개별적으로 직장에 배치될 수 있으나 업무 및 동료와의 관계형성을 위해 다른 동료의 도움이 일시적으로 필요한 일반고용
중간	31~70	45이상 – 55미만	간헐적 지원이 필요한 지원고용	개별적으로 직장에 직무지도원이 함께 업무처리, 동료 및 상사와의 관계의 지도를 받는 지원고용
조금낮음	7~30	35이상 – 45미만	지속적 모니터링 기반 지원 고용	비장애인 동료와 제한적으로 통합된 형태의 지원고용
매우낮음	7이하	35미만	보호고용	장애인에게 특별히 배려된 비통합 환경에서의 보호고용

[그림 11-3] 장애청소년 진로성숙도검사 결과 예시(전체프로파일 해석)

진로성숙도 프로파일 결과 해석

■ 하위구인별 프로파일 해석

하위구분	세부영역	높음	중간	낮음
		백분위71%이상	백분위31~70%	백분위30%이하
진로태도	일에대한태도	삶에서 직업이 가지는 의미를 잘 알고 있으며 직업에 대한 합리적인 사고를 하는 편입니다.	삶에서 직업의 의미를 깊이 인식하고 직업에 대한 경직된 생각을 갖지 않도록 노력 할 필요가 있습니다.	직업이 자신의 삶에서 중요하지 않다고 생각하며 직업에 대한 차별적인 사고를 가지고 있습니다.
	독립성	진로는 내가 선택하고 계획하는 것이며 그에 따른 책임도 기꺼이 지려고 합니다.	진로선택의 주체는 바로 나 자신이며 그에 따른 책임감을 가지려고 노력한다면 좀 더 성숙한 개인으로 성장할 수 있을 것입니다.	자신의 진로선택 및 계획을 타인에게 너무 많이 의존하고 책임을 회피하려는 경향이 있습니다. 진로선택 및 계획의 주체가 나 자신임을 인정할 필요가 있습니다.
	계획성	자신의 진로를 위해 구체적이고 현실적인 실천계획을 가지고 준비하고 있습니다.	자신의 진로를 위해 계획을 가지고 있으나 보다 구체적인 계획을 세우는 노력이 필요합니다.	자신의 진로를 위해 구체적인 실천계획을 수립하고 준비하는 것이 많이 부족합니다.
	자기이해	자주 자신에 대한 성찰을 하고 자신의 강점과 약점에 대해 잘 알고 있는 편입니다.	자신에 대한 관심은 있으나 자세히 알지 못하므로 자신을 알아보는 노력이 필요합니다.	자신이 무엇에 관심이 있는지 자신의 강점과 약점이 무엇인지 알아가려는 노력이 필요합니다.
	직업지식	다양한 직업종류, 필요한 능력, 근무환경에 대해 또래 친구들에 비해 많이 알고 있는 편입니다.	다양한 직업종류, 필요한 능력, 근무환경에 대해 보다 자세히 알 필요가 있습니다.	다양한 직업종류, 필요한능력, 근무환경에 대한 지식이 부족한 편입니다. 주변의 직업에 관심을 가질 필요가 있습니다.

[그림 11-4] 장애청소년 진로성숙도검사 결과 예시(하위구인별 프로파일 해석)

출처: 한국장애인고용공단(https://www.kead.or.kr).

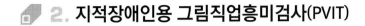

2. 지적장애인용 그림직업흥미검사(PVIT)

지적장애인용 그림직업흥미검사(Pictorial Vocational Interest Test: PVIT)는 언어성 직업흥미검사에 필요한 지적능력이나 문장이해력 또는 의사소통능력에 제한이 있는 지적장애인의 직업흥미를 측정하기 위한 검사로 2011년 한국장애인고용공단에서 개발한 검사도구이다.

1) 목적 및 대상

PVIT는 언어성 직업흥미검사에 필요한 지적능력이나 문장이해력 또는 의사소통능력에 제한이 있는 만 15세 이상의 지적장애인들의 직업흥미를 측정하는 검사이다. 본 검사는 지적장애학생들의 직업교육 및 진로지도를 위한 기초자료를 제공하고, 성인 구직 장애인에게는 직업 선택 및 취업 알선을 위한 직업평가자료의 일환으로 활용하는 데 목적이 있다.

2) 구성 체계

PVIT는 3개의 영역에 걸쳐 총 58문항으로, 피검사자의 검사 태도의 신뢰성을 확인하기 위한 일관성 문항 5문항을 추가하여 총 63문항이다.

검사문항은 총 여섯 가지 흥미영역의 서로 다른 직무를 수행하고 있는 116개의 상황 중 두 가지 흥미영역의 그림이 제시되고, 그중 더 좋아하는 하나를 선택하는 2지선다형으로 구성되어 있다. 검사에서 두 가지 흥미영역의 그림이 모두 동등하게 비교될 수 있고, 난이도(상, 중, 하)와 성별을 고려하여 선정되었다. 이를 구체적으로 제시하면 〈표 11-3〉과 같다.

<표 11-3> 그림직업흥미검사의 구성 체계

영역	문항 내용		문항수	총 문항수
1. 직업흥미영역	서비스		5	30	63 (58 + 일관성 5문항)
	제조		5		
	음식		5		
	세탁		5		
	청소		5		
	임농		5		
2. 활동영역	운반		6	18	
	정리		6		
	조작		6		
3. 작업형태	개인-집단		5	10	
	실내-실외		5		

3) 실시방법 및 채점

PVIT는 지면검사와 온라인 검사(https://www.inpsyt.co.kr)로 실시할 수 있으며 지면검사는 장소와 다른 장비가 필요 없다. 온라인 검사는 자동으로 채점되며 결과가 바로 제시되는 장점이 있다. 지면검사와 온라인 검사는 모두 개인과 집단으로 실시할 수 있으나 행동에 대한 관찰도 병행하여 개인의 현재 상태를 잘 나타내 주어야 하므로 집단검사보다 개인검사를 실시하여 더욱 정확하고 신뢰성 있는 결과를 얻는 것이 좋다. 만약 집단으로 검사를 실시할 경우 검사자 1명당 4인 이하의 소집단으로 제한하는 것이 바람직하며, 집단 구성원 간 상호 영향을 주지 않을 정도의 공간적 거리를 유지하는 것이 좋다.

지면검사는 실시 후 인싸이트 홈페이지(http://inpsyt.co.kr/)에서 채점이 가능하다. 검사의 목적과 수검방법을 설명한 뒤 그림 이해도 테스트를 실시하여 총 5점 중 2점 이하일 경우 삽화 이해도가 부족하여 검사를 진행할 수 없다고 판단하고 검사를 중지한다. PVIT는 예비검사 문항(2문항)을 통해 본 검사 방법을 연습하고 본 검사문항(일관성 5문항을 포함한 63문항)을 통해 피검사자의 흥미를 탐색한다. 피검사자의 검사 태도의 신뢰성을 확인하기 위하여 무선적으로 5문항(일관성 문항)을 선정하여 일곱 번째 문항 후(여덟 번째 문항) 다시 동일한 문항을 반복시킨다. 검사자는 피검사자가 자신의 흥미에 따라 올바르게 표시하는지 지속적으로 확인한다. 피검사자의 흥미와 무관하게 그림이 놓여진 위치에 따라 한쪽의 삽화만을 선택하거나 양쪽의 삽화를 번갈아 가며 선택할 경우 올바르게 검사를 진행할 수 있도록 동일 문항의 반복 질문이 가능하다(개인-집단영역, 실내-실외영역에서 보충질문 가능).

4) 결과 및 해석

피검사자의 선택 비율이 높은 직업 및 활동 영역에 피검사자의 직업흥미가 있다고 판단한다. 검사 결과의 신뢰성을 확인하는 일관성 문항 5개 중 일관된 응답이 1개 이하(일관성 20% 이하)인 경우 검사 결과 해석에 주의가 필요하다.

검사 후 결과를 어떻게 해석할 것인가를 결정한다. 보통의 검사에서 개인의 점수는 동일한 검사를 실시한 타인의 점수와 서로 비교함으로써 해석된다. 하지만 PVIT는 직업에 대한 개인의 흥미를 반영하기 때문에 타인과의 비교보다는 개인 내에서 영역별 비교하는 것을 더 추천한다. PVIT의 결과는 직업에 대한 흥미만을 나타내고 있다. 따라서 직업을 결정할 경우에 본 검사 이외에 직업적성검사와 성격 등을 종합적으로 고려하는 것이 바람직하다.

PVIT의 결과는 지적장애학생들의 직업교육 및 진로지도를 위한 기초자료를 제공하고, 성인 구직 장애인에게는 직업 선택 및 취업 알선을 위한 직업 평가 자료의 일환으로 활용될 수 있다.

검사 결과를 해석하는 데 개인프로파일에서 표준점수가 30 이하이면 규준집단과 비교하여 직업흥미영역에서 매우 낮은 선호도를 가지고 있는 것을 의미하며, 31~40은 낮은 선호도, 41~59는 보통 선호도, 60~69는 높은 선호도, 70 이상은 매우 높은 선호도를 가지고 있는 것을 의미한다.

직업영역 검사 결과는 여섯 가지 직업분야에 대한 흥미점수로서 흥미가 높은 직업을 가질 경우 직업을 지속할 수 있다. 직업영역의 점수가 높은 분야에 어떤 직업들이 해당되는지 탐색하여 자신의 직업흥미를 보다 구체적으로 만들고 자신이 흥미를 가지고 있는 직업에 대한 탐방, 견학, 체험을 통해 자신이 그 직업을 좋아하고 잘 할 수 있는지 알 수 있다.

검사 결과에 대한 피드백을 할 때에는 전문적인 용어보다는 일반적인 용어를 사용하여 쉽게 풀어서 설명하는 것이 좋으며, 단정적인 표현은 삼가는 것이 바람직하다. 이때 검사 결과와 일상생활의 활동 간에 일치도가 있는지 확인하는 과정이 필요하다. 검사 결과는 선호하는 영역이나 싫어하는 영역에 대하여 대상학생에게 실제로 그러한지 확인해 볼 수 있다. 만약 그것들이 일치하지 않는다면 왜 그런 결과가 나왔는지 탐색해 보아야 한다.

그림 직업흥미 검사 개인프로파일

그림 직업흥미 검사는 언어적 검사에 제한이 있는 지적장애인의 직업흥미를 그림을 통해 측정하는 검사도구 입니다. 이 검사결과에는 홍길동님이 흥미를 가지고 있는 직업에 대한 선호도가 제공되고 있으며 올바른 검사와 해석을 위해서는 보호자나 선생님의 도움을 받아 검사되고 해석되어져야 합니다.

🖨 **PRINT**

이 름	홍길동	성 별	남	생년월일	1988.08.18	나 이	만 23 세
소 속	경기본부	장애유형	지적장애	장애등급	3급	검사일	2011.12.05

그림 이해도 테스트

그림직업흥미검사에는 그림 이해도를 알아보기 위해 5개의 문항이 포함되어 있습니다.
홍길동님은 현재 5개 문항 중 4개 문항에서 그림을 정확하게 설명하여 그림 이해도는 80%입니다.
그림 이해도는 60% 이상이 바람직하며, 40% 이하일 경우 그림을 정확히 이해한다고 보기 어렵습니다.

그림이해도 80%

일관성 문항 테스트

그림직업흥미검사에는 응답의 일관성을 판단하기 위한 5개의 문항이 포함되어 있습니다.
홍길동님은 현재 5개 문항 중 3개 문항에서 일치하여 일관성은 60% 입니다.
일관성은 60% 이상이 바람직하며, 일관성이 20% 이하일 경우 검사결과의 신뢰성이 낮다고 볼 수 있습니다.

일관성 60%

직업영역 프로파일

영 역	점 수	흥미도 그래프	순 위
서비스	6		1
제 조	4		6
음 식	5		2
세 탁	5		2
청 소	5		2
임농	5		2

서비스	타인이나 대중의 편의를 위하여 다양한 서비스를 제공하는 직업영역입니다. 사람들이 필요로 하는 일을 대신 처리해 주거나, 사람을 직접 도와주는 활동 등이 포함됩니다. 구체적으로 물건배송, 서류전달, 테이블 정리, 안내, 상품진열, 주유, 복사, 도우미 등 주로 사람의 편의와 관련된 활동이 있습니다. 서비스업의 작업환경은 대개 음식점, 호텔, 사무실, 도서관, 주유소, 마트 등의 실내외에서 이루어집니다.
제 조	제품의 생산과정과 관련된 다양한 활동(제작, 조립, 포장, 운반 등)을 수행하는 직업영역입니다. 도구와 자재를 이용하여 제품을 조립하거나, 손을 이용해 물건을 만들고, 제품을 포장하거나, 제품을 운반하는 활동이 포함됩니다. 구체적으로 목재나르기, 상자풍하기, 제품포장하기, 도구정리하기, 조립하기, 조이기 등 주로 물건의 제작과 관련된 활동이 있습니다. 제조업의 작업환경은 대개 작업장이며 주로 실내에서 이루어집니다.
음 식	음식의 제공과 필요한 다양한 활동(준비, 조리, 제공, 치우기 등)을 수행하는 직업영역입니다. 식자재 운반 및 손질하는 활동, 음식을 조리하고 제공하는 활동, 음식 제공을 위한 준비 및 식기와 테이블 정리 활동 등이 포함됩니다. 구체적으로 식재료 및 그릇나르기, 설거지하기, 빵진열하기, 과일야채 다듬기, 음식조리하기 등 음식재료 및 도구들을 다루는 활동이 있습니다. 음식업의 작업환경은 대개 음식점의 주방이며 주로 실내에서 이루어집니다.
세 탁	의류나 침구류 등의 세탁과정과 관련된 다양한 활동을 수행하는 직업영역입니다. 세탁물을 분류 및 운반하는 활동, 세탁기나 세탁도구를 이용하는 활동, 세탁물을 건조시키고 다림질하는 활동 등이 포함됩니다. 구체적으로 빨래넣기, 운반하기, 세탁기작동하기, 걸기, 개키기, 다림질하기, 옷손질하기 등 세탁물 및 세탁도구들을 다루는 활동이 있습니다. 세탁업의 작업환경은 대개 세탁실 및 건조장 등 실내외에서 이루어집니다.
청 소	손이나 도구를 이용하여 청소나 청결유지와 관련된 다양한 활동을 수행하는 직업영역입니다. 건물 내외부의 청소, 자동차 세차, 청소도구의 조작 및 관리 활동 등이 포함됩니다. 구체적으로 분리수거하기, 청소하기, 걸레질하기, 쓸기, 진공청소기 사용하기, 화장지채우기 등 청소활동 및 청소도구를 다루는 활동이 있습니다. 청소업의 작업환경은 주로 건물의 내부 및 외부이며 따라서 실내외에서 이루어집니다.
임농	농작물을 기르고 수확하거나, 가축을 관리하는 것과 관련된 활동을 수행하는 직업영역입니다. 땅을 고르는 활동, 곡식이나 과일을 기르고 수확하는 활동, 농기구를 다루는 활동 등이 포함됩니다. 구체적으로 분갈이, 모종심기, 과일따서담기, 과일포장하기, 농기구정리하기, 농기구다루기, 물주기, 가지치기 등 농작물 및 농기구를 다루는 활동이 있습니다. 임농의 작업환경은 주로 논밭이나 축사가 있는 야외입니다.

영 역	점 수	흥미도 그래프	순 위
운 반	5		2
정 리	8		1
조 작	5		2

운 반	몸이나 힘을 이용하여 대상(물건, 음식)을 옮기거나 나르는 활동입니다. 대상의 위치를 옮기는 활동이 핵심이지만, 복잡하지 않은 간단한 운반도구(카트, 수레)를 이용한 운반활동도 포함됩니다. 각 직업영역의 운반활동으로는 물건배송하기, 목재나르기, 식재료나르기, 빨래카트운반하기, 쓰레기봉지나르기, 트럭에 배추 옮기기 등의 활동이 있습니다.
정 리	직접적인 손조작을 통해 대상을 정리하거나 제작하는 활동입니다. 손을 이용하는 것이 핵심이지만, 간단한 도구(집게)를 이용한 정리활동도 포함됩니다. 각 직업영역의 정리활동으로는 카트정리하기, 제품포장하기, 채소씻기, 옷걸기, 분리수거하기, 계란포장하기 등의 활동이 있습니다.
조 작	장비(기계, 도구)를 이용하여 작업하는 활동입니다. 다소 복잡한 도구의 사용과 정교한 조작이 핵심이므로, 정교한 손기술과 가장 많은 인지적 능력을 요합니다. 각 직업영역의 조작활동으로는 복사하기, 부품조립하기, 빵만들기, 다림질하기, 진공청소기다루기, 농약치기 등의 활동이 있습니다.

직업영역 T점수 (남자)

영 역	원점수	T점수	%ile
서비스	6	54	64
제 조	4	46	36
음 식	5	48	45
세 탁	5	53	60
청 소	5	48	61
임농	5	53	59

활동영역 T점수 (남자)

영 역	원점수	T점수	%ile
운 반	5	42	24
정 리	8	63	90
조 작	5	48	41

총평

홍길동님은 (서비스)직업군의 (정리)활동을 가장 좋아하며, (집단)활동과 (실내) 활동을 선호합니다. 자신이 갖고 싶은 직업을 이 해하기 위한 탐색활동을 벌일 수 있도록 관심을 갖기 바랍니다. 자신감을 가지고 차근차근 자신의 미래 작업을 위한 준비를 하시기 바랍니다.

본 검사는 개인의 직업흥미를 포괄적으로 탐색한 결과로, 좀 더 정확한 사항을 알기 위해서는 해당 기능별 전문평가와 상담이 필요합니다.

[그림 11-5] 그림직업흥미검사 결과 예시

출처: 인싸이트 홈페이지(http://inpsyt.co.kr/).

3. 홀랜드-Ⅲ 성격적성검사(Holland-CAS)

홀랜드-Ⅲ 성격적성검사(Holland-CAS)는 직업선호도나 직업흥미를 측정하는 기존 진로검사들의 제한점을 보완하여 직업인의 성격적성을 측정하기 위하여 2014년 안창규, 안현의(2014)에 의해 개발되었다. Holland 성격이론의 핵심을 보다 잘 부각하고 활용하기 위하여 인간과 환경 간의 독특한 상호작용의 맥락에서 직업적 성격적성을 강조하여 시리즈로 제작되었다.

1) 목적 및 대상

Holland-CAS의 대상자는 초4~고3 학생과 대학생 및 성인이며, 연령별로 다섯 가지(초 4·5·6/중학생/특성화고/고등학생/대학생 및 성인용)로 구분되어 있다. 진로교육의 효율성을 높이고 직업적 성격특성을 측정하여 취업을 위한 개별화된 정보를 제공하고 장래 자신의 적성에 맞는 직업인이 되는 꿈 키워 가기, 적성개발, 학습전략, 성격관리 등의 적성에 맞는 라이프스타일을 개발할 수 있게 하는 데 검사의 목적이 있다.

2) 구성 체계

Holland-CAS는 검사 책자와 간편 Holland 진로코드집 두 가지로 구성되어 있다. 각 RIASEC 영역의 점수를 채점하고 여섯 가지의 성격유형에서 개인의 직업적 성격을 요약하여 두 자리의 진로적성 코드를 추출해 낸다. 검사 책자는 학교나 기관에서 집단검사용으로 주로 사용하는데, Holland-Ⅲ 진로발달검사(초등 4~6), Holland-Ⅲ 진로적성검사(중학생용), Holland-Ⅲ 계열적성검사(고등학생용), Holland-Ⅲ 진로적성검사(특성화고등용), Holland-Ⅲ 전공적성검사(고등학생용) 및 Holland-Ⅲ 직업적성검사(대학생 및 성인용)가 연령별로 구성되어 있다. 이들 여섯 가지 검사들은 검사영역, 문항내용 및 결과지 내용들이 각 학령의 시기별 진로지도의 필요성에 따라 다르게 구성되었다. 이를 구체적으로 제시하면 〈표 11-4〉와 같다.

<표 11-4> Holland-Ⅲ 성격적성검사들의 특성 비교

검사성격	Holland-Ⅲ 진로발달검사	Holland-Ⅲ 진로적성검사	Holland-Ⅲ 계열적성검사	Holland-Ⅲ 진로적성검사	Holland-Ⅲ 전공적성검사	Holland-Ⅲ 직업적성검사
적용대상	초 4~6	중학생	고등학생	특성화고	고등학생	대학, 성인
검사방법	개인/집단, 온라인	개인/집단, 온라인	개인/집단, 온라인	개인/집단, 온라인	개인/집단, 온라인	개인/집단, 온라인
측정내용	Holland 진로코드	Holland 진로코드	Holland 진로코드	Holland 진로코드	Holland 진로코드	Holland 진로코드

하위척도	진로포부, 성격적성, 능력적성, 직업적성, 직업분야, 진로성숙	진로포부, 성격적성, 능력적성, 직업적성, 직업분야, 학업성적	진로포부, 성격적성, 능력적성, 직업적성, 직업분야, 학업성적	진로포부, 성격적성, 능력적성, 직업적성, 직업분야	진로포부, 성격적성, 능력적성, 직업가치, 직업적성, 직업분야, 학업성적	진로포부, 성격적성, 능력적성, 직업적성, 직업분야
문항수	204	192	209	204	330	328
소요시간	40분	40분	45분	40분	50분	45분
특징	조기적성 개발	고교진학 계열	문과·이과 계열구별	문과·이과 계열구별	대학진학 전공선택	직업선택 취업준비

3) 실시방법 및 채점

Holland-CAS 검사는 시간 제한이 없는 자기보고형 검사이다. 각 영역의 문항들에 대한 응답방법은 긍정이면 '○', 부정이면 '×'로 응답하게 되어 있으며, 이러한 응답은 별도의 응답지인 OMR카드에 검은색 사인펜을 이용하여 칠하도록 되어 있다. 여섯 가지 검사들은 검사영역, 문항내용, 결과지 내용들이 각 학령의 시기별 진로지도의 필요성에 따라 다르게 구성되어 있다. 각 개인마다 개별적으로 실시하고 그 결과 해석도 개별 상담의 형태로 전달해 주는 것이 가장 효과적이다. 그러나 학교현장에서는 여러 가지 문제로 집단검사를 실시하는 경우가 많기 때문에 다음 몇 가지의 적절한 조치를 취한다면 효율적이고 효과적으로 활용할 수 있을 것이다.

첫째, 검사자는 검사 전에 지시문을 정독하여 익힌 후 내담자들에게 지시문의 내용을 충분히 알게 하는 것이 중요하다.

둘째, 40명 이상의 피검사자들을 대상으로 본 검사를 실시하고자 할 때는 검사 실시자 외에 보조자를 한 명 더 추가한다.

셋째, 검사를 수행해 가는 속도는 피검사자들에 따라 차이가 많이 날 수 있으므로 학생들의 주의집중과 검사 방법에 대한 사전 설명이 필요하다. 검사 도중에 검사의 각 문항에 대해 제대로 응답하고 있는지 확인하고, 제대로 응답하지 못하는 내담자가 있다면 다른 사람에게 방해가 되지 않도록 조용히 도와주는 것이 바람직하다.

넷째, 흔히 저학년이나 특성화고 고등학생들에게서 나타나는 낮은 진로성숙도 또는 학업성적에 대한 열등감(만성적 학업부진)에 대해서는 검사를 실시할 때 학생들에게 학업성적이 낮아도 모두 자신의 고유한 적성이 있고 또한 장래 적성에 맞는 직업을 각자 가질 수 있음을 예를 들어 잘 설명해 줄 필요가 있다.

다섯째, 집단검사를 실시하였다면 결과 해석은 개인면담시간과 집단면담시간을 마련해 설명하는 것이 바람직하다.

4) 결과 및 해석

Holland-CAS의 검사 결과지는 학생용, 담임교사용/상담교사용 등으로 구성되어 있다. 아동의 진로성숙도의 각 영역에 대한 특징과 조언, RIASEC 각 영역의 전체점수에 대한 백분위 분포, 종합프로파일, 일반적 성격, 적성에 맞는 직업, 적성에 맞는 전공학과, 자신의 적성에 맞는 학습전략, 자신의 적성에 맞는 적성개발 전략으로 나누어 구체적으로 제시한다. RIASEC의 각 성격유형을 측정한 결과에서 자신의 성격유형을 나타내는 RIASEC의 백분위점수, 즉 전체 문항에 대한 긍정응답률로 성격, 능력, 직업적성 영역별로 일관되게 나왔는지를 알아보고, 자신의 진로유형이 뚜렷하게 나왔는지 확인한다. 검사 전후 간 일치도는 정밀한 검사를 하기 전에 평소의 생각을 살펴본 것으로, 검사 전 성격유형과 검사 후 성격유형을 비교하여 일치도가 높다면 평소 자신의 적성에 대한 이해력이 높은 것이다. 분화도는 하나 또는 두 개의 진로코드가 뚜렷이 나타나는 정도이다. 종합프로파일 분석은 1순위 진로코드를 가진 일반화된 전체 집단 100명 중 어느 위치에 속하는지를 백분위점수로 환산해서 표시한 것이다. Holland-Ⅲ 성격적성검사 결과를 예를 들어 제시하면 [그림 11-6]과 같다.

Holland Career Personality Inventory

진로적성검사

Holland®- CPI

Holland Career Personality Inventory
Score Report

안현의 · 안창규

검사자	임소익	이름	임소익
검사기관	학지사	성별	남
검사일	2015/12/26	생년월일	2000/12/01

· 검사 결과의 타당도

자신의 진로에 대한 이해수준과 진로적성의 영역별 일치수준이 낮은 수준입니다. 검사결과 해석에서 주의하시기 바라며 필요하면 재검사를 요구합니다.

· 검사 결과의 타당도 종합

하위영역의 진로코드 중 직업영역코드보다는 성격영역과 능력영역의 진로코드를 우선하여 진로코드를 정하되 NEO인성검사결과, 및 학업성적, 특기적성 등을 고려하여 상담선생님과 진로코드를 다시 결정할 수 있습니다.
당신의 검사를 분석한 결과, 진로코드의 수준이 높지 않고 진로코드 간의 차이가 뚜렷하지 않습니다. 당신이 정말로 모든 면에서 다재다능해서 이러한 결과가 나타날 수도 있지만, 실제는 재능이 없으면서 자신을 과장하여 생각하거나 자신의 적성을 고려하지 않고 문항에 응답했기 때문일지도 모릅니다. 진로상담선생님과 상담을 통해 진지하게 당신의 진로적성에 대해 고려해보고 적성에 맞는 진로준비를 하시기 바랍니다.

검사결과의 타당도

· **진로유형의 분화도와 1순위 진로코드의 긍정응답률** : 분화도가 높으면 하나의 진로코드가 다른 진로코드에 비해 뚜렷하다고 말할 수 있으며, 1순위 코드의 긍정응답률이 높을수록 해당 진로코드의 특성이 강하다고 할 수 있습니다.

진로코드의 분화도	1순위 진로코드의 긍정응답률(%)
보통	49

1순위 진로코드에 '예'라고 응답한 비율이 보통이며, 분화도가 보통이기 때문에 진로유형을 해석할 때 유의하시기 바랍니다.

· **검사 전후 간 진로코드의 비교** : 평소 진로에 대한 자신의 생각과 검사 결과로 나타난 진로코드를 비교함으로써 자신의 진로이해 수준을 알 수 있습니다.

전 · 후 비교	1순위	2순위	3순위
검사 전 진로코드	1	2	3
검사 후 진로코드	3	5	2

검사 전후의 진로코드에서 일치하는 코드가 없습니다.

· **검사영역간 진로코드의 일치도 수준** : 진로성숙도가 높을수록 성격, 능력, 직업 및 전체 종합 진로코드가 일치되게 나타납니다.

성격적성	능력적성	직업적성	종합
4	6	0	10

성격, 능력 및 직업적성의 영역에서 진로코드의 일치수준이 중간 정도입니다.

직업 ━━━
종합 ━━━

· **RIASEC 각 영역의 전체 점수**

	R 실재형	I 탐구형	A 예술형	S 사회형	E 기업형	C 관습형	진로코드
성격적성	30	60	80	30	60	40	AI
능력적성	50	50	60	50	60	30	AE
직업적성	38	50	50	50	50	63	CI
종합	30	41	49	32	43	32	AE

각 영역별 진로코드의 점수분포도(%)

1차 진로코드	AE	2차 진로코드	EA

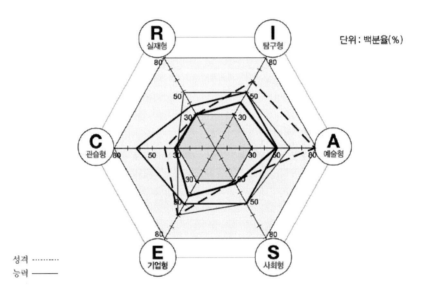

단위 : 백분율(%)

성격 ·········
능력 ————

AE   코드에 적합한 직업

※ 다음은 당신의 적성에 맞는 직업들 중 일부라고 할 수 있습니다.
① 당신이 할 수 있고 적성과 일치한다고 생각되는 직업을 10개 고르세요.
② 직업사전과 인터넷을 통해 직업에 대해서 공부를 한 다음 관심 있는 1, 2, 3순위 직업을 선택하세요.
③ 1, 2, 3순위에 있는 직업을 체험해보고 자신과 가장 적합한 직업을 하나 선택하세요.
④ 최종적으로 가장 마음에 드는 직업을 가진 전문가를 멘토로 정해서 지도를 받으세요.
⑤ 장래에 훌륭한 직업인이 될 수 있도록 지금부터 준비하시기 바랍니다.

<유망직업>
그래픽디자이너 메이크업아티스트 상업미술가 소설가 애니메이터 일러스트레이터 작가 컴퓨터그래픽디자이너 큐레이터 패션디자이너
<고전직업>
가수 개그맨 게임개발자 교수(예술) 교사(국어) 디자이너 방송연출가 방송작가 연기자 연주가 영상디자이너 영화감독 음악가 교사(음악)
<기타직업>
공예디자이너 광고생산관리자 광고음향기획원 기악연주자 무대감독 무대분장사 미술가 비디오저널리스트 사진사 산업디자이너 스타일리스트 안무가 이벤트PD 인터넷기획원 전시기획원 전통문화기능인 촬영기사 카피라이터 화가

Holland® - CPI Interpretive Report
2015/12/26   Page 4   임소익   남   만 15세00개월

진로코드의 규준적 백분위

※ 진로결정방법은 1순위 진로코드의 직업 또는 전공학과로 결정하는 것이 일반적이지만, 나의 또 다른 특기나 능력, 직업의
  성취가능성 등을 고려하여 2순위 진로코드로 자신의 진로를 결정할 수 있습니다.
※ 다음의 백분위(percentile) 그래프는 본인의 진로코드 점수의 상대적인 위치를 보여줍니다.
※ 백분위 점수가 높을수록 다른 사람보다 해당 코드에 강점을 가지고 있다고 볼 수 있습니다.

단위 : 백분위 점수(%ile)

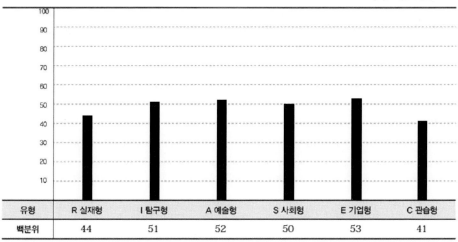

유형	R 실재형	I 탐구형	A 예술형	S 사회형	E 기업형	C 관습형
백분위	44	51	52	50	53	41

04. 목표를 정해서 추진해가는 성취욕구가 강할 수 있습니다.
05. 미적 감각이 있고 표현하는데 재주가 있습니다.
06. 발상의 전환을 잘 할 수 있습니다.
07. 상상력과 아이디어가 풍부한 편입니다.
08. 아름다움을 추구하고 미적 센스가 있습니다.
09. 야심이 있고 경쟁심, 승부욕이 강할 수 있습니다.
10. 예술에 대한 적성이 있는 편입니다.
11. 융통성이 있고 진취적입니다.
12. 일을 열성적이고 적극적으로 하고자 합니다.
13. 자신만의 개성이 묻어나고 자신만의 언어가 있습니다.
14. 자신의 기분이나 감정에 충실할 수 있습니다.
15. 좋고 싫음이 분명한 편입니다.
16. 직관력이 뛰어날 것입니다.
17. 틀에 얽매이지 않고 자유롭게 사고할 수 있습니다.

● 대체로 감정적, 감수성이 강하며 개성이 있고 독창적이며 또한 사람들을 잘 설득하고 통솔하여 이끌어 가며, 열성
적, 경쟁심이 있는 편입니다. 일에 관한 흥미는 예술적 창조와 표현, 변화와 다양성을 좋아하고 자유롭고 개성있는 활
동을 좋아 하지만 반복적 틀에 박힌 일이나 활동은 싫어하는 편입니다. 그러면서도 다른 사람들을 이끌어 가고 통제
하여 권력과 명예를 얻거나 경제적 보상을 얻기 좋아하는 경향이 있는 편입니다. 예술적 미적 감수성이나 상상력, 창
의력이 풍부하며 적극적이고 열성적인 지도능력과 설득력, 그리고 언어능력 등도 있는 편입니다.

AE   코드에 적합한 전공학과

※ 전공학과는 일부만 제시되어 있습니다.   ※ RIASEC 코드에 적합한 직업과 관련된 학과를 선택하세요.

게임공학과 게임그래픽디자인 게임멀티미디어 게임멀티미디어공학과 게임모바일컨텐츠 게임애니메이션과 게임학과 공연기획경영 공예디자인과 공예디자인과 관광레저이벤트 관광이벤트경영 관광이벤트디자인과 광고PR 광고기획과 광고디자인과 광고사진 광고산업계열학과 광고이벤트 국어교육과 국어국문학과 그래픽디자인과 기악과 대중예술과 동양미술과 디자인공예학과 디자인교육과 디자인학과 디지털그래픽디자인과 디지털문예 디지털에니메이션 디지털영화제작 디지털음악과 만화애니메이션과 만화애니메이션디자인과 메이크업과 무대미술과 문화산업디자인학과 미디어문예창작 미술교육 미술디자인학과 미술이론기획 미술학과 방송미디어과 방송연예학과 방송영상기술 방송영상학과 방송음악 분장예술 뷰티미용 사진예술과 사진학과 사회문화예술학과 산업공예디자인 산업디자인과 산업미술과 산업정보디자인과 생활무용 생활미술과 생활음악과 스타일리스트과 실용미술과 실용음악과 애니메이션학과 연극과 연극영화과 영상과 영상그래픽과 영상디자인과 영상만화과 영상멀티미디어과 영상미디어학과 영상미술과 영화방송 영화애니메이션 영화영상학과 영화예술과 예술학과 음악과 음악교육과 음향제작과 의류패션산업과 의상디자인 의상예술학과 이벤트학과 인터넷공학과 인터넷정보공학과 인터넷정보과 인터넷정보통신 인테리어산업디자인 일러스트레이션과 임상병리 전통식생활문화과 전통예술과 전통의상과 전통조리과 전통패션문화정보산업디자인과 창작공연학부 컴퓨터게임과 컴퓨터그래픽디자인과 컴퓨터그래픽영상학과 컴퓨터애니메이션과 코디메이크업과 큐레이터 통상산업디자인학과 패션디자인과 패션디자인산업 패션디자인학과 패션마케팅과 패션뷰티학과 패션스타일리스트 패션이벤트 파션디자인학과 호텔이벤트경영

※ 자신의 진로코드에 맞는 더 많은 직업과 학과를 찾아보기 위해서 홀랜드-Ⅲ 진로코드집(안현의·안창규, 학지사: 2014)를 참고하시기 바랍니다.

AE   코드에 따른 성격 강점

※ 아래의 항목을 읽고, 나의 성격 강점을 가장 잘 표현한 문장의 번호에 ○표시를 해보세요.

01. 감수성이 풍부하고 감정이 풍부할 수 있습니다.
02. 기발한 생각을 잘 하고 창의적인 생각을 잘 할 수 있습니다.
03. 모험심이 있고 대담한 편입니다.

※ 본 검사결과표는 당신의 한정된 정보를 바탕으로 산출된 결과입니다. 부모님의 유전적 특성, 학업성적, NEO 성격검사
   그리고 다른 특성 및 적성개발자료 등의 결과를 종합적으로 고려하여 최종 진로를 결정해야 합니다. 또한, 선정된 결과는
   개별적으로 진로상담전문가와 상담을 통해 진로지도 받으시길 바랍니다.

AE   코드에 적합한 진학계열

당신의 적성에 맞는 직업 분야는 경영, 공예, 광고, 교육, 기계 기술, 기획, 디자인, 무용, 문학, 미술, 미용, 방송 언론, 사진, 생산관리, 영화, 예술, 음악, 컴퓨터, 컴퓨터 예술 분야입니다.

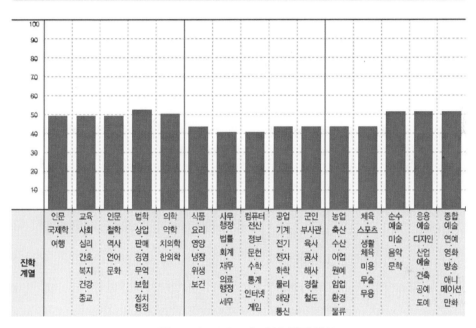

[그림 11-6] Holland-CAS 결과 예시

출처: 인싸이트 홈페이지(http://inpsyt.co.kr/).

4. 진로인식검사

　진로인식검사는 초등학생들이 자신과 직업세계에 대해 어떻게 이해하고 있는지, 그리고 꿈을 이루기 위해 올바른 태도를 가지고 있는지를 알아보기 위해 2009년 한국고용정보원(2009)에서 개발한 검사이다.

1) 목적 및 대상

초등학생의 진로인식, 즉 자신의 미래 가능성을 탐색하고, 다양한 직업세계에 대한 이해를 알아보기 위한 검사이다. 검사 대상은 초등학교 5, 6학년이며, 검사 시간은 제한 없으나 약 20~30분 소요된다.

2) 구성 체계

진로인식검사는 3개 영역에 걸쳐 총 32문항으로 되어 있다. 이를 구체적으로 제시하면 〈표 11-5〉와 같다.

<표 11-5> 진로인식검사의 구성 체계

영역	문항내용	문항수		총 문항수
1. 자기이해	자기탐색	2	12	32
	의사결정 성향	5		
	대인관계 성향	5		
2. 직업세계인식	직업 편견	5	8	
	직업가치관	3		
3. 진로 태도	진로준비성	8	12	
	자기주도성	4		

3) 실시방법 및 절차

시간 제한과 정답이 없는 검사로 문항을 읽고 평소의 생각이나 행동대로 솔직하고 성실하게 응답한다. 2017 해석에서 반응률은 전체 문항에 응답한 반응 비율을 의미하며, 70% 이하는 반응하지 않은 문항이 많은 것이므로 해석에 주의를 요한다. 타당도에서는 사회적 바람직성 척도가 30점 이상이거나 부주의성 척도가 5점 이상이면 해석에 주의를 요한다.

4) 결과 및 해석

검사 결과를 통해 피검사자 자신의 특성을 종합적으로 탐색하려는 태도와 의사 결정이 합리적인지, 대인관계는 원만한지를 측정한 자기이해 수준, 장래 진로에 대하여 관심을 갖고 주도적으로 진로를 탐색하려는 의지를 갖고 있는지를 측정한 진로 태도, 다양한 직업의 세계를 경험하여 직업세계에 대한 이해의 폭에 대한 정보를 얻을 수 있다. 검사 결과 및 해석을 예를 들어 제시하면 [그림 11-7]과 같다.

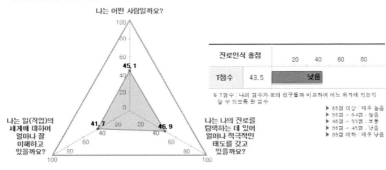

[그림 11-7] 진로인식검사 결과 예시

출처: 한국고용정보원(http://www.work.go.kr).

5. Strong 직업흥미검사

Strong 직업흥미검사(Strong Interest Inventory)는 직업심리학자 Strong에 의해 개발된 흥미검사로, 그는 개인의 직업흥미에 적합한 진로가 무엇인지 알려 주기 위해 이 검사를 개발하였다. Strong은 각 직업 종사자들의 흥미패턴을 분석하였고, 특정 직업에 종사하는 사람들은 공통적인 흥미패턴을 가지고 있음을 발견하였다. 1927년 처음 개발된 이후, Strong 직업흥미검사는 직업변화를 검사 개발에 반영하면서 끊임없는 개정작업을 진행하고 있고, 현재 진로 및 직업 상담과 컨설팅 분야에서 세계적으로 가장 많이 사용되는 심리검사 중 하나이다.

고등학생 이상 사용될 수 있는 한국판 Strong 직업흥미검사는 김명준, 김정택, 심혜숙(2004)에 의해 표준화되었다.

1) 목적 및 대상

Strong 직업흥미검사는 고등학생 이상을 대상으로 하며, 일반 상담 및 교육장면에서 진로상담뿐만 아니라 기업과 조직에서 인사 선발 및 배치에 활용할 수 있는 기초자료를 얻기 위해 실시된다. 구체적으로 자신에게 적합한 직업분야 및 업무 스타일 탐색, 자신에게 적합한 여가활용 및 대인관계 탐색, 고등학생의 진로 및 진학지도를 위한 진로상담, 전공 및 직업 선택을 위한 진로상담, 신입사원의 부서배치 등을 위한 자료를 얻기 위해 실시한다.

2) 구성 체계

Strong 직업흥미검사는 총 8부의 317문항으로 구성되어 있다. 검사 결과는 GOT(일반직업분류), BIS(기본흥미척도), PSS(개인특성척도)의 3개 척도로 구성되어 있다. 이를 구체적으로 제시하면 〈표 11-6〉과 같다.

<표 11-6> Strong 직업흥미검사의 구성 체계

영역	문항 내용	문항수	합계	총 문항수
1. 제1부	직업	135	220	317
2. 제2부	교과목	40		
3. 제3부	활동	45		
4. 제4부	여가활동	29	97	
5. 제5부	사람들 유형	20		
6. 제6부	선호하는 활동	30		
7. 제7부	당신의 특성	12		
8. 제8부	선호하는 일의 세계	6		

3) 실시방법 및 절차

Strong 직업흥미검사는 해당 전문교육을 받은 전문가에 의해서만 구입되고 사용될 수 있다. 본 검사의 전문가는 오프라인 또는 온라인(www.career4u.net)으로 대상학생에게 검사를 실시할 수 있으며, 대상학생의 검사 결과는 반드시 전문가에 의해 해석되는 것을 원칙으로 한다.

Strong 직업흥미검사는 진로에 고민이 많은 고등학생 및 대학생 이상을 대상으로 실시되며, 진로 및 직업 선택에서 고려해야 할 다양한 요인들 중에서 직업흥미에 초점을 맞추고 있다. 총 317개의 흥미목록에 대해 '좋다' '싫다' '그저 그렇다' 중 하나에 응답함으로써 GOT(6개 척도), BIS(25개 척도), PSS(4개 척도)의 정보를 얻을 수 있다.

4) 결과 및 해석

Strong 직업흥미검사의 결과는 개인으로 하여금 만족스러운 직업의 선택뿐만 아니라 삶의 만족도를 높일 수 있는 여가활동이나 현재 직업 환경에서 자신의 직업만족도를 높일 수 있는 환경의 정보를 제공해 줄 수 있다. 업무유형, 학습유형, 리더십유형 및 모험심유형의 네 가지 척도로 구성된 개인특성척도는 일상생활 및

일의 세계와 관련된 광범위한 특성들에 대한 개인의 선호를 측정한다. 이는 일반 직업분류나 기본흥미척도의 결과를 뒷받침하거나 강조할 수도 있고, 그 결과와 통합되어 해석될 때 직업선택의 범위를 줄일 수도 있다. 따라서 개인이 직업을 선택할 때 고려해야 할 사항들을 구체화하고, 개인이 가장 편안하게 할 수 있는 직업활동 유형을 이해하는 데에도 도움을 준다. 검사 결과와 해석을 예를 들어 제시하면 [그림 11-8]과 같다.

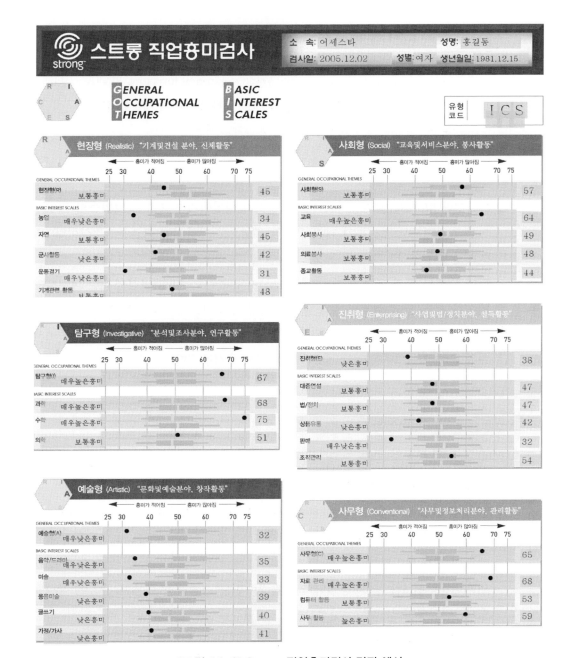

[그림 11-8] Strong 직업흥미검사 결과 예시

출처: 어세스타 온라인심리검사센터(www.career4u.net).

6. 비언어성 직업흥미검사(개정판 RFVⅡ)

비언어성 직업흥미검사(Reading-Free Vocational Interest Inventory: RFVⅡ)는 1981년, 2000년 Becker가 중증 장애인들의 직업흥미를 알아보기 위해 개발한 검사도구이다.

1) 목적 및 대상

개정판 RFVⅡ는 읽기능력과 언어이해력이 뒤떨어지는 중증 장애인들의 직업흥미를 효과적으로 검사하기 위해 고안한 그림으로 만들어진 직업흥미검사이다. 비언어성이란 언어적 기호나 문자를 해석하는 능력이 전혀 요구되지 않는다는 의미이다. 검사도구가 읽기능력을 필요로 하지 않는다는 것은 피검사자가 상징적인 언어나 글을 읽고 이해하는 능력이 부족한 경우에도 검사의 실시가 가능하다는 의미이다. 대신에 직업적인 의미가 내포되어 있는 그림들을 제시하고 그중에서 가장 좋아하는 그림을 선택하도록 하는 방법이 사용된다.

2) 구성 체계

개정판 RFVⅡ는 3개의 그림을 1조로 하여 모두 55조로 구성되어 총 165개의 그림항목들로 이루어져 있는데, 이 그림항목들은 11가지 흥미유형(자동차, 건축, 사무, 동물사육, 식당서비스, 간병, 원예, 가사, 대인서비스, 세탁서비스, 물품취급)과 관련 있는 직업활동을 나타내고 있다. 피검사자는 3개의 그림으로 된 직업 활동 중에서 자신이 가장 좋아하는 활동을 선택한다. 본 검사의 규준은 학교, 보호작업장, 직업훈련센터에 있는 지적장애인과 학습장애인의 전국적인 표본에 준하여 작성되었다. 직업영역에는 주로 지적장애 등 발달장애인들에게 적합한 비숙련직, 입문 수준직, 비기술직 등이 포함되어 있다.

3) 실시방법 및 절차

각 흥미영역 점수는 한 권의 소책자에서 각각 3개의 그림으로 구성된 55조의 그림항목들(총 165개)에 대한 피검사자의 반응에 의해서 산출된다. 피검사자는 각

조에 제시되어 있는 3개의 그림 중에서 가장 좋아하는 직업 활동을 하나만 선택하
도록 지시를 받으며, 선택되지 않은 나머지 2개의 그림항목에 대해서는 점수가 주
어지지 않는다. 검사의 소책자는 1회용으로, 실시하는 데 약 20분이 소요된다. 수
작업으로 채점을 하고 검사 결과를 해석하는 데 도움이 되는 개인프로파일을 그
릴 수 있도록 되어 있다.

　검사 후 결과에 대한 내용을 대상학생과 상담하여 결과의 타당도를 높이는 과정
을 통해 직업흥미 영역에서 직업을 탐색하는 것이 바람직하다. 지능이 높아도 심
리적인 위축이나 자기 지향성이 적은 대상자는 뚜렷한 직업흥미 영역이 나타나지
않을 수 있다. 또한 평가 실시 과정에서 한 위치만을 계속해서 선택하는 경우 의
도적으로 왼쪽, 가운데, 오른쪽 그림을 모두 보도록 해야 한다.

4) 결과 및 해석

　개정판 RFVII의 결과는 개인의 11가지 흥미유형과 그와 관련된 직업영역들을
확인함으로써 개인의 직업 계획 및 훈련과 배치에 도움이 되는 정보를 얻을 수 있
다. 검사 결과와 해석을 예를 들어 제시하면 [그림 11-9]와 같다.

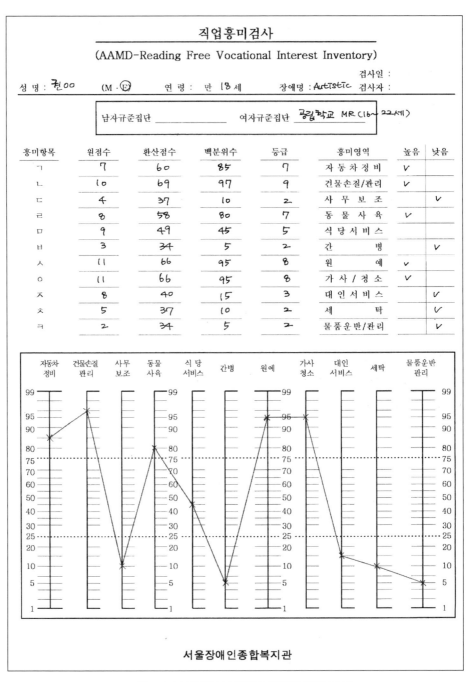

[그림 11-9] 비언어성 직업흥미검사 결과 예시

7. 맥케런 다이얼 시스템(MDS)

맥케런 다이얼 시스템(McCarron-Dial System: MDS)은 신경과 행동을 측정하는 도구로 1973년 재활분야에 소개되었다. MDS는 신경심리 장애인을 위한 작업평가체제로서 MDS의 적절성은 광범위한 타당성 연구에 의해 입증되고 있다. MDS의 개발 과정은 1970년에 시작되어 오늘날까지 계속되고 있다.

1) 목적 및 대상

개인의 능력, 기술, 그리고 적성을 설명하는 데 쓰이며 또한 직업 및 주거를 위한 프로그램 수준을 예측하는 데에도 사용된다. MDS는 언어-공간-인지, 감각, 운동, 정서, 통합-대응 기능의 평가를 통해 평가 대상자의 능력과 기술에 대한 종합적인 설명을 제공한다. 주요 검사도구에서 얻어진 자료들은 직업능력과 주거프로그램수준을 예측하는 데 사용된다. 또한 작업수행성과 생산성, 최저임금 비율을 예측하게 한다. 직업능력에 대한 예측 수준은 평가대상자를 5개의 프로그램 수준 가운데 하나에 배치하기 위해서 사용된다. 일상활동, 작업활동, 확장된 작업활동, 전환적 훈련, 지역사회고용의 다섯 가지 직업 관련 프로그램과 주거 수준들을 나타내 준다.

지적장애, 뇌성마비, 뇌손상, 학습장애까지 신경심리적 범주에 포함되어 신경심리 장애인들의 교육과 직업잠재력을 평가하기 위해 많은 재활기관, 학교, 임상기관에서 사용되어 왔다.

2) 구성 체계

MDS는 5개의 주요 행동 구성들(언어-공간-인지, 감각, 운동, 정서, 통합-대응)에 대한 평가를 포함한다. 이러한 요인들은 다음과 같은 표준화된 도구들과 행동척도들에 의해 측정되었다.

<표 11-7> MDS 신경심리학적 요인

신경심리학적 요인	평가내용	평가도구
언어(Verbal)- 공간(Spatial)- 인지(Cognitive)	언어, 학습능력, 기억력, 성취도 측정	• 웩슬러 성인지능검사(WAIS) • 스탠포드-비네 지능검사(SBIS) • 피바디 그림어휘검사(PPVT) • 광역 성취검사(WRAT) • 피바디 성취검사(PIAT) • 시각장애인 인지력검사(CTB)
감각(Sensory)	주위 환경 지각 및 경험	• 벤더 시각 운동력 게슈탈트 검사(BVMGT) • 촉각 및 시각 변별력검사 (HVDT, HSDT) • 기억연결검사(HMMT)
운동(Motor)	근력 이동속도 및 정확성, 균형과 조화	• 맥캐런 신경근육 발달검사(MAND)
정서(Emotional)	대인관계 및 환경으로부터의 스트레스에 대한 책임	• 정서관찰척도(OEI-R) • 미네소타 다중 인성검사(MMPI) • 집-나무-사람 검사(HTPT)
통합-적응 (Integration-Coping)	적응행동	• 행동평가척도(BRS) • 지역사회적응기술(SSSQ) • 기능적 적응행동 평가(SFAB)

<표 11-8> MDS 요인 요약

요인	검사도구		적성영역	해석	비고(직업특성)
언어- 인지	PPVT(피바디 그림 어휘검사)		공간적성, 사무지각	• 개인의 언어 수용능력을 예측 함. 어휘력 측정	그림과 어휘의 변별
감각	BVMGT(벤더 시각 운동력 게슈탈트 검사)		공간적성, 사무지각	• 지각-운동 통합 발달 정도 측정	왜곡, 회전, 통합, 고집
	HVDT(촉각 및 시지각 변별력검사)		형태, 손가락	• 촉각-시지각의 변별과 통합능 력 측정 • 작은 손도구의 적절한 사용, 변 별능력	모양, 크기, 촉감, 형태
운동	MAND (맥캐런 신경근육 발달검사)	상자 안의 구슬들	수리, 협응, 손가락, 손	• 엄지-검지 손가락의 교차, 손 과 팔뚝의 조절된 움직임 요구	취급/다루기
		막대에 구슬 꿰기	수리, 협응, 손가락, 손	• 시각적·감각수용적 단서를 바 탕으로 소근육운동의 섬세한 조절 요구 • 양손의 소근육운동 협응과 함 께 시지각의 통합을 요구	손질하기

	손가락으로 두드리기	공간, 손가락 기민성	• 운동실조 또는 손가락의 자발적인 근육운동 조정의 어려움을 확인하는 데 적절	조작하기
	너트와 볼트	형태, 협응, 손가락, 손	• 소근육운동의 조정기술과 계속적이고 집중적인 노력 필요	취급/다루기
	막대를 옆으로 천천히 밀기	공간, 협응, 손	• 계속적인 통제와 운동 억제(인내력)를 측정 • 손떨림, 주의산만, 충동적이고 과잉활동적인 움직임은 종종 신경학적인 역기능으로 관찰	취급/다루기
	손의 힘 정도 (악력)	협응, 손가락, 손	• 효과적인 손의 강도는 여러 근육들의 조절과 순간적인 수축으로 성취	취급/다루기
	손가락-코-손가락	공간, 형태, 협응	• 적절한 감각수용적인 피드백과 함께 팔-손 움직임의 조정, 문제행동의 경우 신경근육의 미숙한 발달과 관련	취급/다루기
	서서 멀리뛰기	공간, 형태, 손가락, 손	• 신체의 방향감, 신체 위치의 예상, 통제된 신체의 움직임 필요	취급/다루기
	발뒤꿈치-발가락 붙여서 걷기	공간, 형태	• 근육의 운동과 균형의 조절과 관련 • 몸의 균형을 잡지 못하거나 보행실조 또는 몸의 움직이는 시간이나 조정의 어려움 관찰	취급/다루기
	한 발로 서기	공간, 형태	• 감각수용적인 단서들의 효과적인 통합, 다리의 힘과 인내력 필요	취급/다루기
정서	EBC	정서관찰 척도	• 충동성 욕구-좌절, 불안, 우울-위축, 사회화, 자아개념, 공격성, 현실감 부재	–
통합-대응	BRS(다이얼 행동평정척도)	행동평가	• 개인적·사회적·직업적 적응 행동을 관찰하여 자율적으로 기능하는 것과 관련. 독립적 교통수단 이용, 금전 관리, 작업 스트레스 대처 등	–

3) 실시방법 및 절차

<표 11-9> MAND(McCarron Assessment of Neuromuscular Development)

하위영역	준비물	측정시간	검사유의사항
상자 안의 구슬들	표준판 1개와 같은 크기의 상자 2개, 같은 색의 구슬 37개, 초시계	각 30초씩	한 번에 1개씩 이동하며, 도중에 구슬을 떨어뜨리면 다른 구슬을 이동
막대에 구슬 꿰기	금속막대 1개, 원기둥 구슬 17개, 표준판 1개와 같은 크기의 상자 2개, 초시계	각 30초씩 (눈 뜨고, 눈 감고)	탁자에 몸을 기대지 않고 실시
손가락으로 두드리기	기록지 양식 1장, 2개의 쇠막대 사이에 고무줄이 있는 나무판 1개, 초시계	10초씩	두드리기의 리듬, 과도한 손과 팔의 움직임, 완전한 거리, 두들긴 횟수 체크
너트와 볼트	큰 너트와 볼트 1개, 작은 너트와 볼트 1개, 초시계	30초	
막대를 옆으로 천천히 밀기	2개의 기둥에 금속 막대가 매달린 표준판 1개, 기록지 1장, 초시계		선 자세에서 허리 정도 높이로 설치. 몸을 기대지 않도록 하며, 평가대상자는 검사도구로부터 30cm 떨어져 있도록 함
손의 힘 정도	악력계	제한 시간 없음	오른손과 왼손으로 실시한 것 중 높은 점수 기록
손가락-코-손가락	기록지(팔운동, 뻗은 팔의 검지손가락, 촉지점, 팔꿈치 굽힘, 접촉 경쾌함)	10초 또는 코에 다섯 번 접촉하는 정도의 시간	
서서 멀리뛰기	3m 보행선, 기록지 1장	제한 시간 없음	바닥에서 위로 뛰기, 팔의 사용, 몸체의 균형, 무릎을 구부려 착지하기, 점프의 거리 체크
발뒤꿈치-발가락 붙여서 걷기	3m 보행선, 기록지 1장	제한 시간 없음	팔/몸의 움직임, 발과 발뒤꿈치에서 발가락까지의 거리, 걷기, 발배치, 평행성 체크
한 발로 서기	초시계	30초	

4) 결과 및 해석

MDS는 장애인의 교육, 직업, 주거에 요구되는 기능수준을 판단하는 데 사용되어 오고 있다. 이러한 수준들은 교육과 재활을 위한 다양한 프로그램과 연결될 수 있으며, 이 프로그램들은 환경의 요구와 개인에게 요구되는 기능 기술 수준에 따라 낮은 수준에서 보다 높은 수준으로 체계화된다.

<표 11-10> 교육, 직업, 주거의 상황에서 해당되는 프로그램의 수준

교육	직업	주거
기초 생활기술	일상활동	수용시설/집중적인 지원
직업 전 훈련	작업활동	중간보호시설/부분적 지원
고급 직업 전 훈련	확대작업훈련	그룹홈/최소한 지원
직업준비	전환적 훈련	Halfway House/준 독립적 생활
직업교육	지역사회 고용	지역사회 주거

<표 11-11> 직업프로그램 수준 및 점수 영역

표준점수 범위/수준	정의
25.0~36.9 일상활동/ 기초 생활기술	이 수준의 프로그램에서는 기초 자립생활기술들이 강조된다. 작업 조정이나 수정, 도구 사용을 통해 실제적인 작업활동이 가능할 수 있다. 집단적 고용이나 작업 유지를 위하여 직원의 지속적인 지원과 개입이 필요하다.
37.0~48.9 작업활동/ 기초 직업 전 훈련	기본적인 작업활동이 이 수준에서 가능하다. 작업활동은 교육과 훈련을 위한 매개로서 활용된다. 작업 조정과 수정의 기법 및 장치가 필요할 것이다. 감각운동, 적응행동 프로그램이 강조된다. 집단 내에서의 지원을 통한 작업이나 지역사회통합 상황이 개인별 배치보다 더 선호된다.

49.0~59.4 낮은 수준의 확장된 작업활동/ 직업 전 훈련	개인 · 사회 · 직업적 적응이 이 수준의 프로그램에서 강조된다. 기초적인 수준에서 분류와 조립과제가 직업 전 훈련을 위해 사용된다. 이러한 개인의 감각운동적 능력은 보다 넓은 범위의 배치를 가능하게 한다. 구체적인 직업개발 활동은 능력과 한계를 고려하여 실시되어야 한다. 작업수정과 적응 기술 및 장치가 필요할 것이다. 직원의 개입시간이 감소되고 보다 낮은 정도의 일대일 훈련과 집단 및 개인의 원조활동이 가능할 것이다.
59.5~71.4 높은 수준의 확장된 작업활동/ 고급 직업 전 훈련	특별한 지역사회고용을 준비하기 위한 적응이나 직업 전 서비스가 이 단계의 수준에서 강조된다. 다양한 방법의 작업배치가 가능하다. 작업배치를 계속적으로 유지하기 위하여 작업개발 시간과 현장에서의 개입이 요구되지만, 개입을 완전히 소거할 수도 있다. 약간의 작업조정이나 작업현장의 변경이 필요할 수도 있다. 개인 배치가 선호되며, 학습능력의 향상으로 다양하고 구체적인 작업과제의 수행력이 증진된다. 보다 증진된 지역사회독립과 사회적응으로 이 수준에 있는 개인은 지원작업(supported work)의 우선 대상이 된다.
71.5~84.9 전환적 훈련/ 직업준비	(지역사회 내 고용을 위한 직업 전 훈련) 지역사회 내 고용에 필요한 작업행동과 직업준비기술이 이 수준에서 강조되고, 직업탐색과 직업훈련활동이 수행된다. 기능적인 학습은 개인의 연령과 구체적인 프로그램 상황에 따라 지속될 수도 있다. 이 수준에서 지원작업활동은 있다 하더라도 적다. 전통적인 직업재활서비스가 선호된다.
85.0~92.4 준 기능직	
92.5~99.9 기능직	직업탐색, 기술훈련 그리고 도제적인 배치가 이 수준에서 강조된다. 경험과 훈련을 통하여 개인은 보다 높은 수준의 기술과 전문성을 향상시키기도 한다. 최소한의 직업탐색 지원과 함께 직업상담과 안내가 필요할 것이다.
100+ 기술직/전문직	직종개발과 직업배치 계획활동이 이 수준에서 강조된다. 개인은 특별한 전문직을 준비하기 위하여 공식적인 기술이나 학업 전 훈련프로그램에 등록할 수도 있을 것이다.

<표 11-12> 주거 수준 프로그램 영역

표준점수	프로그램 수준/정의
25.0~44.4	수용시설 / 집중적인 지원 이 수준에서는 24시간 보호와 관리가 요구됨. 내담자는 매우 제한적인 자율기능이 가능함.
44.5~59.4	중간적인 보호시설 / 부분적인 보호시설 이 수준에서는 24시간 보호가 요구됨. 일상생활에 관리가 요구됨. 작업활동 프로그램에 참가할 수 있음.
59.5~69.9	그룹 홈 / 최소한의 지원 이 수준에서는 일상생활(식사, 빨래, 물품구매 등) 기능에 대한 관리가 제공됨. 내담자는 보호작업장 혹은 지역사회 내에 거주함. 몇몇 내담자는 데이트와 같은 독립적인 사회활동이 가능함.
70.0~75.9	훈련 목적의 지역사회 주거지 이 수준에서는 준 독립적인 생활이 가능함. 상담사에 의해 관찰됨. 내담자는 자신의 대부분의 생활영역에 대해 책임을 짐. 일반적으로 지역사회 내 환경이나 직업훈련센터에 고용됨.
76+	지역사회 내 생활 이 수준에서는 내담자가 최소한의 지원을 받으며 지역사회에서 자율적으로 생활함.

8. 퍼듀펙보드

퍼듀펙보드(Purdue Pegboard)는 1948년 퍼듀대학교 산업심리학자인 Joseph Tiffin에 의해 개발되었다. 손가락 · 손 · 팔의 전반적인 움직임과 조립과제에서 필요한 미세한 손가락 끝 기민성의 손 재능을 측정함으로써 다양한 손 기능을 필요로 하는 직무의 근로자를 선발하는 도구이다. 또한 손 기능 재활훈련에 도움을 주고 뇌손상 영역, 잔존능력의 파악, 학습장애아동의 판별, 신경학적 학습장애아동 수행평가, 직업재활 지원자의 수행 등을 평가한다.

1) 목적 및 대상

두 가지 유형의 손재능을 측정함으로써 다양한 손 기능을 필요로 하는 직무의 근로자 선발과 손 기능 재활훈련에 도움을 주기 위한 도구로서 손가락, 손, 팔의 움직임을 측정하며, 조립과제에서 필요한 미세한 손가락 끝 기민성을 측정하는 데 목적이 있다. 비장애인 및 모든 장애인을 검사 대상으로 한다.

2) 구성 체계

전 체	핀(Pins)	고리(collars)	와셔(washers)

3) 실시방법 및 채점

피검사자는 퍼듀펙보드라고 쓰여 있는 부분이 위로 오게 하여 퍼듀펙보드를 앞에 두고 편안하게 앉아서 검사 방법에 대해서 설명한다(우세손 및 열세손 검사 시 다른 손의 도움을 받을 수 없음. 검사 중 핀, 고리, 와셔를 떨어트렸을 때에 새롭게 잡음. 양손 검사 시 핀을 동시에 꽂아야 함). 소요시간은 약 10~20분이다. 실시방법은 〈표 11-13〉과 같다.

<표 11-13> 퍼듀펙보드 실시방법

순서	유형	내용
1	우세손	핀을 하나씩 집어 아래 방향으로 검사판에 꽂음
2	열세손	
3	양손	양손에 1개의 핀을 동시에 집어 아래 방향으로 검사판에 꽂음
4	조립	우세손부터 부품을 집어 조립하며 핀 → 와서 → 고리 → 와서의 순으로 양손을 번갈아 사용하여 조립함

　채점 방법은 우세손, 열세손, 양손의 점수는 30초 동안 검사판에 꽂은 핀의 수(3회 평균, 양손은 쌍으로 꼽힌 핀의 수), 조립 점수는 1분 동안 검사판에 꽂은 핀·와서·고리의 총 개수(3회 평균)로 한다.

4) 결과 및 해석

　손 기능 훈련, 직업능력 평가의 경우 피검사자의 작업능력이 특정 직업이나 손재능이 필요한 직무를 수행 가능한지 여부와 간단한 작업지시 이해 및 수행 가능 여부, 고등학교 재학 중인 장애청소년들을 대상으로 다양한 직업평가를 통해 직업능력, 적성, 흥미를 파악하여, 사회의 한 구성원으로 생활하는 데 필요한 직업생활에 대하여 탐색하고 준비함으로써 적절하게 진로를 계획하고, 직업선택에 도움을 제공한다.

제3부

장애유형별 진단 및
평가 검사도구

제 12 장

지적장애 및 발달장애 영역

1. 지적장애

2. 자폐성장애

3. 발달지체

❖ 김성희 · 민용아 · 차재경

　지적 및 발달 장애 영역에서는 지적장애, 자폐성장애, 발달지체에 대한 정의와 진단 및 평가 도구를 제시하였다. 특히 자폐성장애와 발달지체 영역에서는 제2부에서 소개되지 않은 검사도구를 제시하였다.

1. 지적장애

1) 지적장애의 정의

　「장애인 등에 대한 특수교육법 시행령」의 '특수교육대상자 선정기준'(제10조 관련)에 따르면 지적장애를 가진 특수교육대상자는 "지적 기능과 적응행동상의 어려움이 함께 존재하여 교육적 성취에 어려움이 있는 사람"이라고 정의하고 있다. 지적장애는 지능과 적응행동이 동시에 지체되어 일상생활 및 학습에서도 지체가 일어나 특수교육 지원이 필요하다.

2) 지적장애의 진단검사도구

　「장애인 등에 대한 특수교육법 시행규칙」 별표에서는 지적장애의 진단·평가를 위해 지능검사, 사회성숙도검사, 적응행동검사, 기초학습검사, 운동능력검사의 총 다섯 가지 영역의 검사를 실시하여야 한다고 제시하고 있다.

(1) 지능검사
　지능검사 중 가장 많이 활용하고 있는 웩슬러 지능검사(Wechsler-Bellevue Intelligence Scale)는 연령에 따라 총 3종이 표준화되어 있어 한국 웩슬러 유아지능검사 4판(K-WPPSI-IV)은 유치원용으로 만 2세 6개월~만 7세 7개월, 한국 웩슬러 아동용 지능검사 4판(K-WISC-IV)은 초·중학생용으로 만 6세~만 16세 11개월까지, 한국 웩슬러 성인용 지능검사 4판(K-WAIS-IV)은 성인용으로 만 16세 이상의 지능을 측정할 때 사용된다.
　그 외 카우프만 아동용 지능검사 2판(KABC-II), 국립특수교육원 한국형 개인지능검사(KISE-KIT)가 많이 사용되고 있다. 각각의 검사도구는 제3장 '인지·지능' 영역에 자세히 소개되어 있다.

(2) 사회성숙도검사

사회성숙도검사는 자조, 이동, 작업, 의사소통, 자기관리, 사회화 등과 같은 변인으로 구성되는 개인의 적응행동을 측정 혹은 평가한다. 사회성숙도검사(SMS)는 김승국, 김옥기(1985)가 개발하였으며, 6개의 행동영역(자조, 이동, 작업, 의사소통, 자기관리, 사회화), 117문항으로 구성되어 있으며, 검사 결과는 사회연령(Social Age: SA)과 사회지수(Social Quotient: SQ)로 분석된다.

(3) 적응행동검사

적응행동검사는 지적장애 특수교육대상자의 선정 여부 결정과 특수교육 지원을 위한 교수 프로그램의 개발과 평가, 교육적 조치를 위해 이용한다. 적응행동검사는 국립특수교육원 적응행동검사(KNISE-SAB), 한국판 적응행동검사(K-SIB-R), 적응행동검사(ABS)가 많이 활용되고 있다.

사회성숙도검사 및 적응행동검사 도구는 제4장 '적응행동'에 자세히 소개되어 있다.

(4) 기초학습검사

기초학습기능검사는 KISE 기초학력검사(KISE-BAAT), 기초학습기능 수행평가체제(BASA) 읽기 · 쓰기 · 수학 검사, 기초학습능력검사(NISE-BACT)가 많이 사용되고 있다. 각각의 검사도구는 제8장 '학습능력'에 자세히 소개되어 있다.

(5) 운동능력검사

운동능력검사는 시각-운동통합검사(VMI-6), 한국판 아동 시지각발달검사-3(K-DTVP-3), 한국판 오세레츠키 운동능력검사 등이 활용된다. 각각의 감사도구는 제7장 '운동 및 시지각'에 소개되어 있다.

<표 12-1> 지적장애 진단·평가를 위한 주요 진단검사도구 목록

구분	검사도구명	저자
지능검사	한국 웩슬러 유아지능검사 4판	박혜원, 이경옥, 안동현(2016)
	한국 웩슬러 아동용 지능검사 4판	곽금주, 오상우, 김청택(2011)
	한국 웩슬러 성인용 지능검사 4판	황순택, 김지혜, 박광배, 최진영, 홍상황(2012)
	카우프만 아동용 지능검사 2판	문수백(2014)
	국립특수교육원 한국형 개인지능검사	박경숙, 정동영, 정인숙(2008)
기초학습검사	기초학습기능검사	윤점룡, 박경숙, 박효정(1989)
	KISE 기초학력검사	박경숙, 김계옥, 송영준, 정동영, 정인숙(2005)
	기초학습능력검사	이태수, 서선진, 나경은, 이준석, 김우리(2017)
	기초학습기능 수행평가체제(읽기)	김동일(2000)
	기초학습기능 수행평가체제(쓰기)	김동일(2008)
	기초학습기능 수행평가체제(수학)	김동일(2007)
사회성숙도검사	사회성숙도검사	김승국, 김옥기(1985)
적응행동검사	국립특수교육원 적응행동검사	정인숙, 강영택, 김계옥, 박경숙, 정동영(2003)
	한국판 적응행동검사	백은희, 이병인, 주수제(2007)
	적응행동검사	김승국(1990)
운동능력검사	시각-운동통합검사(VMI-6)	황순택, 김지혜, 홍상황(2016)
	한국판 아동 시지각발달검사-3	문수백(2016)
	한국판 오세레츠키 운동능력검사	김정권, 권기덕, 최영하(1987)

2. 자폐성장애

1) 자폐성장애의 정의

「장애인 등에 대한 특수교육법」에서 제시한 자폐성장애는 사회적 상호작용과 의사소통에 결함이 있고, 제한적이고 반복적인 관심과 활동을 보임으로써 교육적 성취 및 일상생활 적응에 도움이 필요한 사람으로 정의하고 있다. DSM-5(Diagnostic and Statistical Manual of Mental Disorders-5)에서는 동일한 연속선상에서 자폐 상태의 심각도나 지능 및 심리사회 발달의 정도에 따라 발현되는 임상 양상에 차이가 있다고 보아 자폐범주성 장애(Autism Spectrum Disorders: ASD)로 개정했다. 자폐범주성 장애는 지능의 손상, 의학적 또는 유전적 상태나 환경적 요인 등이 수반되는지 여부, 이 장애와 연관된 다른 신경발달장애 또는 정서·행동장애, 운동장애가 있는지 여부 등에 따라 세분화할 수 있다. 특히 DSM-5에서는 자폐성장애 진단 준거에서 핵심 증상 중 하나인 의사소통의 질적인 이상과 관련한 언어능력의 제한에 초점을 맞추어 기술하는 대신, 사회적 상호작용의 취약성을 더 광의의 개념으로 기술하며 언어적·비언어적 의사소통 문제 역시 이러한 맥락에서 기술하고 있다.

자폐성장애에 대한 국내의 장애 판정 기준을 살펴보면 1급은 ICD-10(International Classification of Diseases-10th version)의 진단기준에 의한 전반적 발달장애로 정상 발달의 단계가 나타나지 않고, IQ 70 이하이며, 기능 및 능력의 장애로 인하여 전반적 발달 척도(GAS) 점수가 20 이하인 사람이다. 2급은 ICD-10의 진단기준에 의한 전반적 발달장애로 정상 발달의 단계가 나타나지 않고, IQ 70 이하이며, 기능 및 능력의 장애로 인하여 전반적 발달 척도(GAS) 점수가 21~40인 사람이다. 3급은 ICD-10의 진단기준에 의한 전반적 발달장애로 정상 발달의 단계가 나타나지 않고, IQ 71 이상이며, 기능 및 능력의 장애로 인하여 전반적 발달 척도(GAS) 점수가 41~50인 사람이다.

2) 자폐성장애의 선별 및 진단 검사도구

이 장에서는 자폐성장애와 관련하여 국내에서 많이 사용되고 있는 검사도구 중

표준화된 진단도구를 소개하고자 한다. 아동기 자폐증 평정척도(CARS), 이화-자
폐아동 행동발달 평가도구(E-CLAC), 한국 자폐증 진단검사(K-ADS), 사회적 의사
소통 설문지(SCQ), 심리교육프로파일(PEP-R), 자폐증 진단면담지-개정판(ADI-
R), 자폐증 진단 관찰 스케줄 2판(ADOS-2)을 소개하면 다음과 같다.

(1) 아동기 자폐증 평정척도(CARS)

아동기 자폐증 평정척도(Childhood Autism Rating Scale: CARS)는 아동기 자폐증
을 진단하기 위해 Schopler, Reichler와 Renner(1988)에 의해 제작된 미국판 CARS
를 우리나라에서 김태련과 박랑규(1996)가 번역한 자폐증 진단도구이다.

• 목적 및 대상

CARS는 자폐증상이 있는 아동을 진단하고 그들을 자폐증상이 없는 발달장애아
동들과 구별하기 위해 만들어진 행동 평정척도로 만 2세 이상 취학 전 아동을 포
함하여 모든 연령군을 대상으로 하는 검사이다. 이 평정척도는 경증 혹은 중간 정
도의 자폐아동과 중증의 자폐아동을 분류할 수 있다.

• 구성 체계

CARS는 15개 항목으로 구성되어 있으며 문항구성은 〈표 12-2〉와 같다.

<표 12-2> CARS의 구성 체계

문항구성	문항수
사람과의 관계, 모방, 정서적 반응, 신체 사용, 물체 사용, 변화에의 적응, 시각적 반응, 청각적 반응, 맛·냄새·촉각 반응과 사용, 두려움과 신경과민, 언어적 의사소통, 비언어적 의사소통, 활동수준, 지적 기능의 수준과 항상성, 일반적인 인상(느낌)	15

• 실시방법 및 채점

CARS는 아동의 보호자가 검사지의 문항을 읽고 체크리스트를 완성하도록 한
다. 평정점수는 1점, 1.5점, 2점, 2.5점, 3점, 3.5점, 4점으로 이루어져 있고, 각 척
도별로 평점점수를 합산하여 척도란에 해당 평정점수를 기입한다. 척도별 평정점

수를 합산하여 총 점수를 계산한다.

CARS의 검사문항 작성의 예시는 [그림 12-1]과 같다.

C·A·R·S

척 도	정 상		경증 비정상		중간 비정상		중증 비정상
	1	1.5	2	2.5	3	3.5	4
I. 사람과의 관계 (2.5)	연령상 적절한 수줍음, 부산함, 성가시게 한다.		어른과의 눈맞춤을 피하고, 상호작용을 강요하게 되면 어른을 피하거나 안 달한다. 같은 연령에 비해 지나치게 수줍어 하고, 부모에게 다소 매달린다.		때때로(어른을 의식하지 못하는듯이) 혼자 떨어져 있으며, 아동의 주의를 끌기 위해 지속적이고도 강력한 시도가 필요하다. 아동은 최소한의 접촉만 시도한다.		어른의 일로부터 지속적으로 떨어져 있고 알지 못한다. 어른에게 절대 반응하지 않거나 자발적으로 접촉을 시도하지 않는다. 아동의 주의를 끌기 위해서는 매우 지속적인 시도에 의해서 아주 약간의 효과를 볼 뿐이다.
관찰 :				∨			
II. 모방 (3)	아동의 능력수준에 적절하게 소리, 단어, 움직임을 모방할 수 있다.		박수를 치거나 단음절 소리와 같은 간단한 행동을 늘 모방한다.		어떤 때만 모방하고 어른의 도움과 지속적인 노력이 필요하다. 약간 지연된 후에 자주 모방하기도 한다.		어른의 도움과 자극이 있을 때 조차도 소리나 단어, 움직임을 모방하지 않는다.
관찰 :				∨			
III. 정서 반응 (2.5)	얼굴표정, 자세, 태도의 변화로써 보여지는 정서적 반응의 정도와 유형이 적절하다.		때때로 다소 부적절한 형태나 정도의 정서적 반응을 보인다. 반응이 이동 주변에 있는 물체나 사건들과 관계가 없다.		확실히 부적절한 정도나 부적절한 유형의 정서적 반응을 보인다. 반응이 아주 제한되어 있거나 매우 지나치거나 그 상황과 연결되지 않는다 ; 어떤 확실한 정서를 일으키는 물체나 사건이 없을 때 조차도 얼굴을 찌푸리고 있거나 웃거나 경직되어 있다.		반응들이 거의 그 상황에 적절하지 않다. 일단 어떤 기분에 빠지면 활동을 변화시켜도 그 기분을 바꾸기가 어렵다. 역으로 아무런 변화가 없을 때도 급격한 정서 변화를 보인다.
관찰 :				∨			
IV. 신체 사용 (3.5)	연령상 적절한 안정성, 민첩성, 협응성을 지니고 움직인다.		둔하고, 반복적으로 움직이거나 협응력이 다소 약하다.		연령상 부적절하고 확실히 이상한 행동이 있다 ; 이상한 손가락운동, 특이한 손가락이나 신체의 자세, 신체를 응시하거나 찌르기, 자해적인 공격성, 몸 흔들기, 돌기, 손가락 흔들기, 까치발 들기 등		3의 행동 유형이 심하면서 빈번하다. 이 행동들은 간섭을 해서 그만두게 하거나 또는 다른 활동에 참여시키려 해도 지속적으로 유지된다.

[그림 12-1] CARS 검사문항 작성 예시

• 결과 및 해석

평정점수의 합은 최저 15점(정상)부터 최고 60점까지의 범위에 속한다. 자폐증과 기타 발달장애를 구분하는 경계점수는 30.0점이며, 30.0점에서 36.5점은 경증 및 중간 정도의 자폐증, 37.0점에서 60.0점은 중증의 자폐증으로 분류한다. CARS

의 검사결과 작성 예시는 [그림 12-2]와 같다.

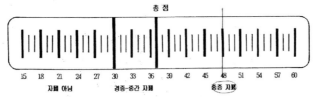

[그림 12-2] CARS의 검사 결과 작성 예시

(2) 이화-자폐아동 행동발달 평가도구(E-CLAC)

이화-자폐아동 행동발달 평가도구(Ehwa-Check List for Autistic Children: E-CLAC)
는 일본의 CLAC-II(Check List for Autistic Child-II)를 김태련, 박랑규(1992)가 한국
아동들을 대상으로 표준화한 검사도구이다.

• 목적 및 대상

E-CLAC은 자폐성장애아동의 일반적인 행동발달 및 병리적 수준을 평가하기

위해 만들어진 검사도구로서 만 1세부터 6세까지를 대상으로 하는 검사이다. 이 검사는 저항, 주의산만 등으로 검사 실시가 불가능한 자폐성장애아동을 대상으로 실시할 수 있는 검사이며, 검사 결과는 아동의 개별 수업프로그램 수립을 위한 기초자료로 사용할 수 있다.

• 구성 체계

E-CLAC는 총 18개 영역으로 나누어져 있으며 56개 문항으로 구성되어 있다. 이는 단계별로 표시하도록 되어 있는 43개의 척도문항과 해당하는 모든 항목에 표시하도록 되어 있는 13개의 비척도 문항으로 구성되어 있다. E-CLAC의 척도문항 중 발달문항과 병리문항별 문항구성은 〈표 12-3〉과 같다.

〈표 12-3〉 E-CLAC의 구성 체계

발달문항영역	문항구성	병리문항영역	문항구성
식사	자립의 정도	식사	편식의 정도, 식사시간
배설	소변습관	배설	대변장소
착탈의	옷 입기, 옷 벗기	수면	수면습관(1)
위생	씻기 및 몸단장	착탈의	옷 입기, 옷 벗기
언어	언어이해, 발음	위생	위생습관
표현활동	변별능력, 그림 그리기, 인물 그리기, 쓰기, 읽기	놀이	어른들과의 놀이, 아이들과의 놀이, 놀이종류, TV
행동	지시에 의한 모방, 계획성, 대근육운동, 소근육운동	집단에의 적응	집단적응성
		대인관계	부모와의 대인관계, 형제자매와의 대인관계, 다른 어른과의 대인관계, 다른 아이들과의 대인관계
		언어	언어이해, 억양리듬, 의사소통
		취급하기	타인에의 의존성
		지시따르기	지시 따르기
		행동	자발성, 집중성, 자발적 모방
		운동성	과잉행동, 부동성
		안전관리	안전인식

• 실시방법 및 채점

E-CLAC는 아동의 일상생활을 전반적으로 잘 알고 있는 부모 혹은 부모대리자가 검사를 실시할 수 있으며 검사 시간은 40분에서 50분이 소요된다. 결과에서 나온 원형 사이코그램은 각 문항이 방사선 하나하나로, 각 단계는 5개의 동심원으로 나타난다. 1단계는 각 문항을 나타내는 방사선과 중심원의 교차점으로, 5단계는 방사선과 외곽원의 교차점으로 구성된다. 각 문항의 해당 달성단계에 따라 원주선을 연결하면 사이코그램이 완성된다. E-CLAC의 검사문항 작성 예시는 [그림 12-3]과 같다.

영역 \ 단계		제1단계	제2단계	제3단계	제4단계	제5단계
I 식 사	(1) 자립의 정도 * 해당되는 모든 문항에 표를 하시오.	일방적으로 부모가 먹인다. ○	먹여주는데 때때로 손으로 집어 먹으려 한다. ○	혼자 먹도록 하는데 항상 부분적인 도움이 필요하다. ✓	흘리면서 수저를 사용하여 혼자 먹는다. ○	혼자 잘 먹는다. ○
	(2) 편식의 정도	먹으려는 의욕이 없다. ○	식사라고 정해진 것을 먹지 않는다. ✓	먹는 것만 정해 놓고 먹는다.	좋아하고 싫어하는 것이 분명하다.	좋고 싫어하는 것이 거의 없다.
	(3) 식사시간	그날에 따라 시간, 횟수가 불규칙하다. ○	하루에 횟수는 정해져 있지만 시간은 불규칙하다. ○	나름대로의 시간을 정해 그 시간에 식사한다. ✓	가족과 함께 식사하지만 도중에 돌아다닌다.	가족과 함께 착실하게 식사한다. ○
II 배 설	(4) 소변습관	기저귀를 사용한다.	의사표시 하는 경우도 있지만 항상 주의가 필요하다. ○	항상 의사표시는 하지만 의복처리와 뒷처리에 도움이 필요하다. ✓	혼자 하지만 때때로 실패하므로 주의가 필요하다. ○	혼자 소변을 본다. ○
	(5) 대변습관	기저귀를 사용한다. ○	의사표시 하는 경우도 있지만 항상 주의가 필요하다. ✓	항상 의사표시는 하지만 의복처리와 뒷처리에 도움이 필요하다. ○	혼자 하지만 때때로 실패하므로 주의가 필요하다.	혼자 대변을 본다. ○
	(6) 대변장소	변을 보고도 표현없이 젖은 옷을 입고 있다. ○	변을 보고 싶으면 동작은 취하나 그 자리에서 싼다.	변 보는 장소는 정해져 있지만 적당치 않은 장소이다. ✓	자기집 화장실에서는 실수하지 않고 변을 본다.	적당한 때와 적당한 장소를 택해 잘 수행한다.
III 수 면	(7) 수면습관(I)	한밤중에 깨어나 심하게 운다. ○	때때로 울거나 소리지르며 한밤중, 혹은 더 늦게까지 깨어 있다. ✓	한밤중에 깨어나 혼자 장시간 논다. ○	때때로 아주 늦게까지 즐겁게 놀며 깨어 있다. ○	일상적으로 정해진 시간에 자고 제시간에 일어난다. ○
	(8) 수면습관(II)	· 잠들기, 일어나기가 어렵다. · 수면장소, 이불, 베개 등을 고집한다.				
	(9) 옷입기	부모가 전부 입혀	어른의 도움을 받아	혼자 양말을 신거나	혼자 외투를 입고	혼자 옷을 완전히

[그림 12-3] E-CLAC 검사문항 작성 예시

• 결과 및 해석

검사 결과는 검사 이후 사이코그램을 작성하여 파악한다. 아동의 발달 정도를 정확히 파악하기 위하여 TP에 복사된 '발달문항에서의 단계별 달성 연령' '병리문항에서의 단계별 달성 연령'을 해당 사이코그램으로 옮겨 그 결과를 시각화하고 해석한다. 그림의 면적이나 각 문항에 따른 요철상태를 살펴봄으로써 대상 아동의 발달이나 병리 상태를 알 수 있다. 면적이 크고 요철이 적은 영역은 발달적으로 향상되어 문제가 보다 적다. E-CLAC의 검사 결과 작성 예시는 [그림 12-4]와 같다.

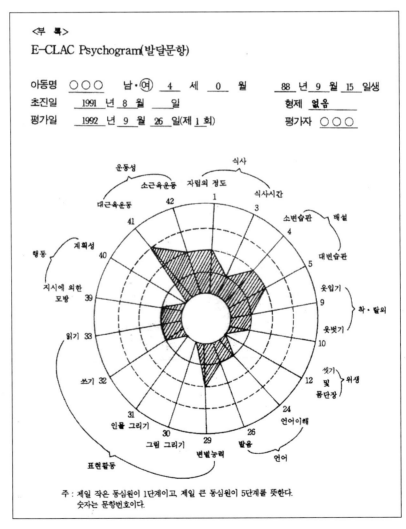

[그림 12-4] E-CLAC 발달문항 검사결과 작성 예시

출처: 김태련, 박랑규(2016).

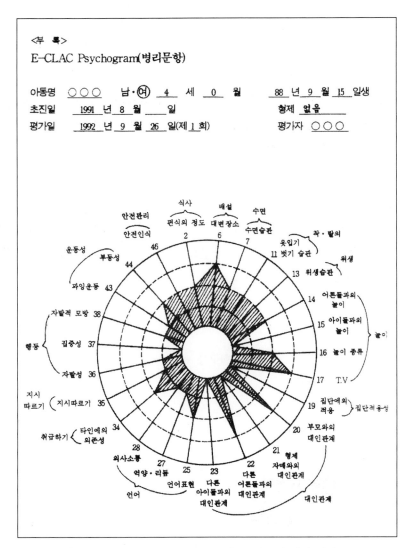

[그림 12-5] E-CLAC 병리문항 검사결과 작성 예시

출처: 김태련, 박랑규(2016).

(3) 심리교육 프로파일(PEP-R)

심리교육 프로파일(Psychoeducational Profile-Revised: PEP-R)은 Schopler, Reichler, Bashford, Lansing과 Marcus(1990)에 의해 만들어졌으며, 김태련, 박랑규(2005)가 우리나라에 맞게 표준화하였다. PEP-R은 7개 영역의 발달척도와 4개 영역의 행동척도, 총 174문항을 번역한 후 예비 연구를 거쳐 수정·제작되었다.

• 대상 및 목적

　PEP-R은 자폐성장애아동과 유사 발달장애아동의 발달수준과 특이한 학습 및 행동 패턴을 평가하기 위해 제작된 검사도구로서 만 1세부터 7세 5개월까지를 대상으로 하는 검사이다. 이 검사는 아동의 현재의 발달기능과 행동특성을 평가할 뿐 아니라 아동의 특이한 학습 및 행동 패턴을 평가하며 이를 바탕으로 개별 치료교육 프로그램에 활용하기 위해 제작되었다.

• 구성 체계

　PEP-R은 발달척도와 행동척도를 합쳐 174문항이다. 행동척도는 자폐증의 비정상적 행동패턴 특징을 규정하도록 구성되어 있으며 큰 발달변화를 나타내지는 않는다. 이를 제시하면 〈표 12-4〉와 같다.

<표 12-4> PEP-R의 구성 체계

영역	문항구성	문항수	총 문항수
발달척도	모방	16	131문항
	지각	13	
	소근육	16	
	대근육	18	
	눈-손 협응	15	
	동작성 인지	26	
	언어성 인지	27	
행동척도	대인관계 및 감정	12	43문항
	놀이 및 검사재료에 대한 흥미	8	
	감각반응	12	
	언어	11	

• 실시방법 및 채점

　본 검사는 숙련된 검사자를 통해 이루어지며 검사도구를 활용하여 순서대로 진행된다. 문항별로 검사가 끝난 즉시 정상, 경증, 중증의 세 수준으로 채점한다. 검사의 소요시간은 45분에서 1시간 30분 정도이다. 항목들은 발달상 쉬운 것에서부터 어려운 과제로 나열되어 있다. 표준화된 순서를 준수할 필요는 없지만 일반적으로 번호 순서대로 진행한다.

• 결과 및 해석

PEP-R의 검사 결과는 발달척도와 행동척도별로 총 합격점을 근거로 하위영역별 발달연령과 전체 발달연령을 산출하여 발달척도 결과표를 작성한다. 행동척도에서는 4개의 하위영역이 표시되어 있는 사분원의 중심에서 바깥쪽으로 중증에 해당하는 문항수만큼은 회색으로 칠하여 행동척도 결과표를 작성한다. PEP-R의 문항 통과 결과가 합격, 싹트기 반응, 실패의 세 수준으로 나타나기 때문에 싹트기 반응이 나타난 문항을 중심으로 개별 지도계획을 수립하여 지도하면 성취도를 높일 수 있다.

(4) 한국 자폐증 진단검사(K-ADS)

한국 자폐증 진단검사(Korean Autism Diagnostic Scale: K-ADS)는 DSM-IV-TR(American Psychiatric Association, 2000)의 자폐장애 진단기준과 길리엄 자폐증 평정척도(Gilliam Autism Rating Scale: GARS; Gilliam, 1995)를 기초로 하여 강위영, 윤치연(2004)이 우리나라의 실정에 맞도록 제작한 자폐증 진단검사이다.

• 대상 및 목적

K-ADS는 자폐성장애에 대한 선별뿐 아니라 자폐성장애를 평가하여 적절한 중재 방안을 제시할 수 있는 평가도구로서 만 3세부터 21세까지의 아동 및 청소년을 대상으로 하는 검사이다.

• 구성 체계

K-ADS는 상동행동(14문항), 의사소통(14문항), 사회적 상호작용(14문항)에 대한 3개의 하위검사에 걸쳐 총 42문항으로 구성되어 있다.

• 실시방법 및 채점

K-ADS는 아동과 적어도 2주 이상 정기적으로 접촉해 온 교사나 부모가 실시할 수 있다. 하위검사별로 4점 척도로 평정하도록 되어 있으며 검사 소요시간은 약 5~6분

이다. 의사소통이 어려운 검사 대상의 경우 검사문항의 생략이 가능하며 나머지 하위검사를 통해 점수를 산출할 수 있으므로 의사소통이 어려운 대상자도 검사가 가능하다.

• 결과 및 해석

K-ADS는 검사를 하고 검사지에 기록한 다음 테스피아 홈페이지(www.tespia. kr)의 온라인심리검사 채점 프로그램에 입력 · 출력한다. 검사 결과는 자폐지수와 백분위점수로 제시되며, 하위검사별로 표준점수와 백분위점수를 산출할 수 있다. 결과 해석은 하위검사의 표준점수로 자폐지수, 자폐 정도, 자폐 확률을 구하며, 검사프로파일의 그래프를 작성하여 분석하도록 한다. 검사 결과, 자폐지수가 높을수록 자폐 가능성이 높다고 해석된다.

(5) 사회적 의사소통 설문지(SCQ)

사회적 의사소통 설문지(Social Communication Questionnaire: SCQ)는 Rutter, Bailey, Berument, Lord와 Pickles(2003)에 의해 만들어진 검사이다. 우리나라에서 유희정(2008)에 의해 표준화되었으며 DSM-IV와 ICD-10의 진단기준에 의거하여 자폐성장애를 선별할 수 있는 검사도구이다.

• 대상 및 목적

SCQ는 임상적으로 자폐성장애의 가능성에 대해 철저한 임상적 평가가 필요한 아동을 선별하기 위한 도구로 이용될 뿐만 아니라 자폐성장애 증상의 대략적인 심각성 수준을 알려 주는 지표로 이용할 수 있는 검사이다. 만 2세 이상의 자폐성장애가 의심되는 아동 및 성인을 대상으로 한다. 이 검사는 일생형(lifetime form)과 현재형(current form)의 두 가지 양식이 있다. 일생형은 진단 의뢰를 목적으로 전반적인 발달을 평정하는 것이고, 현재형은 중재 효과의 평가를 목적으로 진보를 평정하는 것이다.

• 구성 체계

SCQ는 일생형과 현재형 검사문항으로 나뉘어 있으며 각각 40문항으로 이루어져 있다. 일생형은 아동의 평생 동안의 행동에 대한 것으로 지금까지 또는 아동의 인생 중 어떤 시점에서 발생한 행동을 진단하며 진단적 선별검사의 목적으로 이용할 수 있다. 현재형은 아동의 현재 행동에 대한 것으로 현재부터 지난 3개월 사이에 일어난 행동을 통해 자폐증상을 검사할 수 있다. 현재형은 이전에 자폐성장애로 진단받은 개인의 시간에 따른 변화에 초점을 맞출 경우 유용하다.

• 실시방법 및 채점

SCQ는 아동의 발달과 현재 행동에 대하여 잘 알고 있는 부모나 보호자가 사회적 상호작용, 언어와 의사소통, 행동의 제한적·반복적·상동적 패턴 등 3개 하위영역의 각 문항에 대하여 '예' 또는 '아니요'로 평정한다. 검사시간은 10분 정도가 소요되며, 점수 계산에 5분 정도가 소요된다. 일생형을 시행할 때는 부모에게 "여기에 제시된 대부분의 질문은 지금까지 아동의 삶에서 어떤 시점에서든지 부모가 아동의 이런 행동을 본 적이 있는지 묻는 것이고, 몇몇의 질문은 만 4~5세 사이 아동의 부모가 아동의 이런 행동을 본 적이 있는지를 묻는 것입니다."라는 내용을 말해 준다.

• 결과 및 해석

1번 문항은 아동이 2개 이상의 단어(구절)를 말하는지 아닌지를 기록할 뿐 점수와는 무관하며, 2번에서 40번의 동그라미는 0 또는 1의 점수를 나타낸다. 총합을 계산하기 위해 각각의 세로열에서 '1'의 응답수를 세고 그 세로열의 맨 밑에 합계를 기록하며 총 4개의 세로열 합계를 합산한 것이 총계에 해당된다. 검사의 결과는 현재형과 일생형별로 별도로 제시되며, 일생형의 경우 15점 이상이면 자폐성장애의 가능성이 있는 것으로 해석한다. 이 검사는 집단 간 비교나 지도 전후의 효과 분석에도 유용하다.

(6) 자폐증 진단 면담지-개정판(ADI-R)

자폐증 진단 면담지-개정판(Autism Diagnostic Interview-Revised: ADI-R)은 Rutter, Le Couteur와 Lord(2003)에 의해 만들어진 검사로서 우리나라에서는 유희정(2007)에 의해 개발된 진단도구이다. 이 검사는 DSM-Ⅳ와 ICD-10의 진단기준에 의거하여 자폐성장애의 선별과 진단을 목적으로 실시하며 지도 전후의 효과를 평가하는 데도 유용하게 사용될 수 있다. 피검자의 행동을 직접 관찰하여 평가하는 자폐증 진단 관찰 스케줄 2판(ADOS-2)과 상호 보완적인 도구로도 활용된다.

• 대상 및 목적

ADI-R은 자폐증을 선별하는 데 필요한 특정적인 행동들을 기술한 정보를 수집할 수 있고, 다른 유형의 발달장애로부터 자폐성장애를 선별할 수 있는 검사도구이다. 언어의 수준에 관계없이 만 2세 이상부터 성인을 대상으로도 사용 가능하며 자폐성장애와 직접 관련이 없는 발달의 전 영역에 대한 평가가 가능하다.

• 구성 체계

ADI-R은 현재 행동 알고리듬과 진단적 알고리듬의 두 세트로 구성되어 있으며 구성에 따라 사용연령이 다양하다. 현재 행동 알고리듬은 아동의 지도 전후의 효과 정도를 평가하는 데 유용하며 2세에서 3세 11개월, 4세에서 9세 혹은 10세 이상의 연령군에 맞는 검사를 실시하도록 한다. 진단적 알고리듬은 자폐성장애를 진단하는 데 사용할 수 있으며 2세에서 3세 11개월 혹은 4세 이상 연령을 대상으로 해당 연령에 맞는 검사를 실시하도록 한다. ADI-R은 도입부 질문, 초기 발달, 언어/기타 기능의 습득과 상실, 언어와 의사소통 능력, 사회적 발달과 놀이, 흥미와 행동, 일반적 행동들 등의 7개 하위영역의 93개 문항으로 구성되어 있으며, 각 영역별로 개별 점수를 산출할 수 있도록 되어 있다. 또 40개 문항으로 구성된 축소형 평가서도 있다.

• 실시방법 및 채점

ADI-R은 자폐성장애를 평가하기 위한 반구조화된 부모 면담지로서 검사시간은 90분에서 2시간 정도 소요된다. 이 검사는 충분히 숙련된 검사자에 의해 실시되며 부모나 보호자와의 면담을 통해 이루어진다. 현재 행동 알고리듬은 현재 행동에 초점을 두고 평가하도록 하며, 진단적 알고리듬은 4세에서 5세 사이에 가장 비정상이었던 때를 기준으로 한 행동에 초점을 두고 평가하도록 한다. 각 문항은 진단준거에 의해 0점에서 9점까지의 점수로 코드화하고 또다시 항목코드에서 알고리듬 점수로 전환한다. 코드 0은 알고리듬 점수 0점, 코드 1은 1점, 코드 2와 3은 2점, 코드 7, 8, 9는 0점으로 처리한다.

• 결과 및 해석

ADI-R은 진단적 알고리듬을 통해 자폐증을 진단하는데, 상호작용, 의사소통과 언어, 행동의 제한적·반복적·상동적 패턴에 대한 세 가지 행동영역 모두에서 최소한의 절단점(cutoff scores)을 충족시키거나 초과할 때 자폐증으로 진단한다.

(7) 자폐증 진단 관찰 스케줄 2판(ADOS-2)

자폐증 진단 관찰 스케줄 2판(Autism Diagnostic Observation Schedule-Second Edition: ADOS-2)은 자폐스펙트럼장애(Autism Spectrum Disorder)의 진단을 위한 관찰 평가에서 '최적의 표준(gold standard)'이라고 여겨져 온 ADOS(Lord, Rutter, DiLavore, & Risi, 2002)의 개정판으로 유희정 등(2015)이 우리나라에서 표준화한 반구조화된 관찰도구이다.

• 대상 및 목적

ADOS-2는 자폐스펙트럼장애를 정확하게 평가 및 진단하기 위한 평가도구일 뿐 아니라 자폐스펙트럼장애와 기타 전반적 발달장애의 감별이 가능한 도구로 생활연령이 만 12개월부터 성인까지 자폐스펙트럼장애가 의심되는 모든 사람들을 대상으로 한다. 개정판에서는 새로운 비교점수 추가 및 알고리듬의 개정으로 더욱더 정확한 규준으로 자폐스펙트럼장애를 평가 및 진단하도록 도와준다.

• 구성 체계

ADOS-2는 총 5개의 모듈로 구성되어 있다. 각 모듈은 자폐스펙트럼장애를 진단하는 데 중요하다고 여겨져 온 행동을 관찰할 수 있는 표준 활동들로 구성되어 있다. 대상자의 연령, 발달 단계, 그리고 언어능력에 알맞은 모듈을 선택하여 의사소통, 사회적 상호작용, 놀이, 제한 및 반복적인 행동들을 측정한다. ADOS-2에서는 모든 모듈에 대해 개정된 전문가 지침서와 프로토콜을 제시하고 있으며 모듈 T(Toddler Module)가 추가되었다. 모듈 T는 12개월에서 30개월 사이의 지속적으로 구어/구절의 언어를 사용하지 못하는 대상자에게 적용하는데, 절단점수에 초점을 맞추기보다는 잠재적으로 위험 범위에 속할 가능성이 있는 아동들을 선별할 수 있도록 하였다. 모듈 1은 10개 활동과 34개 동반된 항목을 사용하여 31개월 이상이면서 구(句) 언어를 일관되게 사용하지 않는 아동을 대상으로 한다. 모듈 2는

14개의 활동과 29개의 동반된 항목을 사용하며 연령에 관계없이 어구를 사용하지만 언어가 유창하지 않은 아동에게 사용한다. 모듈 3은 14개의 활동과 29개 동반된 항목을 사용하여 언어가 유창한 아동과 나이가 어린 청소년에게 사용한다. 모듈 4는 10개에서 15개의 활동과 32개의 동반된 항목을 사용하여 언어가 유창하고 나이가 많은 청소년과 성인을 대상으로 사용한다.

• 실시방법 및 채점

ADOS-2는 관찰 실시와 관련된 훈련을 받은 전문가가 실시하는데 검사자와 아동 간의 상호작용을 관찰하고 기록하며 이루어진다. ADOS-2의 검사시간은 각각의 모듈별로 40분에서 60분 정도가 소요된다. 한 사람에게는 한번에 한 가지 모듈만을 사용하고, 각각의 활동은 모듈 내에서 번호로 표시되어 있다. 채점은 검사를 시행하는 동안에 관찰한 것들과 기록들을 근거로 전체적인 점수를 부여하며 회기가 끝난 직후에 이루어진다. 그다음에 점수들을 알고리듬 점수로 전환하며, 이 점수를 이용하여 진단적 알고리듬을 작성한다.

모듈 1에서 모듈 4를 위한 알고리듬은 자폐스펙트럼장애 분류를 위해 절단점을 사용하는 반면에, 모듈 T의 알고리듬은 검사자가 임상적 인상을 체계화하도록 돕는 '우려 수준'을 제시한다. 모듈 1부터 3까지에는 '비교 점수'가 제시되는데, 검사 대상자의 자폐스펙트럼 관련 증상의 수준과 검사 대상자가 가진 자폐스펙트럼 관련 증상들의 시간 경과에 따른 변화를 해석하는 데 사용될 수도 있다. 채점을 결정할 때 대부분 점수는 0(비정상이 아님)부터 2 또는 3(가장 비정상)까지의 범위에 있게 된다. ADOS-2의 몇몇 항목들은 명료성을 높이고 채점의 범주를 더 넓게 하며 변화를 측정할 더 많은 기회를 제공하기 위해 새로운 점수 '3점'을 포함한다. 0점은 '최적의 수준 또는 기대되는 정도로 수행하였음'(이 영역에서 장애의 근거가 없음)을 설명하는 점수이며, 나머지 점수들은 부분적이거나, 최소한이거나, 비일관적인 수행을 나타낸다. 임상적으로 사용하는 경우 0, 1, 2, 3의 점수를 가장 많이 고려하게 된다. 8점과 9점은 적용할 수 없거나 다른 점수를 줄 수 없을 때 어떤 항목에든 사용할 수 있으며, 8점과 9점을 포함한 모든 누락된 자료는 알고리듬에서 0점으로 처리된다.

• 결과 및 해석

ADOS-2의 모듈 1에서 4까지의 각 모듈에는 자폐증(Autism), 자폐스펙트럼 (Autism Spectrum), 비스펙트럼(Non-spectrum) 중 어디에 속하는지를 결정하는 절단점을 사용하는 알고리듬이 있다. 모듈 1부터 모듈 3에서의 비교 점수는 1점부터 10점까지의 연속 측정 점수로, 대상자의 알고리듬 전체 총합을 동일 생활연령과 언어 수준을 가진 다른 자폐스펙트럼 장애아동들의 점수와 비교하는 데 사용한다. 모듈 T의 알고리듬에는 '약간-전혀 우려되지 않음' '경도-중도의 우려' '중도-고도의 우려'의 3개 우려 수준이 있으며, 각 우려 수준은 아동이 자폐스펙트럼 장애에 해당하는 행동을 보이는 정도와 임상적 추적의 필요성을 나타낸다. 정상발달을 보이는 대부분의 아동들은 '약간-전혀 우려되지 않음'으로 분류되고, 자폐스펙트럼에 해당하는 거의 모든 아동은 '경도-중도의 우려' 수준 혹은 '중도-고도의 우려' 수준으로 구별되도록 구성되어 있다.

3. 발달지체

1) 발달지체의 정의 및 진단기준

발달지체는 전반적인 발달영역에서 또래의 발달수준보다 지체된 경우를 의미하는 것으로, 「장애인 등에 대한 특수교육법 시행령」의 '특수교육대상자 선정기준'에 따르면 신체, 인지, 의사소통, 사회·정서, 적응행동 중 하나 이상의 발달이 또래에 비하여 현저하게 지체되어 특별한 교육적 조치가 필요한 영아 및 9세 미만의 아동으로 정의하고 있다.

발달지체로 특수교육을 받더라도 어느 정도 지체가 발달지체에 속하는 것인지에 대한 기준 규명이 우선시되어야 할 필요가 있다. 하지만 여전히 발달지체의 정확한 진단기준에 대해서는 논의가 되고 있는 상황이다. 이소현(2003)에서 제시한 발달지체의 진단기준을 제시하면 다음 〈표 12-5〉와 같다.

<표 12-5> 발달지체 진단기준

연령	진단기준
0~24개월 미만	• 하나 이상의 발달 영역에서 25% 또는 표준편차 2 이상의 지체 • 둘 이상의 발달 영역에서 20% 또는 표준편차 1.5 이상의 지체 • 전문가 팀의 전문적인 임상적 판단
24~36개월 미만 (지체 정도가 더 경한 대상 포함)	• 하나 이상의 발달 영역에서 20% 또는 표준편차 1.5 이상의 지체 • 둘 이상의 발달 영역에서 15% 또는 표준편차 1 이상의 지체 • 전문가 팀의 전문적인 임상적 판단

출처: 이소현(2003).

2) 발달지체의 선별 및 진단 검사도구

우리나라도 2007년 「장애인 등에 대한 특수교육법」에 만 3세 미만의 장애영아교육에 대한 무상교육과 유치원과정의 의무교육을 명시하며 장애의 조기발견에 대한 지원이 더욱 강화되었다. 즉, 기존에 없던 장애유형인 발달지체(developmental delay)를 특수교육 관련 법 안에서 새로운 특수교육대상으로 추가한 것은 「장애인 등에 대한 특수교육법」이 처음이며, 이러한 발달지체아동은 영유아 시기에 적절한 교육 및 서비스를 제공받지 못할 경우 앞으로 더욱더 심각한 장애를 가질 가능성이 높아지기 때문에 발달지체 영유아에 대한 교육지원이 매우 중요하게 대두되고 있다.

발달지체는 장애영유아 시기에 가장 많이 진단받는 유형 중의 하나로 시각 · 청각장애, 지적장애와 같이 특정 장애범주가 아니라 발달이 지연된 상태를 포괄적으로 지칭하는 것으로 이미 장애로 진단받은 경우나 장애를 가질 위험성이 있는 영유아도 포함될 수 있는 장애유형이라 할 수 있다.

현재 우리나라에서 발달지체 영유아를 진단할 때 사용되는 검사도구는 지능검사, 사회성숙도검사, 적응행동검사와 앞의 제10장에서 소개된 영유아 발달검사들이 주로 사용된다. 검사 결과가 또래보다 지체되어 특수교육이 필요한 경우 학령기 전에 진단을 받은 유아는 발달지체로 명명되고 학령기에 다시 진단을 하여 구체적인 장애유형으로 진단받게 된다.

제13장

의사소통장애 및 정서·행동장애 영역

❖ 민용아

1. 의사소통장애

1) 의사소통장애의 정의

「장애인 등에 대한 특수교육법」에서 제시한 의사소통장애(communication disorders)의 정의는 다음 각 목의 어느 하나에 해당하여 특별한 교육적 조치가 필요한 사람으로 "가. 언어의 수용 및 표현 능력이 인지능력에 비하여 현저하게 부족한 사람, 나. 조음능력이 현저히 부족하여 의사소통이 어려운 사람, 다. 말 유창성이 현저히 부족하여 의사소통이 어려운 사람, 라. 기능적 음성장애가 있어 의사소통이 어려운 사람"이다.

우리나라에서 의사소통장애의 진단 및 평가를 살펴보면 다음과 같다. 먼저, 진단 및 평가는 장애진단기관 및 의료기관의 재활의학과 전문의 또는 언어치료사가 배치되어 있는 의료기관의 이비인후과·정신과·신경과 전문의 등에 의해 이루어진다. 장애진단은 원인 질환 등에 대한 6개월 이상 전문의가 치료를 한 이후에도 장애가 회복되지 않았을 때 장애에 대한 진단서 및 소견서 등을 작성해 이루어진다. 단, 장애상태가 고착되었음이 전문적 진단에 의해 인정되는 경우에는 이전 진료기록 등을 확인하지 않을 수 있으며, 이에 대한 의견을 구체적으로 장애진단서에 명시한다.「장애인복지법」에 따라 언어장애로 판정받을 수 있는 기준은 다음과 같으며, 부여 가능한 등급은 3급과 4급이다.

<표 13-1> 언어장애 등급기준

장애등급	장애 정도
3급1호	발성이 불가능하거나 특수한 방법(식도발성, 인공후두기)으로 간단한 대화가 가능한 음성장애
3급2호	말의 흐름이 97% 이상 방해를 받는 말더듬
3급3호	자음정확도가 30% 미만인 조음장애
3급4호	의미 있는 말을 거의 못하는 표현언어지수 25 미만인 경우로서 지적장애 또는 자폐성장애로 판정되지 아니하는 경우
3급5호	간단한 말이나 질문도 거의 이해하지 못하는 수용언어지수 25 미만인 경우로서 지적장애 또는 자폐성장애로 판정되지 아니하는 경우

4급1호	발성(음도, 강도, 음질)이 부분적으로 가능한 음성장애
4급2호	말의 흐름이 방해받는 말더듬(아동 41~96%, 성인 24~96%)
4급3호	자음정확도 30~75% 정도의 부정확한 말을 사용하는 조음장애
4급4호	매우 제한된 표현만을 할 수 있는 표현언어지수 25~65인 경우로서 지적장애 또는 자폐성장애로 판정되지 아니하는 경우
4급5호	매우 제한된 이해만을 할 수 있는 수용언어지수 25~65인 경우로서 지적장애 또는 자폐성장애로 판정되지 아니하는 경우

장애진단 및 재판정 시기는 다음과 같다.

첫째, 장애의 원인 질환 등에 관하여 충분히 치료하여 장애가 고착되었을 때에 진단하며, 기준 시기는 원인 질환 또는 부상 등으로 발생한 이후 또는 수술 후 6개월 이상 지속적으로 치료한 이후로 한다. 둘째, 수술 또는 치료로 기능이 회복될 수 있다고 판단하는 경우에는 장애판정을 처치 후로 유보한다. 단, 1년 이내에 국내 여건 또는 장애인의 건강상태 등으로 인하여 수술 등을 하지 못하는 경우는 예외로 하되, 필요한 시기를 지정하여 재판정을 받도록 한다.

2) 의사소통장애의 선별 및 진단 검사도구

의사소통장애를 분류하는 방법에는 원인과 증상, 기질적 이상의 수반 여부에 따라 여러 가지가 있을 수 있지만, 언어발달장애, 조음장애, 음성장애, 유창성장애로 나누어 살펴보면 다음과 같다.

(1) 언어발달장애

대뇌 생리과정의 결함으로 인하여 언어발달의 이상이나 지체를 의미하는 것으로 언어형태, 언어내용, 언어화용 등으로 구별할 수 있는데, 이들 구성요소에서 어려움을 겪는 장애이다(국립특수교육원, 2009c). 언어장애를 위한 선별 및 진단 검사도구의 자세한 설명은 제5장을 참고하기 바란다.

(2) 조음장애

조음장애는 호흡기관, 발성기관 또는 조음기관의 손상 등으로 인하여 말소리를 정확하게 산출하지 못하거나, 말 산출 기관은 정상이나 말소리 체계 및 음운적 규칙에 대한 인지적 또는 언어적 이해 부족으로 말소리를 정확하게 산출하지 못하는 장애이다. 조음 음운장애를 조음장애와 동일한 의미로 사용하는 경우도 있으나, 전자의 경우를 조음장애(articulation disorders)라 하고 후자의 경우를 음운장애(phonological disorders)라고 분리하는 경우도 있다(국립특수교육원, 2009c). 조음장애의 조음형태는 조음상의 생략, 대치, 왜곡 등이다. 조음장애를 위한 진단도구의 설명은 제5장을 참고하기 바란다.

(3) 음성장애

음성장애는 화자의 음조, 강도, 음질, 공명과 관련한 기본 음성적 특성이 정상인의 목소리와 편차를 보이는 말(구어) 장애의 한 유형이다. 음성장애는 발성장애와 공명장애로 나뉜다. 발성장애는 성대의 종양이나 염증으로 인한 기질적인 경우와 소리 지르기 같은 성대의 남용 및 오용과 관련된 기능적인 경우로 나뉘며, 공명장애는 비강의 공명이 지나치게 많은 경우와 충분하지 못한 경우로 나뉜다(국립특수교육원, 2009c). 음성장애를 위한 진단도구로는 1975년 일본 음성언어의학회에서 제시한 GRBAS 평가법(Fex, 1992) 척도, 미국 언어병리학회의 음성장애 분과위원회(2002)에서 개발한 Consensus Auditory Perceptual Evaluation of Voice(CAPE-V), 측정기기를 사용한 객관적 음성평가 기기인 Aerophone II, Nasometer II 등이 있다.

(4) 유창성장애

유창성장애는 구어의 사용에 있어 시기와 리듬이 부적당한 패턴으로 나타나는 말장애로서 말더듬, 속화(성급하게 말하기), 신경성 유창성장애가 포함된다. 정상적인 언어발달 초기에 낱말을 반복하는 경우에 보이는 유창성장애는 발달적 비유창성 혹은 정상적 비유창성이라고 한다. 발달적 말더듬은 주로 내용어에서 발생하는 경향이 높으나 신경성 유창성장애는 기능어와 내용어 모두에서 발생되는 경향이 있다(국립특수교육원, 2009c). 유창성장애를 위해 우리나라에서 표준화된 진단도구로는 파라다이스-유창성검사(P-FS) 등이 있다.

2. 정서 · 행동장애

1) 정서 · 행동장애의 정의

「장애인 등에 대한 특수교육법」에서 제시한 정서 · 행동장애의 정의는 장기간에 걸쳐 다음 각 목의 어느 하나에 해당하여 특별한 교육적 조치가 필요한 사람으로 "가. 지적 · 감각적 건강상의 이유로 설명할 수 없는 학습상의 어려움을 지닌 사람, 나. 또래나 교사와의 대인관계에 어려움이 있어 학습에 어려움을 겪는 사람, 다. 일반적인 상황에서 부적절한 행동이나 감정을 나타내어 학습에 어려움이 있는 사람, 라. 전반적인 불행감이나 우울증을 나타내어 학습에 어려움이 있는 사람, 마. 학교나 개인 문제에 관련된 신체적인 통증이나 공포를 나타내어 학습에 어려움이 있는 사람"이다.

우울, 불안, 분노, 품행문제, 신체증상, 망상, 환각 등 정신장애로 인한 정서장애와 이상 행동의 양상은 일일이 열거하기 어려울 만큼 다양하다. DSM-IV 진단체계는 축I로 증상을 위주로 하는 임상진단을 하였으며 불안장애, 정신분열증, 기분장애를 포함하였다. 이에 비해 DSM-V는 기분장애라는 진단군을 없애고, 우울장애군(depressive disorders)과 양극성 및 관련 장애군(bipolar and related disorders)으로 나누어 양극성 스펙트럼 장애(bipolar spectrum disorders)라는 보다 폭넓은 개념을 수용하였다.

2) 정서 · 행동장애의 선별 및 진단 검사도구

정서 · 행동장애와 관련되어 우리나라에서 표준화된 검사로는 한국 아동 청소년 행동평가 척도(K-CBCL), KISE 정서 · 행동장애학생 선별척도, 청소년 자기행동 평가척도(YSR), 한국판 정서행동문제 평가척도(K-SAED) 등이 있다(제9장 참조). 이 장에서는 불안, 우울로 대표되는 정서장애와 관련하여 우리나라에서 간편하게 사용하는 아동용 우울척도(CDI), 벡 우울척도(BDI), 개정판 아동불안척도(RCMAS), 집-나무-사람 검사(HTP), 동적 가족화(K-F-D), 주제 통각 검사(TAT), 문장완성 검사(SSCT), 벅스 행동평정척도(BBRS)를 소개하고자 한다.

(1) 아동용 우울척도(CDI)

아동용 우울척도(Children's Depression Inventory: CDI)는 아동 및 청소년의 우울 정도를 평가하기 위해 1983년에 Kovacs가 개발하였으며 조수철, 이영식(1990)이 우리나라에서 처음 번안하였다.

• 목적 및 대상

CDI는 자기 스스로 자신의 우울 정도를 보고하는 자가 우울 평정척도로서 7세에서 17세의 아동과 청소년에게 실시할 수 있는 검사이다.

• 구성 체계

CDI는 3점 척도로서 총 27문항(자기비하 4문항, 신체증상 4문항, 우울정서 5문항, 흥미상실 7문항, 행동문제 7문항)으로 구성되어 있다.

• 실시방법 및 채점

응답자는 검사지의 각 항목에서 3개의 서술문 중 지난 2주일 동안의 자신을 가장 잘 묘사하고 있다고 생각되는 서술문 1개를 골라 표시를 하게 되며, 자신의 우울증상의 심각도를 0점에서 2점으로 평정하도록 되어 있다.

• 결과 및 해석

CDI 검사 결과의 총점 범위는 0에서 54점으로 점수가 높을수록 우울 정도가 심한 것으로 해석된다. 0점에서 8점은 우울하지 않은 상태, 9점에서 14점은 가벼운 우울 상태, 15점에서 23점은 상당한 우울 상태, 24점 이상은 심한 우울 상태를 의미한다.

| 이용자 | 강 ○○ | 총점 | 17 | 검사일 | 2016/11/2 | 검사자 | 이 ○○ |

※ 아래에는 각 문항마다 여러 가지 느낌과 생각들이 적혀있는 문장들이 있습니다. 그 문항들을 읽고 지난 2주 동안의 나의 느낌과 생각을 가장 잘 나타내는 문장을 고르세요. 각 번호마다 세 문장 중에서 하나를 골라 왼쪽 빈 칸에 표시해 주시기 바랍니다.

번호	구분(V 표시)	문 항
1	⓪	나는 가끔 슬프다
	① V	나는 자주 슬프다
	②	나는 항상 슬프다
*2	⓪	나에게 제대로 되어가는 일이라고는 없다
	① V	나는 일이 제대로 되어갈지 확신할 수 없다
	②	나에게는 모든 일이 제대로 되어갈 것이다
3	⓪	나는 대체로 무슨 일이든지 웬만큼 한다
	①	나는 잘못하는 일이 많다
	② V	나는 모든 일을 잘 못한다
4	⓪	나에게는 재미있는 일들이 많다
	① V	나에게는 재미있는 일들이 더러 있다
	②	나는 어떤 일도 전혀 재미가 없다
*5	⓪	나는 언제나 못됐다
	① V	나는 못 됐을 때가 많다
	②	나는 가끔 못됐다

[그림 13-1] CDI 검사문항 작성 예시

(2) 벡 우울척도(BDI)

벡 우울척도(Beck's Depression Inventory: BDI)는 1961년에 Beck과 그의 동료들이 개발한 우울 증상의 정도를 측정하는 검사로서 전 세계적으로 사용되고 있다. 우리나라에서는 이영호(1993)가 번안하여 사용하였다.

• 목적 및 대상

BDI는 청소년 이상 성인을 대상으로 우울 증상의 정도를 측정하며, 증상의 정도를 리커트 척도가 아니라 증상의 정도를 표현하는 구체적인 진술문에 응답케 함으로써 응답자들이 자신의 심리상태를 수량화하는 데서 겪는 혼란을 줄일 수 있는 특징을 가지고 있다.

• 구성 체계

BDI는 우울증의 인지적 · 정서적 · 동기적 · 신체적 증상 영역을 포함하는 21문항으로 구성되어 있다.

• 실시방법 및 채점

검사는 자기보고식으로 이루어지며 자신의 상태를 4개 문장 중 하나에 표시하도록 한다.

• 결과 및 해석

BDI의 결과는 각 문항 점수를 합산하여 총점을 구하도록 하며 0점에서 9점은 우울하지 않은 상태, 10점에서 15점은 가벼운 우울 상태, 16점에서 23점은 상당한 우울 상태, 24점에서 63점은 심한 우울 상태를 의미한다.

※ 각 문항들을 자세히 읽어보시고 지난 한 주 동안 자신을 가장 잘 나타낸다고 생각되는 하나의 문항을 선택하여 그 번호에 ○표시 하여 주세요.

1.
(0) 나는 슬픔을 느끼지 않는다.
(1) 나는 항상 슬프고 그것을 떨쳐버릴 수 없다.
(2) 나는 슬픔을 느낀다.
(3) 나는 너무나도 슬프고 불행해서 도저히 견딜 수 없다.

2.
(0) 나는 앞날에 대해 특별히 낙담하지 않는다.
(1) 나는 앞날에 대해서 별로 기대할 것이 없다고 느낀다.
(2) 나는 앞날에 대해 기대할 것이 아무것도 없다고 느낀다.
(3) 나의 앞날은 암담하여 전혀 희망이 없다.

3.
(0) 나는 실패감 같은 것을 느끼지 않는다.
(1) 나는 다른 사람들보다 실패의 경험이 더 많다고 느낀다.
(2) 나의 살아온 과거를 되돌아보면 나는 항상 많은 일에 실패를 했다.
(3) 나는 한 인간으로서 완전히 실패했다고 느낀다.

4.
(0) 나는 전과 다름없이 일상생활에서 만족하고 있다.
(1) 나의 일상생활은 전처럼 즐겁지가 않다.
(2) 나는 더 이상 어떤 것에서도 실제적인 만족을 얻지 못한다.

[그림 13-2] BDI 검사문항 작성 예시

(3) 개정판 아동불안척도(RCMAS)

개정판 아동불안척도(Rivesed Children's Manifest Anxiety Scale: RCMAS)는 1978년 과 1985년에 Reynolds와 Richmond에 의해 개발되었으며 아동의 불안장애 평가 에 널리 사용되는 자기보고형 척도이다.

• 목적 및 대상

RCMAS는 다양한 불안과 관련된 증상을 평가할 수 있도록 고안되었으며 아동과 청소년을 대상으로 사용할 수 있다.

• 구성 체계

RCMAS는 총 37문항으로 구성되어 있다.

• 실시방법 및 채점

RCMAS는 양분척도로서 '예' 또는 '아니요'로 응답하며 응답자가 각 문항들을 읽어 보고 표시를 한다.

• 결과 및 해석

RCMAS에서 9개 문항은 역채점 문항이며 역으로 채점한 후 계산한다. 합산한 점수가 높을수록 불안 증상이 심함을 나타낸다. 25점 이하는 정상에 해당되며 26점에서 33점은 불안감이 경도에서 중등도, 34점 이상은 불안장애 의심으로 전문가의 도움이 필요하다.

| 이용자 | 강 ○○ | 총점 | 28 | 검사일 | 2016.12.1 | 검사자 | 이 ○○ |

※ 다음에는 사람들이 자신에 대하여 어떻게 생각하고 느끼는지에 관한 문항들이 있습니다. 각 문항들을 자세히 읽어보시고 본인에게 맞는다고 생각되면 '예'에 V표시를 하고, 맞지 않는다면 '아니오'에 V표시를 하시면 됩니다. 여기에는 정답이 있는 것이 아니므로 단지 자신이 생각하고, 느끼는 대로 답해주시면 됩니다.

	문 항	예	아니오
1	나는 마음을 결정하기가 어렵다.	①	V
2	나는 일이 마음대로 되지 않으면 신경이 날카로와진다.	V	ⓞ
3	다른 사람들은 나보다 일을 쉽게 해내는 것 같다.	V	ⓞ
*4	나는 내가 알고 있는 사람은 모두 다 좋아한다.	V	ⓞ
5	나는 숨쉬기 어려울 때가 자주 있다.	V	ⓞ
6	나는 걱정을 많이 한다.	V	ⓞ
7	나는 겁나는 일들이 많다.	V	ⓞ
*8	나는 언제나 친절하다.	①	V
9	나는 쉽게 화를 낸다.	V	ⓞ
10	나는 부모님이 나에게 무어라고 하실까를 걱정한다.	V	ⓞ
11	다른 사람들은 내가 일하는 식을 못마땅하게 생각하는 눈치다.	V	ⓞ
*12	나는 항상 남에게 좋은 태도로 대한다.	①	V
13	나는 밤에 잠들기 어렵다.	V	ⓞ
14	나는 다른 사람들이 나를 어떻게 생각할까 걱정한다.	V	ⓞ
15	나는 다른 사람들과 함께 있을 때에도 혼자있는 기분이다.	V	ⓞ
*16	나는 항상 착하다.	①	V
17	나는 속이 자주 메슥거린다.	V	ⓞ

[그림 13-3] RCMAS 검사문항 작성 예시

(4) 집-나무-사람 검사(HTP)

집-나무-사람 검사(House-Tree-Person: HTP)는 정신분석가인 Buck(1948)이 처음 개발한 투사적 그림검사로서 Freud의 정신분석학을 바탕으로 제작되었다. 이후 Buck과 Hammer(1969)는 HTP를 발달적이며 투사적인 측면에서 더욱 발전시켰으며 Burn(1987)은 기존의 HTP를 변형하여 K-HTP(Kinetic House-Tree-Person Drawing)를 고안하였다.

• 목적 및 대상

HTP는 그림을 통하여 인간의 보다 원시적이고 무의식적이며 심층적인 심상을 반영하는 투사검사로서 모든 연령의 대상에게 실시가 가능하다. HTP의 집, 나무, 사람은 대상의 연령과 지식 수준 등을 고려할 때 다른 어떠한 주제보다도 받아들이기 쉬우므로 문맹자에게도 적합한 검사이다.

• 구성 체계

HTP는 투사검사로 피검사자가 자유롭게 집, 나무, 사람에 대해 그림을 그리도록 하며, 검사자는 피검사자가 그림 그리기를 모두 마친 후 각각에 대한 다양한 질문을 하고 반응을 살피도록 한다.

• 실시방법 및 채점

검사자는 백지 4장, 연필, 지우개, 초시계를 준비하고 검사는 '집−나무−사람' 순으로 그리도록 한다. 처음 집을 그리도록 할 때에는 용지를 가로로 제시하며, 이후 나무나 사람, 반대 성(이성)의 사람을 그리도록 할 때에는 용지를 세로로 제시한다. 피검사자가 그림을 그리는 동안 검사자는 대상의 반응을 상세히 기록한다. 그림 그리기를 마친 후, 질문을 통하여 피검사자의 현상적 욕구나 갈등, 압박의 투사를 알아보도록 한다.

• 결과 및 해석

HTP의 결과 해석은 피검사자의 여러 가지 반응들에 대해 총체적인 관점에서 이루어져야 한다. 일반적으로 집은 가정생활, 부부관계, 가족 간의 상호작용을 반영하며, 나무−사람은 대인관계, 타인에 대한 감정 등을 반영하며, 특히 자신의 신체상 및 자기상을 나타낸다.

(5) 동적 가족화(K-F-D)

동적 가족화(Kinetic Family Drawings: K-F-D) 검사는 가족화(Drawing a Family)에 움직임을 첨가한 투사화로 1972년에 Burns와 Kaufman이 개발하였다. 동적 가족화는 가족화가 가지는 상동적인 표현을 배제하고 움직임을 첨가하여 개인을 통해 가족의 역동성을 파악하기에 더욱 용이하다. 연령순, 사회적 지위 순으로 그림을 그리는 가족화의 단점을 보완하여 가족구성원에 대한 감정이나 태도를 투사하게 된다.

• 목적 및 대상

K-F-D는 그림 그리기를 통해 대상자 자신의 주관적인 가족인지를 살펴볼 수 있는 투사적 검사로서 언어표현이 가능한 다양한 대상에게 적용할 수 있다.

• 구성 체계

K-F-D의 해석은 5개의 인물상의 행위, 양식, 상징, 역동성, 인물상의 5가지 특징에 따라 나누어진다.

• 실시방법 및 채점

K-F-D는 지시에 따라 피검사자가 가족에 대한 그림을 그리는 검사로서 시간 제한은 하지 않으나 대체로 30~40분 정도 소요된다. 장소는 상담실이나 혹은 적당한 높이의 책상과 의자가 있는 곳이면 되지만 내담자가 자유로운 느낌을 가질 수 있는 친화관계가 이루어지는 곳이 좋다. 검사도구로는 백지, 연필, 지우개가 필요하다. 내담자로 하여금 자유롭게 그리도록 하고 검사자가 무엇인가를 암시하는 듯한 응답은 절대로 피하고 완전히 비지시적이고 수용적 태도를 취한다. 검사 상황의 종료는 내담자의 말이나 동작으로 끝났음을 표시할 때 이루어지며 제한 시간은 없다. 그림을 완성한 후, 그림 속에서 인물상을 그린 순서, 각각의 인물상이 누구인가, 연령, 무엇을 하고 있는 것인가(행위 종류), 가족 중 생략된 사람이 있는가, 가족 외 첨가된 사람이 있는가를 확인하고 용지의 여백에 기입해 둔다.

• 결과 및 해석

동적 가족화를 분석하고자 할 때는 '단순히' 그려진 그림의 형태만을 보고 분석해서는 안 된다. 즉, 그려진 그림 전체와의 맥락을 통해서 총체적으로 해석해야 한다. 동적 가족화의 해석은 인물상의 행위, 양식, 상징, 역동성, 인물상의 특징에 따라 다양하게 이루어질 수 있다. 이때 '인물상의 행위'는 상호작용 측면과 가족 내 역할유형 등을 통해 알 수 있다. '양식'은 가족관계에서 자신의 감정과 상태, 신뢰감을 나타내며 일반양식, 구분, 포위, 가장자리, 인물하선, 상부의 선, 하부의 선의 일곱 가지로 분류할 수 있다. '상징'은 많은 동적가족화를 통해 보편적으로 발견되는 임상적 의미를 예측한 것으로 간주하고 있다. '역동성'은 가족 간의 감정을 용지의 전체적 맥락에서 파악할 수 있는 영역이며 인물묘사의 순위, 인물상의 위치, 인물상의 크기, 인물상의 거리, 인물상의 얼굴 방향, 인물상의 생략, 타인의 묘사 등이 속한다. '인물상의 특징'은 각 인물상에 대한 묘사의 특성 중 해석할 필요가 있는 음영이나 갈기기, 윤곽선 형태, 신체부분의 과장, 신체부분의 생략, 얼굴 표정, 의복의 장식, 회전된 인물상, 정교한 묘사, 필압 등을 의미한다. 다섯 가지 영역의 해석의 관점은 모든 경우에 동등하게 적용될 수 있는 것은 아니므로 하나의 동적 가족화에 의해서 피험자의 심리역동적 기제를 매우 조심스럽게 해석해야 한다. 이때 유동적인 해석과 함께 다른 심리검사 결과나 피험자의 가족적 배경에 관한 정보가 첨가될 필요가 있다.

(6) 주제 통각 검사(TAT)

주제 통각 검사(Thematic Apperception Test: TAT)는 내담자의 주된 동기, 정서, 감정, 콤플렉스, 성격의 갈등을 살펴보기 위해 전 세계적으로 널리 사용되고 있는 대표적인 투사적 검사로서 Murray와 Morgan(1935)이『공상연구방법론(A Method for Investigation Fantasies)』을 통해 처음 소개하였다.

• 목적 및 대상

TAT는 지각에 대한 의미 있는 해석을 통하여 자아와 환경관계 및 대인관계의 역동적 측면 등을 평가하기 위한 투사적 검사로 언어표현이 가능한 다양한 대상에게 적용할 수 있다. 주체적인 지시를 통해 교육수준이나 지능이 낮은 성인 또는 아동에게 적용할 수 있다. 또 Murray는 TAT를 심리치료 과정의 첫 단계에 유용하게 사용할 수 있다고 제안하였다.

• 구성 체계

TAT는 30장의 흑백 그림카드와 1장의 백지카드 등 총 31장으로 구성되어 있다. 그림카드 뒷면에는 공용도판, 남성공용도판, 여성공용도판, 성인공용도판, 미성인공용도판, 성인남성전용도판, 성인여성전용도판, 소년전용도판, 소녀전용도판으로 구분되어 있으며, 한 사람의 피검사자에게 20장을 적용할 수 있도록 구성되어 있다. 숫자로만 표시되어 있는 카드는 연령과 성별의 구분 없이 공통적으로 적용될 수 있다.

• 실시방법 및 채점

검사에 의한 피로를 최소화하기 위해 대략 1시간씩 두 번의 회기로 나누어 시행한다. 이때 회기 간에는 하루 정도의 간격을 두도록 한다. 보통 1~10번의 카드를 첫 회기에 시행하며, 나머지 11~20번의 카드를 다음 회기에 시행한다. 검사는 검사자와 피검사자 간에 관계 형성이 이루어진 상태에서 시행하도록 한다. 검사자는 피검사자에게 각 카드를 통해 어떠한 극적인 이야기를 만들어 보도록 요구하며, 그에 대해 대략 5분 정도 이야기해 줄 것을 요청한다. 불완전한 부분에 대해 중간 질문을 할 수 있지만 대상의 연상 흐름을 방해해서는 안 된다. 검사자는 종결 질문을 통해 피검사자로 하여금 자유로운 연상 과정에서의 의미 있는 경험을 의식화할 수 있도록 돕는데, 이로써 자신에 대한 통찰력을 얻을 수 있게 된다.

• 결과 및 해석

TAT에서 피검사자가 제시하는 이야기의 구성요소는 그의 내적인 역동에서 비롯된 것이므로, 그 이야기의 내용이나 구조는 필연적으로 검사 대상자의 내적인 상태와 인과관계를 맺고 있음을 전제로 한다. 검사 대상자의 반응에 따라 해석이 이루어지는데, 표준화법, 욕구-압력 분석법, 대인관계법, 직관적 해석법, 지각법 등에 의해서 검사 대상자의 욕구와 갈등을 해석할 수 있도록 한다.

(7) 문장 완성 검사(SSCT)

문장 완성 검사(Sacks Sentence Complete Test: SSCT)는 다수의 미완성 문장을 피검사자가 자기 생각대로 완성하도록 하는 검사로, 가장 빈번하게 사용되는 투사적 검사 가운데 하나이다. 1950년에 Sacks가 신뢰도와 타당도를 구하였으며 우리나라에서도 번안되어 사용되고 있다.

• 대상 및 목적

SSCT는 의식적 · 전의식적 또는 무의식적 생각과 감정을 알기 위해 실시하며 초등 연령 이상을 대상으로 실시된다. SSCT는 단독으로 분석하는 것도 유용하지만, 다른 투사적 검사에서 얻어진 자료와의 비교를 통해서 피검사자에 대한 더욱 풍부한 이해를 얻을 수 있다.

• 구성 체계

SSCT는 피검사자가 검사지의 미완성 문장을 읽고 뒷부분을 기입하여 문장을 완성하게 하는 검사이다. 가족, 성, 대인관계, 자기개념의 4개 영역에 대한 평가로 구성되어 있으며 가족 영역에서는 어머니, 아버지 및 가족 전체에 대한 태도가 포함되며, 성 영역에서는 이성관계에 대한 태도가 포함된다. 대인관계 영역에서는 친구와 지인 및 권위자에 대한 태도가 포함되며, 자기개념 영역에서는 자신의 능력, 과거, 미래, 두려움, 죄책감, 목표 등에 대한 태도 등으로 구성되어 있다. 처음에는 60개 문항으로 구성되어 있었으나 현재는 50개 문항이 많이 사용되고 있다.

• 실시방법 및 채점

SSCT는 개인과 집단 모두에게 실시될 수 있으며, 약 20분에서 40분의 시간이 소요되고, 시간을 제한하지 않는다. 검사지를 주면서 피검자에게 지시문을 읽어 보도록 하고 질문이 있으면 하도록 한다. 지시문은 "다음에 기술된 문항들은 뒷부분이 빠져 있습니다. 각 문장을 읽으면서 맨 먼저 떠오르는 생각을 뒷부분에 기록하여 문장이 되도록 완성하여 주십시오."라고 지시를 하면서 시작하도록 한다.

• 결과 및 해석

SSCT의 평점기록지는 각 태도에 대한 4개의 자극 문항들과 그것에 대한 피검사자의 반응들을 종합하도록 구성되어 있다. SSCT 검사 결과의 해석은 일반적으로 성격적 요인으로서 지적 능력 측면, 정의적 측면, 가치 지향적 측면, 정신역동적 측면에 대해 이루어진다. 또 결정적 요인으로서 신체적 요인, 가정적 · 성장적 요인, 대인적 · 사회적 요인에 대해 이루어지며 이러한 분석을 통해 개인의 성격이나 적응상태 등을 이해할 수 있다.

(8) 벅스 행동평정척도(BBRS)

벅스 행동평정척도(Burks Behavior Rating Scales: BBRS)는 행동상의 결함 때문에 학교나 관련 집단에서 상담을 필요로 하는 아동들에게 나타나는 종합적 · 원인론적 행동 양상의 식별을 위해 만들어졌다. 1986년 Harold F. Burks의 BBRS를 번안하여 우리나라에서 사용하고 있다.

• 대상 및 목적

BBRS는 유아용과 초 · 중등학생용으로 구분되어 있으며 이미 장애 혹은 문제를 가진 것으로 생각되는 아동의 특정 진단에 도움을 주기 위해 고안되었다. 특별한 문제성을 지닌 아동이 어떤 부적응행동을 가지고 있으며, 또 어떤 문제행동을 일으킬 것인지를 예견하는 역할을 할 수 있다.

• 구성 체계

BBRS는 신경증, 미성숙, 반항과 공격성의 세 가지 요인으로 구성되어 있다. 신경증일 경우 심한 자책, 심한 불안, 심한 위축, 자아강도 부족, 체력 부족의 하위요인으로 나눠지며 미성숙일 경우 심한 의존, 협응력 부족, 지적능력 부족, 학업성취 저조, 주의력 부족으로 나눠진다. 반항과 공격성일 경우 자제력 부족, 현실감 부족, 정체감 부족, 심한 자학, 울화억제력 부족, 심한 피해의식, 심한 공격성, 심한 저항감, 사회적응력 부족으로 나눠진다. 유아용으로 18개 하위영역에 105문항으로 구성되어 있으며, 초 · 중등용의 경우 19개의 행동 관련 하위영역에 110개의 문항이 있다.

• 실시방법 및 절차

평가자는 부모나 교사 등 평가 대상을 잘 알고 있는 사람에 한해 실시되어야 하며 지시문을 읽고 1점에서 5점까지의 평점점수를 부여한다.

• 결과 및 해석

평가자가 부여한 평점점수를 하위요인별로 합산하여 프로파일에 점을 찍어 점수를 나타냄으로써 대상 아동의 요인과 하위요인에 따른 특성을 파악할 수 있다. 결과 프로파일에는 '많이 심각하다' '심각하다' '심각하지 않다'가 나타나 있어 대상 아동의 현재 문제행동 정도를 파악할 수 있다.

제 14 장

학습장애 및 주의력결핍 과잉행동장애 영역

❖ 김 려 원

이 장에서는 학습장애와 주의력결핍 과잉행동장애를 판별하는 검사도구로서 앞서 소개한 제8장 '학습능력'과 제9장 '정서 및 문제'를 주로 활용하고 있으나 그 외의 교육현장에서 활용하고 있는 검사도구를 중심으로 소개하였다.

1. 학습장애

1) 학습장애의 정의 및 개념

학습장애(Learning Disorder)라는 용어는 1962년 Samuel Kirk에 의해 최초로 소개되었으며 그 후 여러 학자 및 학습장애 관련 협회에서 서로 간의 공통점과 차이점을 지닌 학습장애 정의를 제안하고 있다. 국내 「장애인 등에 대한 특수교육법」제15조에서는 개인의 내적 요인으로 인하여 듣기, 말하기, 주의집중, 지각, 기억, 문제해결 등의 학습기능이나 읽기, 쓰기, 수학 등 학업성취 영역에서 현저하게 어려움이 있는 사람으로, 미국 학습장애합동위원회(The National Joint Committee on Learning Disabilities: NJCLD, 1981)는 듣기, 말하기, 읽기, 쓰기, 추론하기, 수학적 능력과 획득 및 사용상의 심각한 곤란을 주 증상으로 하면서 다양한 원인을 배경으로 하는 이질적인 장애군을 총칭하는 용어로 정의 내리고 있다.

최근 미국정신의학회(American Psychiatric Association: APA)에서는 정신장애 진단 및 통계편람 5판(Diagnostic and Statistical Manual of Mental Disorders-Fifth Edition: DSM-5)을 발표하였다. DSM-IV에서는 '학습장애(Learning Disorder)'의 명칭을 '특정학습장애(Specific Learning Disorder)'로 변경하였으며, 학습장애의 하위 영역들(읽기장애, 수학장애, 쓰기장애, 명시되지 않는 학습장애 등)은 특정학습장애의 범주 안에 포함시켰다. 또한 능력-성취 불일치 개념을 도입하고 정상수준의 지능(70±5 이상)을 가지고 있으나 학습하고 학업기술을 사용하는 데 어려움을 보이는 상태로 정의 내리고 있다.

2) 학습장애의 선별 및 진단 검사도구

학습장애 진단검사도구는 학습장애로 의심되는 학습장애 위험군 학생을 선별하는 선별검사도구와 학습장애 학생을 진단하는 데 활용되는 진단검사도구로 분류할 수 있다. 학습장애, 학업성취도 관련 검사에는 기초학습기능검사, KISE 기초학력검사(KISE-BAAT), 기초학습능력검사(NISE-BACT), 기초학습기능 수행평가체제(BASA) 읽기 · 쓰기 · 수학 검사가 있다.

앞선 검사들은 제2부 제8장에서 다루었으므로 이 장에서는 학습장애학생을 선별하는 데 현장에서 많이 사용하고 있는 한국판 학습장애 평가척도(K-LDES), 학습장애 선별검사(LDST), 학습장애 선별검사(LDSS) 등의 검사도구를 소개한다.

(1) 한국판 학습장애 평가척도(K-LDES)

한국판 학습장애 평가척도(Korean version of Learning Disability Evaluation Scale: K-LDES)는 신민섭, 조수철, 홍강의(2007)가 미국에서 가장 보편적으로 받아들여지는 '미 공법 94조 142항'의 학습장애에 대한 정의를 토대로 우리나라 언어와 교육실정에 맞게 번안, 수정하여 개발하였다. K-LDES는 학습문제를 주의력, 생각하기, 말하기, 읽기, 쓰기, 철자, 수학적 계산 영역으로 범주화하여 부모나 교사가 평가하도록 하는 학습장애 선별검사이다.

• 목적 및 대상

K-LDES은 학령기 학생의 학습장애 여부 및 문제의 심각성, 학습장애 유형을 객관적으로 평가하기 위한 것으로 만 6세부터 11세까지의 연령을 대상으로 한다.

• 구성 체계

7개의 하위영역(주의력, 생각하기, 말하기, 읽기, 쓰기, 철자법, 수학적 계산)에 걸쳐 총 88문항으로 구성되어 있으며 이를 제시하면 〈표 14-1〉과 같다.

<표 14-1> 한국판 학습장애 평가척도 하위검사 내용

하위척도	내용	문항수	총 문항수
주의력	주의집중의 어려움을 평가한다.	7	
생각하기	시·공간적 능력, 계기적 정보처리 능력을 평가한다.	17	
말하기	말할 때 음을 빠뜨리거나, 단어를 전혀 틀리게 발음하거나, 대화를 잘 이어 가지 못하거나, 어휘력이 한정되어 있는 것 등을 평가한다.	9	
읽기	단어나 행, 문장들을 빼먹고 읽는 것과 같은 읽기의 정확성과 독해력을 평가한다.	14	88
쓰기	반전 오류(글자나 숫자를 거꾸로 씀), 띄어쓰기에서의 어려움 등을 평가한다.	14	
철자법	철자법, 받아쓰기의 어려움 등을 평가한다.	7	
수학적 계산	수학적 연산과 수학적 추론에서의 어려움을 평가한다.	20	

출처: 신민섭, 조수철, 홍강의(2007). p.23-24 수정·발췌.

• 실시방법 및 채점

7개의 하위영역에서 아동들이 보이는 문제를 부모나 교사가 3점 척도로 평가한다. 시간은 20분 소요된다. 각 하위척도 점수는 연령규준에 입각한 평균 10, 표준편차 3인 표준점수로 전환되며, 각각의 7개 하위척도 표준점수를 합산하여 평균 100, 표준편차 15인 학습지수(Learning Quotient: LQ)로 변환한다.

• 결과 및 해석

각 하위척도 점수는 연령규준별 하위척도 표준점수, 학습지수(LQ)의 산출이 가능하다. 각 하위척도 표준점수 평가치의 경우 7~13점은 정상범위로 간주되고, 7점 미만일 때는 그 영역의 학습 결손 범위로 본다. 학습지수 85~110점 이내는 정상범위로, 85 미만이거나 115 이상은 정상범위에서 1표준편차 벗어난 것으로 본다. 80, 75, 70 등의 학습지수 점수는 경계선 점수로 해석하지 않고 주요한 학습장애 및 특수한 관심이 요구되는 지표로 해석된다. 검사 결과의 예시를 제시하면 [그림 14-1]과 같다.

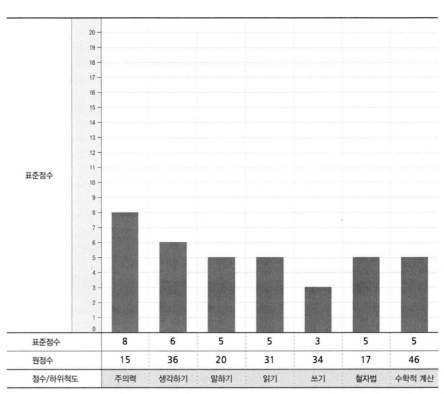

K-LDES Interpretive Report

2016/10/10   Page 2   SAMPLE   남   만 08세11개월

검사 결과

표준점수	8	6	5	5	3	5	5
원점수	15	36	20	31	34	17	46
점수/하위척도	주의력	생각하기	말하기	읽기	쓰기	철자법	수학적 계산

학습지수 표준점수(원점수)	
75 (37)	

※원점수
K-LDES 문항을 통해 얻어진 원점수가 높으면 높을수록 그 영역에 대한 수행을 향상시켜야 할 필요성이 있다는 의미입니다. 원점수를 사용하는 가장 좋은 방법은 K-LDES의 가장 높은 점수에서 낮은 점수에 이르는 척도 문항들을 찾아내어 우선순위에 따라 목록을 만들고, 이에 따른 학생의 약점과 도움이 필요한 영역에 대해 분명한 우선 순위를 매겨 그 영역에 대한 교육프로그램 계획을 세우는 것입니다.

※표준점수
하위척도 표준점수는 7개의 요인(주의력, 생각하기, 말하기, 읽기, 쓰기, 철자법, 수학적 계산)에 따라 군집으로 묶이는 학습장애의 영역을 나타내는 것으로 학습장애에 대한 교육적 측정치를 제공합니다. 하위척도의 표준점수는 평균이 10이고 표준편차가 3인 표준점수입니다. 따라서, 표준점수가 7점 미만인 경우에는 임상적 관심의 대상이 될 수 있습니다.

※학습지수
하위척도 표준점수는 7개의 요인(주의력, 생각하기, 말하기, 읽기, 쓰기, 철자법, 수학적 계산)에 따라 군집으로 묶이는 학습장애의 영역을 나타내는 것으로 학습장애에 대한 교육적 측정치를 제공합니다. 하위척도의 표준점수는 평균이 100이고 표준편차가 15인 표준점수입니다. 따라서, 표준점수가 85점 미만인 경우에는 임상적 관심의 대상이 될 수 있습니다.

[그림 14-1] K-LDES 검사 결과 예시

출처: 인싸이트 홈페이지(http://inpsyt.co.kr/).

(2) 학습장애 선별검사(LDST)

학습장애 선별검사(Learning Disabilities Screening Test: LDST)는 김동일(2015)이 개발한 것으로 학생 자신의 학습상황을 점검하고 학습 및 학교 적응에 심각한 어려움을 가지고 있는 학습장애학생들을 선별할 수 있는 검사도구이다.

• 목적 및 대상

학생이 자신의 학습상황을 파악할 수 있으며, 학습 및 학교 적응에 어려움이 있는 학습장애학생을 선별하기 위한 검사도구로서 초등학교 3학년 이상의 학생이 대상이다. 간결하고 짧은 문항으로 구성되어 학습장애가 있는 학생에게도 간편하게 실시 및 평가할 수 있다.

• 구성 체계

학생이 직접 자신의 상태를 보고하는 '학생 자가진단척도(Learning Disabilities Screen Test-student Self-report scale: LDST-S)'와 교사나 부모가 직접 관찰하여 보고하는 '교사 관찰척도(Learning Disabilities Screen Test: teacher Observation scale, LDST-O)'로 이루어져 있어 두 가지 검사를 모두 실시(학생용 26문항/교사용 25문항) 가능하다. 학업부적응 및 학습장애의 세부영역인 기초적인 학업능력(수용언어, 표현언어, 수학)과 학교 적응능력(주의집중 및 조직화, 사회성)으로 이루어져 있다. 이를 제시하면 〈표 14-2〉와 같다.

<표 14-2> LDST의 구성 체계

구인	내용
수용 언어 (읽기)	• 상대의 말을 듣고 이해하는 능력으로 이 능력이 부족하면 글을 읽고 중심 내용을 파악하는 데 어려움을 보인다. 또 어휘력이 부족하여 단어를 보고 즉각적으로 읽지 못하고 자주 접하지 않는 단어나 새로운 단어를 올바르게 읽는 데 어려움을 보인다. • 문장을 읽을 때 음절·단어를 빼고 읽거나 다른 음절·단어를 대치하여 읽거나 다시 반복하여 읽는 경우가 많다.

표현 언어 (말하기 및 쓰기)	• 자신의 생각을 말하거나 글로 표현하는 능력으로 이 능력이 부족하면 이야기를 하거나 글쓰기를 할 때, 학년에 비하여 미숙한 어휘를 선정하거나 간단한 명사만을 사용하여 표현한다. • 본인의 경험을 이야기하면 다른 친구들이 잘 알아듣지 못하고, 논리적으로 이야기를 진행시키지 못한다. • 글을 쓸 때에도 구성이 논리적이지 못하여 내용이 빈약하다. • 글씨를 지나치게 천천히 쓰며, 자간이 좁거나 글자가 지나치게 크고 글자 모양이 이상하다. • 단어를 쓸 때 글자를 빠뜨리거나, 맞춤법에 맞지 않게 단어를 쓰는 경우가 있다.
수학	• 사칙연산에 대한 능력으로 이 능력이 부족하면 사칙연산의 계산에 오류가 많고, 시간이 오래 걸린다. 특히 받아올림이 있는 덧셈이나 받아내림이 있는 뺄셈뿐만 아니라 문장제 수학 문제 풀이에 어려움을 보인다. • 시각-공간 능력이 필요한 수학 영역의 문제 풀이에 어려움을 보인다.
주의집중 및 조직화	• 한 가지 활동이나 일정 정도의 시간을 몰입하고 머릿속으로 재정립(정리)하는 능력으로 이 능력이 부족하면 중요한 내용에 집중하지 못하거나 쉽게 주의가 산만해져서 배운 학습 내용을 금방 잊어버리며 기억하는 데 어려움을 보인다. • 물리적 환경뿐만 아니라 개념, 과제 수행 등 조직화에 어려움을 가지는 경우가 많다.
사회성	• 남들과 잘 어울리는 능력으로 이 능력이 부족하면 자주 주의를 받으며 자기 차례가 아닌데도 종종 남의 말에 끼어든다. • 해당 연령과 학년 수준에서 평균 수준의 사회적 수용성을 유지하는 데 어려움을 보인다.

• 실시방법 및 채점

LDST는 개인적으로 실시되며 약 30분 소요된다. 실시할 때 피검사자가 응답을 얼마나 성실히 했는지 알아봐야 한다. 점수 범위는 1~3점으로 2점 이상이면 성실하게 응답한 것으로 볼 수 있으며, 1점을 받은 경우 학생에게 다시 응답하도록 요청한다.

• 결과 및 해석

　LDST는 각 하위영역별로 백분위점수와 T점수를 제공한다. T점수 프로파일에서 T점수 55점 이하에 위치하면 일반군, 56~65점의 경우 잠재적 위험군, 66점 이상은 고위험군으로 분류한다. 검사의 결과 예시를 제시하면 [그림 14-2]와 같다. 이 학생의 경우 T점수가 모두 55점 이하에 위치하므로 일반군에 속해 학습장애학생으로 선별되지 않을 수 있다.

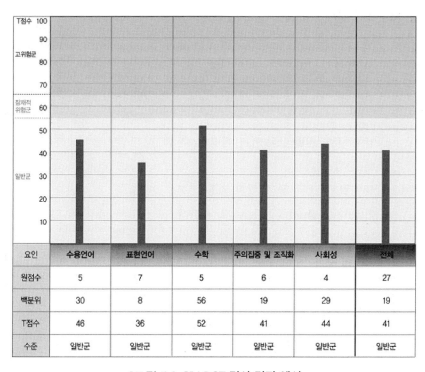

[그림 14-2] LDST 검사 결과 예시

출처: 심리검사연구소 인싸이트 블로그(http://blog.naver.com/kops_blog).

(3) 학습장애 선별검사(LDSS)

　학습장애 선별검사(Learning Disability Screening Scale: LDSS)는 김애화, 신현기, 이준석(2009)이 일반교사가 학습장애로 의심되는 아동을 선별하는 데 사용할 수 있도록 개발한 것이다. 본 검사의 1차 시안은 미국의 대표적 학습장애 선별검사인 Learning Disabilities Diagnostic Inventory(LDDI)(Hammill & Bryant, 1998)를 기본으로 한 검사이다.

• 목적 및 대상

7차 초등학교 교육과정 내용을 분석하여 제작된 검사도구로 초등학교 1~6학년 학생 중 학습장애가 의심되는 학생을 선별 가능하다.

• 구성 체계

LDSS는 초등학교 1~2학년용과 초등학교 3~6학년용으로 구분되어 있고 6개의 하위검사(읽기, 쓰기, 수학, 듣기, 말하기, 사고/추론)로 구성되어 있다. 이를 요약하면 〈표 14-3〉과 같다.

<표 14-3> LDSS의 구성 체계

소검사	검사내용	1~2학년용 문항수	3~6학년용 문항수	평정 방법
읽기	낱자 변별, 개별 단어 인지, 유창성, 어휘, 문법, 이해	14	20	행동의 정도에 따른 5점 척도
쓰기	글씨 쓰기, 철자, 구문, 어휘, 작문	13	19	
수학	기초 수 개념, 사칙연산, 측정, 공간개념, 문제해결	16	21	
듣기	말소리 구별, 어휘, 구문, 이해	11	12	
말하기	음운 산출, 어휘, 구문, 화용, 유창성	15	16	
사고/추론	계획, 조직, 주의집중, 기억, 자기조절	16	16	
총 문항수		85	104	

• 실시방법 및 채점

LDSS는 개인적으로 실시되며 본 검사는 대상학생의 특성을 충분히 파악한 후 평정해야 한다. 때문에 학기 초보다는 5월 이후에 사용하는 것이 바람직하다. 부득이하게 학기 초에 실시해야 할 경우에는 전학년도 담임교사가 작성하는 것이 좋다. 5점 척도로 평가하며 90분 소요된다.

• 결과 및 해석

LDSS는 학년별 및 연령별 환산점수(평균=10, 표준편차=3), 표준점수(학습지수:

평균＝100, 표준편차＝15), 백분위점수를 제공한다. 또한 학습장애 위험군 학생을 구분하는 절선점수를 기준으로 하위검사별 학습장애 위험군 여부 결정에 도움을 준다. LDSS 결과의 해석은 〈표 14-4〉에 의한다. 검사결과의 예시를 제시하면 [그림 14-3]과 같다.

<표 14-4> LDSS 검사 결과 해석 기준표

표준점수	환산점수	백분위	결과 해석
130 이상	16 이상	98 이상	매우 우수
115~130	13~16	84~98	평균상
100~115	10~13	50~84	평균 범위
85~100	7~10	16~50	평균 범위
70~85	4~7	2~16	평균하
70 이하	4 이하	2 이하	매우 지체

　다음에 제시한 김단비(가명) 학생의 LDSS 검사 결과를 간략하게 해석하면 다음과 같다. 김단비 학생의 표준점수는 82점(백분위 12)으로 '평균하'에 해당된다. 또한 각 하위검사별 환산점수를 보면, 환산점수는 평균이 10이고 표준편차가 3이다. 따라서 김단비 학생의 환산점수는 읽기 4, 쓰기 5, 수학 6, 듣기 9, 말하기 8, 사고/추론 8로 읽기, 쓰기, 수학은 '평균하'에 해당되고 듣기, 말하기, 말하기, 사고/추론은 '평균 범위'에 해당된다. 또한 각 하위검사별 원점수가 절선점수보다 더 낮은 점수일 때, '학습장애 위험군' 학생으로 선별할 수 있다. 김단비 학생의 절선점수 기준을 볼 때, 읽기 절선점수는 0-65, 쓰기 절선점수는 0-63, 수학 절선점수는 0-77, 듣기 절선점수는 0-40, 말하기 절선점수는 0-55, 사고/추론 절선점수는 0-50이므로 각 하위검사별 원점수와 비교했을 때 읽기, 쓰기, 수학 영역에서 '학습장애 위험군' 학생으로 결정될 수 있다.

학습장애 선별검사
Learning Disability Screening Scale : LDSS

(초등학교 3~6학년용)

학생 이름 : 김 단 비

성 별 : 남자 ☐   여자 ☑   학년 : 3

학교 명 : ○○초등학교   거주 지역 : 경기도

검사자 이름 : 홍 길 동

	년	월	일
검사 작성일	2008	7	14
학생 생년월일	1999	7	17
학생 연령	8	11	28

최종 학생 생활연령 : 9-0

검사 결과 기록지

	원점수	환산점수	절선점수 (원점수 가중)	학습장애 위험군
읽기	42	4	0-64	O
쓰기	41	4	0-63	O
수학	63	6	0-77	O
듣기	64	9	0-40	X
말하기	61	8	0-44	X
사고/추론	44	8	0-40	X
환산점수의 총합				

환산점수의 총합	표준점수	백분위
40	82	12

표준오차 : 1.26

신뢰 수준 : 90%(z=1.68)☐ 95%(z=1.96)☑

신뢰 구간 : 79.53 ~ 84.47

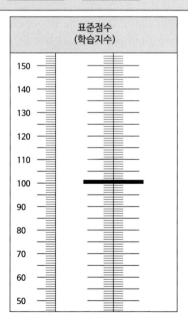

환산점수	하위검사					
	읽기	쓰기	수학	듣기	말하기	사고/추론
19	•	•	•	•	•	•
18	•	•	•	•	•	•
17	•	•	•	•	•	•
16	•	•	•	•	•	•
15	•	•	•	•	•	•
14	•	•	•	•	•	•
13	•	•	•	•	•	•
12	•	•	•	•	•	•
11	•	•	•	•	•	•
10	•	•	•	•	•	•
9	•	•	•	•	•	•
8	•	•	•	•	•	•
7	•	•	•	•	•	•
6	•	•	•	•	•	•
5	•	•	•	•	•	•
4	•	•	•	•	•	•
3	•	•	•	•	•	•
2	•	•	•	•	•	•
1	•	•	•	•	•	•
0	•	•	•	•	•	•

표준점수 (학습지수)

150 140 130 120 110 100 90 80 70 60 50

[그림 14-3] LDSS 검사 결과 예시

출처: 김애화, 신현기, 이준석(2009).

2. 주의력결핍 과잉행동장애

1) 주의력결핍 과잉행동장애의 정의 및 개념

주의력결핍 과잉행동장애(Attention Deficit/Hyperactivity Disorder: ADHD)는 학령기에 많이 나타나는 장애로서 일차적으로 주의집중력 결핍, 과잉행동 및 충동성의 문제를 연령에 맞지 않게 지속적으로 보일 때 진단된다. 이러한 ADHD의 일차적 특성들은 점차적으로 학습부진, 또래관계 문제, 낮은 자존감이나 활동 동기 저하, 우울, 불안이나 위축감 등의 이차적 문제를 낳게 하며, 이 때문에 청소년기와 초기 성인기까지 지속적이고 광범위하게 인지적·사회적·정서적 문제를 초래한다(신소영, 송현종, 2016). 주로 활동하는 가정, 학교, 학원과 같은 장소 중 적어도 두 군데 이상에서 이런 증상을 보인다. 1980년대까지는 주의력결핍장애(ADD)라고 했는데, 과잉행동과 충동성 문제가 이 장애의 중요한 특징이라는 점을 수용하여 1987년부터 지금의 이름으로 불리게 되었다. 이 장애를 가진 학생 가운데는 부주의함이 두드러지는 학생이 있고, 과잉행동이나 충동성이 눈에 띄는 학생도 있다. 어떤 학생은 두 가지 특징을 비슷한 정도로 보이기도 한다. 주의력결핍 과잉행동장애는 정서·행동장애의 한 범주였으나 DSM-5에서는 ADHD와 틱장애를 신경발달장애군[ND(Neurodevelopmental Disorder)]으로 나타내고 있으며, 7세에서 12세로 확대되었다(추연구, 2014). 근래 특수교육 분야에서 많은 관심을 받고 있어서 이 장에서는 별도의 영역으로 분리하여 다룬다.

2) 주의력결핍 과잉행동장애의 선별 및 진단 검사도구

ADHD에 대한 관심이 높아지면서 다양한 관련 검사도구들이 출판되고 있다. 본 장에서는 현장에서 교사나 부모가 쉽게 접할 수 있는 검사로 한국판 주의력결핍 과잉행동장애 진단검사(K-ADHDDS), 주의력결핍 과잉행동장애 종합 교사 평정척도(ACTeRS), WWP 활동평정척도(WWPARS), 코너스 교사 평정척도 개정판(CTRS-R), 코너스 부모 평정척도 개정판(CPRS-R), ADHD 평정척도(ADHD RS-IV) 등을 소개하고자 한다.

(1) 한국판 주의력결핍 과잉행동장애 진단검사(K-ADHDDS)

한국판 주의력결핍 과잉행동장애 진단검사(Korean Attention Deficit Hyperactivity Disorder Diagnostic Scale: K-ADHDDS)는 미국 정신의학회의 정신진단 및 통계편람(DSM-IV-TR, 2000)의 ADHD 진단기준과 Gilliam(1995)이 개발한 Attention-Deficit/Hyperactivity Disorder Test(ADHDT)를 기초로 하여 이상복, 윤치연(2004)이 우리나라 실정에 맞게 제작한 ADHD 진단검사이다.

• 목적 및 대상

K-ADHDDS는 ADHD가 의심되는 만 3세부터 23세까지의 아동 및 청소년을 대상으로 한다.

• 구성 체계

K-ADHDDS는 3개의 하위검사로 구성되어 있는데, 과잉행동 13개 문항, 충동성 10개 문항, 부주의 13개 문항으로 총 36개의 문항이 포함된다.

• 실시방법 및 채점

K-ADHDDS는 피검사자와 적어도 2주 이상 정규적으로 접촉해 온 부모나 교사가 실시할 수 있다. 검사 대상의 행동이 얼마나 나타나는지를 잘 모를 경우에는 검사를 중단하고 정확히 관찰한 후 평가해야 한다. 문항 1번부터 36번까지 빠짐없이 실시하며 0(문제가 없음), 1(문제가 가벼움), 2(문제가 심각함)로 0~2점까지로 평정한다. 하위검사별로 검사 대상의 ADHD 증상에 관한 행동을 평정한 후에는 먼저 원점수를 계산한 후, 그다음에 원점수를 표준점수와 백분위점수로 전환하고, 각 하위검사의 표준점수를 합하여 ADHD 지수를 산출하는 단계를 거치게 된다. 테스피아 홈페이지(http://www.tespia.kr/)에서 평가의 효율성 및 사용자의 편의성을 증대시키고 정확한 정보를 제공하기 위하여 표준화된 검사 내용 및 자료들을 데이터베이스화하여 웹기반 코스웨어(Web-based Courseware)로 제작한 평가시스템을 이용할 수 있다.

• 결과 및 해석

K-ADHDDS는 하위검사별로 원점수를 계산한 후, 원점수를 척도점수와 백분위

점수로 전환하고 각 하위검사의 척도점수를 합하여 ADHD지수를 산출한다. 척도점수란 검사 점수가 평균으로부터 떨어져 있는 거리를 표준편차(평균 10, 표준편차 3)로 나타낸 점수로 척도점수가 크면 클수록, ADHD 지수가(평균 100, 표준편차 15) 높을수록 ADHD 정도가 심함을 의미한다. 그러나 ADHD 심도가 '약함'의 수준이라 할지라도 ADHD 성향이 없다는 것이 아니라 ADHD를 가진 아동들 중에 '경도' 수준에 속함에 주의하여 해석한다. 결과 해석의 기준은 〈표 14-5〉에 의하며, 결과 예시는 [그림 14-4]와 같다.

〈표 14-5〉 결과 해석 기준

하위검사 척도점수(SS)	ADHD 지수	백분위(%tile)	ADHD 심도	임상적 해석
17~19	130+	99+	아주 심함	최고도
15~16	120~129	92~98	심함	최고도
13~14	110~119	76~91	평균 이상	고도
8~12	90~109	25~75	평균	고도
6~7	80~89	9~24	평균 이하	중등도
4~5	70~79	2~8	약함	경도
1~3	≤69	1	아주 약함	최경도

한국 ADHD진단검사 K-ADHD

이춘해 (남)의 결과 보고서

● 검사설명 및 인적사항

대상자명	생년월일	생활연령	성별	검사일	기관명
이춘해	2011년 01월 01일	6세 6월 (78 개월)	남	2017년 06월 27일	(주)테스피아

● 검사프로파일

척도점수		과잉행동	충동성	부주의	ADHD 지수	
최고도	19 18 17					140 130
최고도	16 15	14				120
고도	14 13					110
고도	12 11 10 9		11		95	100
중등도	8 7 6					90 80
경도	5 4					
최경도	3 2 1			2		70 60
검사결과	원점수	22	14	2	ADHD 지수	95
	척도점수	14	11	2	척도점수 합	27
	ADHD심도	고도	고도	최경도	통합 임상해석	고도
	백분위	91%ile	63%ile	0.38%ile	통합 백분위	37%ile

● 종합결과분석

〈이춘해〉은 전체적으로 볼 때 ADHD 지수가 95(으)로 고도 정도의 ADHD수준을 보이고 있습니다. 하위영역별로 현재의 척도점수를 보면, 과잉행동(14 , 고도), 충동성(11 , 고도), 부주의(2 , 최경도) 입니다. 따라서 〈이춘해〉은 **심한 수준**의 ADHD(주의력결핍 과잉행동장애)를 지니고 있을 가능성이 크므로, 심리학, 특수교육, 의학 등 전문가의 정확한 진단과 평가를 통해, 적절한 의학적 치료와 교육을 동시에 제공 해야만 합니다. 특히 영역별로 문제행동들이 나타나는 원인을 분석하여, 그에 따른 특수교육, 개인상담 및 행동치료 전략을 세워야 할 것입 니다. 즉 부주의, 과잉행동, 충동성, 사회적 기술 등을 위한 중재가 가정은 물론 학원(학교)에서도 체계적으로 제공되어야 할 것입니다.

[그림 14-4] K-ADHDDS 결과지

출처: 테스피아 홈페이지(http://wwww.tespia.kr).

(2) 주의력결핍 과잉행동장애 종합 교사평정척도(ACTeRS)

주의력결핍 과잉행동 종합 교사평정척도(ADD-H Comprehensive Teacher's Rating Scale: ACTeRS)는 Ullmann 등(1985)이 개발한 것이다.

• 목적 및 대상

ACTeRS는 주의력결핍과 과잉행동 정도를 집중적으로 파악하여 장애진단을 평가하는 도구로 5세부터 12세 학생이 대상이다.

• 구성 체계

ACTeRS는 주의집중, 과잉행동, 사회성 기능, 적대감 행동 등 4개 영역에 걸쳐 총 24문항으로 구성되어 있으며 이를 제시하면 〈표 14-6〉과 같다.

<표 14-6> ACTeRS의 구성 체계

주의집중 (점수:)	전혀		거의		항상
1. 혼자서 공부를 잘 한다.	1	2	3	4	5
2. 오랫동안 과제를 지속적으로 할 수 있다.	1	2	3	4	5
3. 어떤 도움을 주지 않아도 충분히 주어진 과제를 완수한다.	1	2	3	4	5
4. 단순한 것은 정확하게 이행할 수 있다.	1	2	3	4	5
5. 수업시간에 딴짓을 하지 않는다.	1	2	3	4	5
6. 학급에서 자기 역할을 잘 해낸다.	1	2	3	4	5
과잉행동 (점수:)	전혀		거의		항상
7. 너무 지나치게 활동한다(자리에서 일어나 끊임없이 활동함).	1	2	3	4	5
8. 과잉반응이 심하게 나타난다.	1	2	3	4	5
9. 안절부절못하는 행동을 한다.	1	2	3	4	5
10. 충동적인 행동을 한다(생각하지 않고 말을 하거나 행동함).	1	2	3	4	5
11. 침착하지 못한 행동을 한다.	1	2	3	4	5
사회성 기능 (점수:)	전혀		거의		항상
12. 또래나 급우들과 잘 어울린다.	1	2	3	4	5
13. 구어적 의사표현이 명확하고 조리가 있다.	1	2	3	4	5
14. 비구어적 의사전달을 정확하게 할 수 있다.	1	2	3	4	5
15. 집단 규범이나 사회적 규칙을 잘 지킨다.	1	2	3	4	5
16. 비판을 할 때 일반적인 규칙을 언급한다.	1	2	3	4	5
17. 새로운 친구와 원만하게 사귈 수 있다.	1	2	3	4	5
18. 자신감을 가지고 상황에 접근한다.	1	2	3	4	5

적대감 행동 (점수:)	전혀		거의		항상
19. 남과 다툼이 잦다.	1	2	3	4	5
20. 별것 아닌 걸 가지고 싸움을 한다.	1	2	3	4	5
21. 심술궂다.	1	2	3	4	5
22. 권위를 부정한다.	1	2	3	4	5
23. 남을 괴롭힌다.	1	2	3	4	5
24. 남에게 악의를 가지고 잔인한 행동을 한다.	1	2	3	4	5

출처: 김민동(2009), p. 292.

• 실시방법 및 채점

ACTeRS는 5점 척도로 '전혀 그렇지 않다'(1점)에서 '거의 항상 그렇다'(5점)이며 각 영역별로 점수를 합하여 채점된다.

• 결과 및 해석

ACTeRS는 주의집중 영역에서 여아는 14점 이하, 남아는 13점 이하를 받으면 주의력결핍으로 진단되며 과잉행동 영역에서 여아는 18점 이상, 남아는 20점 이상을 받으면 과잉행동으로 진단된다.

(3) WWP 활동평정척도(WWPARS)

WWP 활동평정척도(Werry-Weiss-Peters Activity Rating Scale: WWPARS)는 Routh, Schroeder와 O'Tuama(1974)가 개발한 부모를 위한 가장 쉬운 질문지 진단 검사도구로 어린 아동의 행동이 과잉행동 범주에 들어가는지를 알 수 있는 최선의 도구로 알려져 있다.

• 목적 및 대상

WWPARS은 특히 과잉행동을 판별하는 데 있으며, 만 3~9세 아동을 대상으로 한다.

• 구성 체계

WWP 활동평정척도 검사는 원래 초기에는 일곱 가지 장면에 관한 31문항으로 구성되었으나(Werry & Sprague, 1970), Routh 등(1974)이 '학교'와 '과제' 관련 장면에 관한 항목을 삭제하여 일곱 가지 장면의 총 22문항으로 재구성하였다. WWPARS의 내용은 식사 시간, TV 보는 시간, 노는 시간, 자는 시간, 공공장소에서 등 다섯 가지 장면을 포함한 다양한 상황에서 나타나는 아동 행동에 관한 22문항으로 이루어져 있다. 이를 제시하면 〈표 14-7〉과 같다.

〈표 14-7〉 WWPARS의 구성 체계

관찰된 행동	아니요	약간	매우	해당 안 됨
1. 식사 도중에 밥상에서 일어났다 앉았다 합니까?				
2. 식사 도중 다른 사람이 말하고 있을 때 무슨 말을 하려고 가로막는 일이 있습니까?				
3. 식사 도중에 이것저것 만지작거립니까?				
4. 식사 도중에 몸을 비비 틉니까?				
5. 식사 도중에 말을 많이 합니까?				
6. TV를 볼 때 너무 말이 많습니까?				
7. TV를 볼 때 프로 중간에 일어났다 앉았다 합니까?				
8. TV를 볼 때 몸을 비비 틉니까?				
9. TV를 볼 때 물건이나 자기 몸을 가지고 장난합니까?				
10. TV를 볼 때 다른 사람을 방해하는 일이 있습니까?				
11. 조용히 놀 줄 모릅니까?				
12. 놀 때 장난감을 이것저것 만집니까?				
13. 놀 때 어른의 관심을 끌려고 합니까?				
14. 놀 때 말을 너무 많이 합니까?				
15. 놀 때 다른 아이들이 노는 것을 방해합니까?				
16. 잠재우기가 어려운 편입니까?				
17. 잠이 너무 적은 편입니까?				
18. 자면서 많이 뒤척입니까?				

19. 여행할 때 가만 있지 못하고 부산스럽습니까?			
20. 쇼핑할 때 이것저것 만지는 등 부산스럽습니까?			
21. 예배 중이나 영화관람 중에 부산스럽습니까?			
22. 친척집 방문할 때 가만 있지 못하고 부산스럽습니까?			

출처: 박정희(2001), p. 60.

• 실시방법 및 채점

WWPARS 각 문항을 '아니요' '약간' '매우'의 3단계 평정법으로 되어 있으며, 채점은 '아니요' 0점, '약간' 1점, '매우' 2점을 부여하여 총점을 산출한다.

• 결과 및 해석

WWPARS는 연령에 따른 평균과 표준점수를 제공한다. Routh, Schroeder와 O'Tuama(1974)가 140명의 만 3~9세 정상아동을 대상으로 규준을 제시한 것으로 20점 이상의 점수를 받거나, 평균에서 2표준편차 상위의 점수를 받으면 과잉행동을 동반하는 것으로 간주한다.

(4) 코너스 교사 평정척도 개정판(CTRS-R)

코너스 교사 평정척도(Conners Teacher Rating Scale-Revised: CTRS-R)는 1969년 Conners에 의해 개발된 것으로 39문항으로 구성되었으나(CTRS), Goyette 등(1978)이 이것을 바탕으로 개정한 것은 28문항으로 구성되어 있다(CTRS-R). 그 외에도 이와 관련하여 축약형(ASQ 혹은 ATRS라 명명)과 아이오와 코너스 교사 평정척도 등이 있다. CTRS-R은 행동문제, 과잉행동 등을 측정하는 데에 유용하지만 우울, 불안 등의 문제를 측정하는 데에는 유용하지 않다. 따라서 ADHD를 진단하기 위해 이 검사만을 사용하는 것은 적합하지 않다.

• 목적 및 대상

CTRS-R은 만 3세부터 17세까지의 아동을 대상으로 과잉행동, 다른 학습 및 행동문제들을 교사가 어떻게 지각하고 있는지를 사정하기 위한 검사이다.

• 구성 체계

CTRS-R은 품행문제, 과잉행동, 산만성-수동성, 과잉행동 징후 등 4개 하위요인에 걸쳐 총 28문항으로 이루어져 있으며 〈표 14-8〉과 같다.

<표 14-8> CTRS-R의 문항내용

관찰된 행동	전혀	조금	꽤	매우
1. 어색해하며 안절부절 못한다.				
2. 조용히 있어야 할 때 부적절하게 시끄럽게 한다.				
3. 요구가 즉시 해결되어야 한다.				
4. 경솔하고 분별없다.				
5. 감정폭발과 예측할 수 없는 행동을 한다.				
6. 비난에 대해 지나치게 민감하다.				
7. 주의산만 혹은 주의 지속시간의 문제를 가진다.				
8. 다른 아이들을 방해한다.				
9. 공상(day-dream)에 잠긴다.				
10. 뿌루퉁하고 신경질적이다.				
11. 기분의 변화가 수시로 일어나고 격렬하다.				
12. 다투기를 좋아한다.				
13. 권위에 대해 순종적이다.				
14. 안절부절 못하고 항상 움직이려 한다.				
15. 흥분되어 있고 충동적이다.				
16. 교사의 관심을 지나치게 요구한다.				
17. 집단에서 수용되지 못한다.				
18. 다른 아이들을 쉽게 따른다.				
19. 공정성에 개념이 없다.				
20. 리더십이 부족하다.				
21. 시작한 과제를 끝내기 어렵다.				
22. 유치하고 미숙하다.				
23. 실수를 부인하고 타인을 비난한다.				
24. 다른 아이들과 잘 지내지 못한다.				

25. 반 친구들에게 협조적이지 않다.			
26. 쉽게 좌절한다.			
27. 선생님께 협조적이지 못하다.			
28. 학습하는 데 어려움이 있다.			

* 품행문제 문항: 4, 5, 6, 10, 11, 12, 23, 27(8문항)
* 과잉행동 문항: 1, 2, 3, 8, 14, 15, 16(7문항)
* 부주의-수동성 문항: 7, 9, 18, 20, 21, 22, 26, 28(8문항)
* 과잉행동 지수: 1, 5, 7, 8, 10, 11, 14, 15, 21, 26(10문항)
출처: 김민동(2009). p. 293-294.

• 실시방법 및 채점

CTRS-R은 교사가 실시한다. 채점은 0점(전혀)에서 3점(매우)까지 요인별(품행문제, 과잉행동, 부주의-수동성, 과잉행동 징후)로 점수를 합하고, 그것을 요인별 문항수로 나누어 개인의 요인별 점수를 산출한다.

• 결과 및 해석

CTRS-R 과잉행동지수의 점수가 1.5 이상이거나 각 요인별로 코너스 교사평정척도 개정판 기준표(〈표 14-9〉 참조)에서 기준의 평균보다 상위 2표준편차 이상의 점수를 받으면 ADHD로 진단될 수 있다.

〈표 14-9〉 코너스 교사평정척도 개정판 기준표

연령		품행		과잉행동		부주의-수동성		과잉행동지수	
		M	SD	M	SD	M	SD	M	SD
3~5	남	.45	.80	.79	.89	.92	1.00	.81	.96
	여	.53	.68	.69	.56	.72	.71	.74	.67
6~8	남	.32	.43	.60	.65	.76	.74	.58	.61
	여	.28	.37	.28	.38	.47	.64	.36	.45
9~11	남	.50	.66	.70	.78	.85	.73	.67	.65
	여	.28	.49	.38	.51	.49	.53	.38	.48

12~14	남	.23	.38	.41	.49	.71	.63	.44	.43
	여	.15	.23	.19	.27	.32	.42	.18	.24
15~17	남	.22	.37	.34	.44	.68	.67	.41	.45
	여	.33	.68	.32	.63	.45	.47	.36	.62

(5) 코너스 부모 평정척도 개정판(CPRS-R)

코너스 부모 평정척도(Conners Parents Rating Scale: CPRS)는 Conners가 1970년에 처음 개발한 93문항으로 구성된 것(CPRS)과 Goyetts 등(1978)이 그것을 개정하여 제작한 48문항 개정판(CPRS-R)이 있다. 코너스 부모평정척도는 ADHD를 처음으로 진단하는 것으로 사용되기보다는 약물효과나 부모 훈련효과 혹은 아동의 자기조절훈련의 효과를 알아보고자 하는 데에 더욱 효과적이라고 한다. 주로 Goyette 등(1978)이 개정한 검사(CPRS-R)가 사용되고 있다.

• 목적 및 대상

CPRS-R은 만 3세부터 17세까지의 아동을 대상으로 행동문제를 평가하기 위한 검사이다.

• 구성 체계

CPRS-R은 여섯 가지 하위영역(품행문제, 학습문제, 심신문제, 충동 과잉행동, 불안, 과잉행동지수)에 걸쳐 총 48문항으로 구성되어 있다(〈표 14-10〉 참조).

〈표 14-10〉 CPRS-R 검사내용

관찰된 행동	전혀	조금	꽤	매우
1. 손톱/손가락/머리카락/옷을 만지작거림				
2. 어른에게 무례함				
3. 친구관계를 만들거나 유지하는 데에 어려움을 가짐				
4. 흥분하거나 충동적임				
5. 사물을 추적하기를 원함				
6. 엄지손가락(혹은 옷 담요)을 빨거나 씹음				

7. 쉽게 자주 욺				
8. 불평 불만을 가지고 있음				
9. 공상에 잠김				
10. 학습이 어려움				
11. 우물쭈물하며 안절부절 함				
12. 새로운 환경을 두려워함				
13. 안절부절 못하고 항상 움직임				
14. 파괴적임				
15. 거짓말 또는 진실이 아닌 이야기를 말함				
16. 소심함				
17. 또래보다 많은 문제를 일으킴				
18. 또래와는 다르게 말함(유아적 말투, 말더듬기)				
19. 실수를 부인하거나 타인을 비난함				
20. 다투기를 좋아함				
21. 뿌루퉁하고 신경질적임				
22. 물건을 훔침				
23. 불복종하거나 신경질적임				
24. 외로움, 병, 죽음에 대하여 남보다 많이 걱정함				
25. 일을 끝내지 못함				
26. 감정이 쉽게 상함				
27. 남을 못살게 굶				
28. 반복적 행동을 멈출 수 없음				
29. 잔인함				
30. 유치하거나 미숙함				
32. 두통을 호소함				
33. 기분이 빨리 격렬하게 변함				
34. 규칙을 싫어하거나 따르지 않음				
35. 빈번히 싸움				
36. 형제자매와 잘 지내지 못함				
38. 다른 아동을 방해함				

39. 기본적으로 불행해함			
40. 식욕부진 혹은 씹으며 일어나는 등의 섭식문제를 가짐			
41. 배가 아프다고 호소함			
42. 잠들지 못함, 너무 일찍 일어남, 밤에 깨기			
43. 다른 통증이나 고통			
44. 구토 또는 구역질			
45. 가족에게 기만당한다고 느낌			
46. 허풍 떪			
47. 스스로 몰아부침			
48. 설사 불규칙성, 변비 등의 배설문제를 가짐			

출처: 김민동(2009), p. 296.

• 실시방법 및 채점

CPRS-R은 부모가 실시한다. 채점은 0점(전혀)에서 3점(매우)까지 요인별(품행문제, 학습문제, 심신문제, 충동 과잉행동, 불안, 과잉행동지수)로 점수를 합하고, 그것을 요인별 문항수로 나누어 개인의 요인별 점수를 산출한다.

• 결과 및 해석

CPRS-R 과잉행동지수의 점수가 표준편차 1.5이상이거나 각 요인별로 규준집단의 평균치에서 상위 2표준편차 이상의 점수를 받으면 ADHD로 진단될 수 있다. 규준집단의 평균 및 표준편차는 다음 〈표 14-11〉과 같다.

<표 14-11> 코너스 부모평정척도 기준

연령		품행		학습		심신		충동-과잉행동		불안		과잉행동지수	
		M	SD	M	SD	M	SD	M	SD	M	SD	M	SD
3~5	남	.53	.39	.50	.33	.07	.15	1.01	.65	.67	.61	.72	.40
	여	.49	.35	.62	.57	.10	.17	1.15	.77	.51	.59	.78	.56
6~8	남	.50	.40	.64	.45	.13	.23	.93	.60	.51	.51	.69	.46
	여	.41	.28	.45	.38	.19	.27	.95	.59	.57	.66	.59	.35

9~11	남	.53	.38	.54	.52	.18	.26	.92	.60	.42	.47	.66	.44
	여	.40	.36	.43	.38	.17	.28	.80	.59	.49	.57	.52	.34
12~14	남	.49	.41	.66	.57	.22	.44	.82	.54	.58	.59	.62	.45
	여	.39	.40	.44	.45	.23	.28	.72	.55	.54	.53	.49	.34
15~17	남	.47	.44	.62	.55	.13	.26	.70	.51	.59	.58	.51	.41
	여	.37	.33	.35	.38	.19	.25	.60	.55	.51	.53	.42	.34

(6) ADHD 평정척도(ADHD RS-Ⅳ)

ADHD 평정척도(ADHD Rating Scale-Ⅳ: ADHD RS-Ⅳ)는 미국정신의학회에서 발행한 정신장애 진단 및 통계편람(DSM-Ⅳ-TR, 1994)에 수록된 진단기준을 기본으로 하여 Dupaul 등(1998)이 개발한 선별검사도구이다.

• 목적 및 대상

ADHD 평정척도는 ADHD가 의심되는 6세부터 12세 학생의 부모와 교사에게 실시한다.

• 구성 체계

ADHD 평정척도는 하위영역인 과잉행동/충동성과 부주의성에 각각 9문항씩 총 18문항으로 구성되어 있다. 이에 척도 내용을 제시하면 〈표 14-12〉와 같다.

• 실시방법 및 채점

ADHD 평정척도는 교사나 부모가 평가를 실시하는데 가정이나 학교에서 1주일 동안 관찰한 행동에 대해 실시한다. 4점 척도로(0점에서 3점) 평정하며, 채점은 부주의성(홀수문항의 합)과 과잉행동/충동성(짝수 문항의 합)을 합한 총점으로 계산한다.

• 결과 및 해석

ADHD 평정척도는 학부모가 평정 시 총점 19점 이상, 교사가 평정 시 총점 17점 이상일 때 ADHD가 의심되므로 대상자로 선별된다.

<표 14-12> ADHD 평정척도지-부모용(또는 교사용)

문항	전혀 그렇지 않다(매우 드물다)	약간 혹은 가끔 그렇다	상당히 혹은 자주 그렇다	매우 자주 그렇다
1. 학교 수업이나 일, 혹은 다른 활동을 할 때 주의집중을 하지 않고 부주의해서 실수를 많이 한다.	0	1	2	3
2. 가만히 앉아 있지를 못하고 손발을 계속 움직이거나 몸을 꿈틀거린다.	0	1	2	3
3. 과제나 놀이를 할 때 지속적으로 주의집중하는 데 어려움이 있다.	0	1	2	3
4. 수업시간이나 가만히 앉아 있어야 하는 상황에서 자리에서 일어나 돌아다닌다.	0	1	2	3
5. 다른 사람이 직접 이야기하는데도 잘 귀 기울여 듣지 않는 것처럼 보인다.	0	1	2	3
6. 상황에 맞지 않게 과도하게 뛰어다니거나 기어오른다.	0	1	2	3
7. 지시에 따라서 학업이나 집안일이나 자신이 해야 할 일을 끝마치지 못한다.	0	1	2	3
8. 조용히 하는 놀이나 오락 활동에 참여하는 데 어려움이 있다.	0	1	2	3
9. 과제나 활동을 체계적으로 하는 데 어려움이 있다.	0	1	2	3
10. 항상 끊임없이 움직이거나 마치 모터가 달려서 움직이는 것처럼 행동한다.	0	1	2	3
11. 공부나 숙제 등, 지속적으로 정신적 노력이 필요한 일이나 활동을 피하거나, 싫어하거나 또는 하기를 꺼려 한다.	0	1	2	3
12. 말을 너무 많이 한다.	0	1	2	3
13. 과제나 활동을 하는 데 필요한 것들(장난감, 숙제, 연필 등)을 잃어버린다.	0	1	2	3
14. 질문을 끝까지 듣지 않고 대답한다.	0	1	2	3
15. 외부자극에 의해 쉽게 산만해진다.	0	1	2	3

16. 자기 순서를 기다리지 못한다.	0	1	2	3
17. 일상적인 활동을 잊어버린다(예: 숙제를 잊어버리거나 도시락을 두고 학교에 간다).	0	1	2	3
18. 다른 사람을 방해하고 간섭한다.	0	1	2	3

출처: 강진령(2008).

감각장애 및 지체장애 영역

❖ 김성희 · 이성용

감각 및 지체 장애 영역에서는 시각장애, 청각장애, 지체장애의 정의와 진단 및 평가 도구를 제시하였다. 특히 시각장애는 제2부에서 소개되지 않은 검사도구를 소개하였다.

1. 시각장애

1) 시각장애의 정의

「장애인 등에 대한 특수교육법 시행령」의 '특수교육대상자 선정기준'(제10조 관련)에 의하면, 시각장애는 "시각계의 손상이 심하여 시각 기능을 전혀 이용하지 못하거나 보조공학기기의 지원을 받아야 시각적 과제를 수행할 수 있는 사람으로서 시각에 의한 학습이 곤란하여 특정의 광학기구·학습매체 등을 통하여 학습하거나 촉각 또는 청각을 학습의 주요 수단으로 사용하는 사람"이라고 정의하고 있다.

시각장애는 시각계의 손상이 심하여 시각 기능을 전혀 이용하지 못하는 상태인 맹과 보조공학기기의 지원을 받거나 환경의 개선을 통해서만 시각적 과제를 수행할 수 있는 저시력으로 구분할 수 있다.

2) 시각장애의 진단검사도구

시력의 장애는 부모와 교사의 관찰에 의해 발견될 수 있으나 시각장애로 의심될 경우 반드시 전문의에게 진단을 의뢰하여야 한다.

(1) 시력검사

시각장애 진단·평가를 위한 시력검사는 원거리시력, 근거리시력, 시야, 색각, 대비감도, 기능시력검사 등을 포함한다.

아동 시력검사에는 객관적 시력 검사, 주관적 시력검사, 기능시력검사가 있다. 객관적 시력검사는 안과 의사가 전문성을 바탕으로 실시하며, 안저 운동, 양안의 위치와 안구 운동, 광선을 비출 때 동공의 모양과 크기의 변화, 안진검사에 대한 반응, 망막 전위도 검사, 시유발 전위 등 전기 생리학적 검사에 대한 반응 검사들이 포함된다. 유아나 어린 아동은 자신의 생각을 잘 표현하지 못하므로 신체적 반응이나 뇌파검사와 같은 객관적 검사를 받아야 한다(국립특수교육원, 2009b).

주관적 시력검사는 검사자의 지시에 따라 청각, 운동근육, 언어 등을 사용하여 반응하는 검사로서 의료 전문가가 수행하기도 하고, 시각장애아동 담당교사, 보건교사, 담임교사 등에 의하여 실시되기도 한다(임안수, 2008). 원거리 시력검사는 시각장애 정도를 파악하여 필요한 저시력 기구의 종류와 교육지원 내용을 알 수 있다.

시력검사 도구로는 한천석 시시력검사(한천석, 1951), 저시력자용 원거리 시력표(한국시각장애연구회, 2002), 진용한 시시력표(진용한, 1997)가 있다.

- 한천석 시시력검사: 원거리 시력 측정용으로 물체의 존재와 형태를 인식하는 능력을 파악하기 위한 것으로 연령에 제한이 없다. 한식 표준 5m 시시력표, 한식 표준 3m 시시력표, 한식 표준 소아용 시시력표가 있다.
- 저시력자용 원거리 시력표: 저시력자의 원거리 시력을 검사하기 위한 것으로 시표번호는 700~10까지 다양하다. 그림으로 된 유아용이 따로 있다.
- 진용한 시시력표: 물체의 존재와 형태를 인식하는 능력을 파악하기 위한 것으로 연령에 제한이 없다. 읽고 판단할 수 있는 문자나 형태의 최소 크기를 확인하는 가독시력과 중심시력을 측정한다. 원거리 시력표와 근거리 시력표로 구성되어 있다.

(2) 시기능 검사도구

시기능 검사도구는 한국판 시기능 효율성 개발 프로그램-진단적 사정 절차(DAP), (한성희, 1994), 기능 시각 검목표-학습영역(임안수, 2008), 오레곤 발달검사-시각영역이 사용된다.

- 한국판 시기능 효율성 개발 프로그램: 한성희(1994)가 번안하여 한국판으로 개발한 도구로 시기능에 대한 정보를 수집하여 시기능 향상 프로그램에 활용한다. 저시력자용으로 사용 연령에 제한이 없으며, 40개 항목의 평가 절차와 150개 카드를 사용하여 시기능 훈련에 필요한 기술을 진단한다.
- 기능 시각 검목표: Roessing(1982)이 개발한 기능 시각 검목표를 임안수(2008)

가 번안했다. 일반학교에 재학하고 있는 시각장애학생의 학습에서 필요한 시각 관련 정보를 수집하여 교육에 활용한다. 사용 대상은 저시력자이다.

- 오레곤 발달검사: 준거지향 검사도구로서 아동의 발달수준을 평가하고, 적절한 교수 목표를 설정하고, 아동의 새로운 기술 습득을 기록한다. 시각장애아동 중 시각 활용이 가능한 0세에서 만 6세까지의 아동에게 사용할 수 있다. 70가지의 시각영역 발달기술을 평가한다.

(3) 촉기능 검사도구

시각장애학생의 촉각기술들을 측정하는 검사도구로서 하와이 조기 학습 프로파일-촉지각 발달검사(Bagnato, 1991), 오레곤 발달검사(점자학습, 촉각기술)가 있다.

- 하와이 조기 학습 프로파일: 촉각기술들을 연령에 따라 정리해 놓은 것으로 점자학습과 보행, 일상생활 과제에 필요한 촉감, 촉지각, 촉기능 수준을 파악할 수 있다. 사용 연령은 출생 시부터 만 6세까지의 시각장애아동이다.
- 오레곤 발달검사(점자학습, 촉각기술): 준거지향 검사로서 아동의 촉감, 촉지각, 촉기능 발달수준을 평가한다. 촉각으로 사물과 점자물을 활용하는 능력을 검사하는 내용으로 구성되어 있다. 검사 대상은 점자학습이 필요한 시각장애아동이다.

(4) 학력 검사

시각장애학생의 학습능력을 측정하기 위한 기초학습기능검사를 실시할 때 시각장애아동을 위하여 반응 양식을 바꾸거나 검사자료를 시각장애아동에게 적합한 것으로 대체하는 방식을 사용하여야 한다. 기초학습기능검사(윤점룡, 박경숙, 박효정, 1989), KISE 기초학력검사(KISE-BAAT, 박경숙, 김계옥, 송영준, 정도영, 정인숙, 2005), 기초학습기능 수행평가체제(BASA) 읽기 검사(김동일, 2000), 기초학습기능 수행평가체제(BASA) 쓰기 검사(김동일, 2008), 기초학습기능 수행평가체제(BASA) 수학 검사(김동일, 2007)가 많이 사용되며, 그 외에 학습준비도 검사(김정권, 여광일, 1987) 등이 있다.

🏷 2. 청각장애

1) 청각장애의 정의

「장애인 등에 대한 특수교육법 시행령」의 '특수교육대상자 선정기준'(제10조 관련)에 의하면, 청각장애는 "청력 손실이 심하여 보청기를 착용해도 청각을 통한 의사소통이 불가능 또는 곤란한 상태이거나, 청력이 남아 있어도 보청기를 착용해야 청각을 통한 의사소통이 가능하여 청각에 의한 교육적 성취가 어려운 사람"이라고 정의하고 있다. 또한 선천적 혹은 후천적으로 청각기관의 발달 결함 및 상해로 인한 청력 손실이 발생하여 듣기 기능에 어려움이 있기 때문에 음성언어를 이용한 의사소통기능에 장애를 동반한다(국립특수교육원, 2009b).

2) 청각장애의 진단검사도구

청각장애 진단·평가 도구는 청각적 인지검사도구, 언어 이해 및 표현 검사도구, 구어산출검사가 있다.

청각적 인지검사도구는 청각언어 재활을 위한 평가 가이드(EARS-K), 한국 표준어음변별력검사가 있다.

- 청각언어 재활을 위한 평가 가이드: 청각적 자극을 통한 말소리의 체계에 따른 듣기 정도를 수준별로 체계적으로 검사한다. 모든 연령이 사용 가능하나, 수준별로 연령을 구분하여 평가한다.
- 한국 표준 어음변별력검사: 청각장애아동의 청각적 음운 인식을 측정하기 위하여 단어의 최소 대립쌍을 중심으로 음소적 수준으로 말소리의 변별 정도를 평가할 수 있는 검사이다. 검사는 모두 5조로 구성되어 있는데 사용 연령은 만 4세 이상이나 5조의 경우는 만 7세 이상의 아동에게 사용할 수 있다.

그 외, 언어 이해 및 표현 검사도구로는 그림 어휘력검사, 구문의미이해력검사(KOSECT), 언어문제해결력검사, 한국 표준 수용어휘력검사가 사용되며, 구어산출검사도구로는 우리말 조음·음운평가(U-TAP) 도구, 음향분석기를 통한 음향·음성학적 검사가 있다.

청각장애를 가진 아동의 구어산출 정확도 검사를 위해서는 우리말 조음 · 음운평가 도구와 음향분석기를 통한 음향 · 음성학적 검사가 있다(국립특수교육원, 2009b).

3. 지체장애

1) 지체장애의 정의

「장애인 등에 대한 특수교육법 시행령」의 '특수교육대상자 선정기준'(제10조 관련)에 의하면, 지체장애를 지닌 특수교육대상자는 "기능 · 형태상 장애를 가지고 있거나 몸통을 지탱하거나 팔다리의 움직임 등에 어려움을 겪는 신체적 조건이나 상태로 인해 교육적 성취에 어려움이 있는 사람"이라고 정의하고 있다.

지체장애는 신체적 조건이나 상태로 교육에 어려움을 가지고 있으므로 교육적 지원을 위해 운동능력과 인지능력에 대한 진단 · 평가가 필요하다.

2) 지체장애의 진단검사도구

지체장애의 진단 · 평가를 위해서는 기초학습기능검사와 신체운동능력평가가 이루어져야 한다.

지체장애아동의 학습능력을 알아내기 위한 우리나라의 표준화 검사로는 기초학습기능검사와 KISE 기초학력검사(KISE-BAAT) 등이 있다. 각각의 검사도구는 제7장 '운동 및 시지각'과 제8장 '학습능력'에 자세히 제시되어 있다.

(1) 신체운동능력평가

지체장애아동의 신체운동능력평가는 일상생활에서 관찰을 통해 평가할 수 있다. 평가도구로는 일상생활동작검사, PULSES 프로파일, 바델지수(Barthel Index) 등이 있고, 그 외에 뇌성마비 학생을 위한 대근육기능척도(GMFM)가 있다.

- 일상생활동작검사: 일상생활 동작을 분석하여 일상생활 수행능력을 평가한

다. 침상 동작, 이동 동작, 용변 동작 등 일상생활 동작을 스스로 할 수 있는
지, 보장구를 이용하는지, 도움이 필요한지 등을 검사한다. 사용 연령은 제한
이 없다.

- PULSES 프로파일: 병원에서 환자의 일상생활능력을 평가하기 위해 개발된
  도구이다. 검사는 6개의 범주, 즉 신체상태, 상지사용, 하지사용, 감각상태,
  배설상태, 정신상태로 구성되어 있으며, 사용 연령은 제한이 없다.
- 바델지수: 10가지 일상생활 동작 능력을 평가하기 위해 개발된 도구이다. 일
  상생활 동작 9항목과 하지기능의 가동능력 6항목으로 구성되어 있으며, 사용
  연령은 제한이 없다.
- 대근육기능척도: 뇌성마비 아동이 성장함에 대근육운동의 발달을 관찰하여
  기능 정도를 측정하기 위한 목적으로 표준화되었으며, 사용 연령은 제한이
  없다.

(2) 운동능력검사

지체장애아동의 지각 및 운동능력 발달 검사는 한국판 아동 시지각발달검사
(Korean Developmental Test of Visual Perceptional-Third Edition: K-DTVP-3), 시각-운
동통합검사 6판(Beery-Buktenica Developmental Test of Visual-Motor Integration,
Sixth Edition: VMI-6), 한국판 시지각기능검사[Korean-Test of Visual Perceptual
Skill(non-motor)-Revised: K-TVPS-R]가 있고 운동능력 전반을 평가하기 위한 운
동능력 검사도구로 한국판 오세레츠키 운동능력검사가 있다. 이러한 검사도구는
제7장 '운동 및 시지각'에 자세히 제시되어 있다.

부록

진단 및 평가 검사도구 목록

[영역별 진단 및 평가 검사도구]

* 표시된 검사는 본문에서 소개되지 않은 검사도구임.

지능검사

검사도구명	저자(연도)	목적 및 대상	구성 체계	소요시간	실시방법	결과
한국 웩슬러 아동용 지능검사 4판(K-WISC-IV)	곽금주, 오상우, 김청택 (2011)	• 목적: 아동의 인지능력을 평가 • 대상: 만 6세~16세 11개월	• 4개 지표, 15개의 소검사 • 총 627문항	65~80분	아동, 개별검사	전체 IQ, 4개 지표별 점수
한국 웩슬러 유아용지능검사 4판 (K-WPPSI-IV)	박혜원, 이경옥, 안동현 (2016)	• 목적: 유아의 인지능력을 평가 • 대상: 만 2세 6개월~7세 7개월	• 2:6~3:11세용: 3개 기본지표, 3개 추가지표 3, 7개 소검사, 총 169문항 • 4:0~7:7세용 5개 기본지표, 4개 추가지표, 15개 소검사, 총 524문항	• 2:6~3:11세용: 약 26~32분 • 4:0~7:7세용: 약 32~58분	유아, 개별검사	전체 IQ, 2:6~3:11세 지표 점수, 4:0~7:7세 지표 점수
한국 웩슬러 성인용 지능검사 4판(K-WAIS-IV)	황순택, 김지혜, 박광배, 최진영, 홍상황(2012)	• 목적: 청소년과 성인의 인지능력을 평가 • 대상: 만 16세~69세 11개월	• 4개 지표, 15개의 소검사 • 총 532문항	평균 80분, 지적장애 60분, 비장애 100분	성인, 개별검사	전체 IQ, 지표별 점수
국립특수교육원 한국형 개인지능 검사(KISE-KIT)	박경숙, 정동영, 정인숙 (2001)	• 목적: 아동의 지적능력을 측정 • 대상: 만 5세~17세, 청각장애·시각장애 하생도 검사 가능	• 언어성 6개의 소검사, 동작성 6개의 소검사 • 총 161문항	90~120분	아동, 개별검사	전체 IQ, 동작성IQ, 언어성IQ
카우프만 아동용 지능검사 2판 (KABC-II)	문수백 (2014)	• 목적: 아동 및 청소년의 정보처리 및 인지 능력을 측정 • 대상: 만 3세~18세	• 2개의 지표, 5개의 척도, 18개의 하위검사 • 총 626문항 • Luria 모델: 연령별 5~8개의 하위검사 -CHC 모델: 연령별 7~10개의 하위검사 -비언어성 척도: 4~5개의 하위검사	60~90분	아동, 개별검사	전체 IQ, 개인 내외 특징 (강점과 약점), 개인 간의 특징 (강점과 약점) 분석

적응행동검사

검사도구명	저자(연도)	목적 및 대상	구성 체계	소요시간	실시방법	결과
국립특수교육원 적응행동검사 (KNISE-SAB)	정인숙, 강영택, 김계옥, 박경숙, 정동영(2003)	• 목적: 장애학생들의 적응행동능력 측정 • 대상: 만 5세~17세(지적장애학생), 만 21개월~17세(일반학생)	• 3개 영역(개념적 적응행동, 사회적 적응행동, 실제적 적응행동) • 총 242문항	약 40분	부모, 교사 보고	전체 및 3개 영역별 환산점수, 적응행동지수
지역사회적응검사 2판 (CISA-2)	김동일, 박희찬, 김정일(2017)	• 목적: 지적장애인 및 자폐성장애인의 지역사회 통합에 필수적인 적응기술 측정 • 대상: 만 5세 이상	• 3개 영역(기본생활, 사회자립, 직업생활) • 총 161문항	약 1시간~1시간 30분	자기 보고	전체 및 3개 영역별 적응지수, 환산점수
바인랜드 적응행동척도 2판 (K-Vineland-II)	황순택, 김지혜, 홍상황(2015)	• 목적: 개인의 성장 및 변화 측정 • 대상: 0세~90세 11개월	면담형: • 4개 주영역(의사소통, 생활기술, 사회, 운동기술)과 부적응행동 영역 • 총 433문항 보호자평정형: • 4개 주영역(의사소통, 일상생활, 사회, 신체활동)과 문제행동 영역 • 총 433문항	면담형: 20~50분, 보호자평정형: 30~60분 정도	• 면담형: 보호자 보고 • 보호자평정형: 보호자 보고	전체 및 4개 영역별 적응수준(V-척도 점수, 표준점수), 17개 영역의 부적응 수준(V-척도점수)
사회성숙도검사 (SMS)	김승국, 김옥기(1985)	• 목적: 개인의 성장 및 변화 측정 • 대상: 0세~만 30세	• 6개 행동영역(자조, 이동, 작업, 의사소통, 자기관리, 사회화) • 총 117문항	제한 없음	부모, 주변인 보고	사회연령(SA), 사회지수(SQ)
한국판 적응행동 검사(K-SIB-R)	백은희, 이병인, 조수제(2007)	• 목적: 지적장애 및 발달장애인의 사회 적응 기술 측정 • 대상: 0세~만 17세	• 4개 독립적 적응행동 영역(운동기술, 사회적 상호작용 및 의사소통 기술, 개인생활 기술, 지역사회 생활 기술) -총 259문항 • 문제행동 영역(부적응행동) -총 32문항	제한 없음	부모, 양육자 보고	전체 및 4개 영역별 표준점수, 백분위, 17개 영역의 부적응행동지수, 지원점수

검사도구명	저자(년도)	목적 및 대상	구성 체계		부모, 교사 보고	전체 백분위
적응행동검사(ABS)	김승국(1990)	• 목적: 학생의 적응행동 측정 • 대상: 0세~만 17세	• 제1부 9개 적응행동 영역(독립기능, 신체발달, 경제활동, 언어발달, 수와 시간, 직업 전 활동, 자기 관리, 책임, 사회화) –총 56문항 • 제2부 12개 적응행동 영역(공격, 반사회적 행동, 반항, 신뢰성, 위축, 버릇, 대인관계 예법, 발성습관, 습관, 활동수준, 증후적 행동, 약물 복용) –총 39문항	제한 없음	부모, 교사 보고	전체 백분위

의사소통 검사

검사도구명	저자(년도)	목적 및 대상	구성 체계	소요시간	실시방법	결과
영·유아 언어발달검사(SELSI)	김영태, 김경희, 윤혜련, 김화수(2003)	• 목적: 영유아의 전반적 언어발달 진단 • 대상: 4개월~35개월	• 수용 및 표현 언어 영역 • 총 112문항	약 20분	전문가 체크리스트	• 등가연령 • 백분위 • 표준편차
취학전 아동의 수용언어 및 표현언어 발달척도(PRES)	김영태, 성태제, 이윤경(2003)	• 목적: 전반적인 언어발달 진단 • 대상: 2세~6세	• 수용 및 표현 언어 영역 • 총 92문항	30분	개별검사	• 등가연령 • 백분위 • 표준편차
언어이해·인지력 검사	장혜성, 임선숙, 백현정(1992)	• 목적: 언어이해력 및 인지력 진단 • 대상: 3세~5세 11개월	• 총 40문항	제한 없음	개별검사	• 백분위 • 등가연령
그림어휘력검사(PPVT-R)	김영태, 장혜성, 임선숙, 백현정(1995)	• 목적: 수용어휘능력 측정 • 대상: 2세~8세 11개월	• 품사, 범주 어휘 • 총 112개 문항	제한 없음	개별검사	• 백분위 • 등가연령
구문의미 이해력 검사(KOSECT)	배소영, 임선숙, 이지희, 장혜성(2004)	• 목적: 구문의미이해력 진단 • 대상: 4세~초등 3학년 수준 아동	• 총 57개 문항	10~15분	개별검사	• 백분위 • 표준편차
문장이해력검사	장혜성, 임선숙, 백현정(1994)	• 목적: 아동의 문장이해능력 측정 • 대상: 4세~6세 11개월	• 총 27문항	제한 없음	개별검사	• 백분위 • 등가연령

검사도구	저자(연도)	목적/대상	내용	검사시간	검사형태	결과
언어문제 해결력검사	배소영, 임선숙, 이지희(2000)	• 목적: 언어문제해결력 진단 • 대상: 5세~12세	• 원인 이유 범주, 해결 추론 범주, 단서 추측 범주, 총 50문항	20~30분	개별검사	• 백분위 • 과제신뢰일
수용·표현 어휘력검사(REVT)	김영태, 장혜성, 임선숙, 백현정(2009)	• 목적: 수용과 표현 어휘능력 측정 • 대상: 2세 6개월~만 16세 이상 성인 연령	• 수용어휘 및 표현어휘 각 185문항	30~40분	개별검사	• 등가연령 • 백분위 • 표준점수
한국판 메이버디-베이츠 의사소통 발달 평가(K M-B CDI)	배소영, 곽금주(2006)	• 목적: 영유아의 어휘사용 능력과 제스처, 놀이 및 문법 수준 측정 • 대상: 8개월~17개월(영아용), 18개월~36개월(유아용)	• 영아용: 18개 범주, 총 279개 어휘 • 유아용: 24개 범주, 총 641개 어휘	제한 없음	양육자 보고	• 백분위
취학전 아동 언어검사(LSSC)	이윤경, 허현숙, 장승민(2015)	• 목적: 아동의 언어평가 • 대상: 초등1학년~6학년	• 수용언어: 총 148문항 • 표현언어: 총 133문항 • 보조영역: 24문항	60~70분	개별검사	• 언어지수 • 백분위
조음기관 구조·기능 선별검사(SMST)	신문자, 김재옥, 이수복, 이소연(2010)	• 목적: 조음기관의 구조와 기능 관련 문제 평가 및 진단 • 대상: 18세~59세	• 조음기관의 구조와 기능 관련 30문항 • 발성·음성·조음 선별 3문항 • 조음교대운동 14문항	40분~1시간	개별검사	• 원점수
우리말 조음·음운 평가(U-TAP)	김영태, 신문자(2004)	• 목적: 조음평가 • 대상: 2세~12세	• 그림낱말검사: 자음 43개, 모음 10개 • 그림문장검사: 자음 23개, 모음 7개	5~10분	개별검사	• 자음정확도 • 모음정확도 • 백분위 • 음운변동
한국어 표준 그림 조음음운검사(KS-PAPT)	석동일, 박상희, 신혜정, 박희정(2008)	• 목적: 조음문제 선별, 정밀진단 • 대상: 3세~성인	• 선별검사: 30개 어휘 • 정밀검사: 75개 어휘 • 단모음 7개 • 자음 19개, 어두초성, 어중초성, 어중종성, 어말종성	5~15분	개별검사	• 자음정확도 • 모음정확도 • 백분위 • 음운변동
파라다이스-유창성검사(P-FS)	심현섭, 신문자, 이은주(2004)	• 목적: 유창성 장애 정도 검사 • 대상: 취학 전 아동, 초등학생, 중학생	• 구어평가 • 의사소통태도 평가	제한 없음	개별검사	• 백분위 • 말더듬 정도
아동용 한국판 보스턴 이름대기검사(K-BNT-C)	김향희, 나덕렬(2007)	• 목적: 표현언어장애 선별 • 대상: 만 3세~14세 11개월	• 총 60문항	약 15분	개별검사	• 백분위 • 등가연령

검사도구명	저자(년도)	목적 및 대상	구성 체계	소요시간	실시방법	결과
아동용발음평가(APAC)*	김민정, 배소영, 박창일(2007)	• 목적: 아동의 조음능력 평가 • 대상: 3세~취학 전	• 연결발화검사 • 단어검사 • 37개 단어, 70개 말소리 목록	20분	개별검사	• 자음정확도 • 백분위 • 자극반응도 • 음운변동 • 오류패턴 • 이해가능도
그림자음검사(PCAT)*	김영태(1994)	• 목적: 자음조음능력 평가 • 대상: 6세~10세	• 21장 그림카드 • 25개 단어 • 총 43개 음소	20분	개별검사	• 자음정확도

사회성 검사

검사도구명	저자(년도)	목적 및 대상	구성 체계	소요시간	실시방법	결과
한국판 청소년용 사회성 기술 평정 척도(K-SSRS: 중고생용 II)	문성원(2003)	• 목적: 개인의 사회성 기술을 측정하여 선별, 배치, 중재계획을 위한 자료 획득 • 대상: 취학 전 아동~고등학생	• 사회성 기술, 문제행동, 학업적 유능감 • 총 39문항	약 20분	교사, 부모, 자기 보고	• 표준점수(사회성기술, 문제행동, 학업적 유능감) • 백분위
한국 유아 사회성 기술검사(K-SSRSP)	윤치연(2012)	• 목적: 유아의 사회성 기술능력 평가 • 대상: 30개월~만 7세	• 4개의 사회성 기술 영역(문제해결, 정서표현, 질서의식, 자신감) • 총 40문항	제한 없음	부모, 양육자 보고	• 표준점수 • 사회성기술지수(SSQ) • 백분위
한국판 아동 사회성 기술 척도(CS4-K)	김응석, 홍지영 이표준화(2008)	• 목적: 초등학생의 사회성 기술 측정 • 대상: 초등 1학년~6학년	• 3개의 사회성 기술 영역(사회규범, 호감도, 사회적 미숙) • 총 21문항	제한 없음	학생 자기보고	• 백분위(사회규범, 호감도, 사회적 미숙)
Matson 사회기술평가(MESSY)	박난숙, 오경자(1992)	• 목적: 사회기술능력 평가 • 대상: 만 4세~18세	• 적절한 사회적 행동, 부적절한 사회적 행동 • 총 64문항	제한 없음	학생 자기보고 교사, 부모 보고	• 전체 문항에 대한 각각의 총점(사회적 행동, 부적절한 사회적 행동)

운동 및 시지각 검사

검사도구명	저자(년도)	목적 및 대상	구성 체계	소요시간	실시방법	결과
한국판 아동 시지각발달검사 (K-DTVP-3)	문수백(2016)	• 목적: 학생의 시지각 발달 측정 • 대상: 만 4세~12세	• 5개 영역(눈-손 협응, 따라 그리기, 도형-배경, 시각 통합, 형태 항상성) • 총 96문항	약 20~40분	개별검사	3개 영역별(VMI, MRVP, GVP) 척도점수, 표준점수, 백분위
시각-운동통합 검사 6판 (VMI-6)	황순택, 김지혜, 홍상황(2016)	• 목적: 시각-운동 통합 능력 측정 • 대상: 2세~90세	• 3개 영역(시각-운동 통합, 운동협응) • 총 90문항	약 15~25분	개별검사	3개 영역별(VMI, VP, MC) 표준점수, 백분위
한국판 시지각기능검사 (K-TVPS-R)	김정민, 강태옥, 남궁지영(2007)	• 목적: 운동이 포함되지 않은 시지각 측정 • 대상: 만 4세~12세	• 7개 영역(시각변별, 시각기억, 순차기억, 공간관계, 형태 항상성, 시각 통합) • 총 112문항	약 9~25분	개별검사	7개 영역별 표준점수, 변환점수, 백분위
한국판 오세레츠키 운동능력검사	김정권, 권기덕, 최영하(1987)	• 목적: 학생의 운동기능 측정 • 대상: 만 4세~16세	• 6개 영역(일반적 정적 협응, 손동작 협응, 일반동작 협응, 운동속도, 동시적 자발동작, 단일동작 수행능력) • 총 60문항	제한 없음	개별검사	전체 운동 수준

학습능력 검사

검사도구명	저자(년도)	목적 및 대상	구성 체계	소요시간	실시방법	결과
기초학습기능 검사	박경숙, 윤점룡, 박효정(1989)	• 목적: 기초학습 학력수준 평가 • 대상: 만 5세~12세 11개월	• 3개 영역(정보처리 기능, 언어 기능, 수 기능) • 총 270문항	40~60분	개별검사	학년 규준, 연령 규준, 학년 및 연령별 백분위
기초학력검사 (KISE-BAAT)	박경숙, 김계옥, 송영준, 정동영, 정인숙(2005)	• 목적: 기초학력검사(읽기, 쓰기, 수학) • 대상: 만 5세~14세	• 3개 영역(읽기, 쓰기, 수학) • 총 480문항(가형/나형)	60~90분	개별검사	백분위, 학력지수, 학년 수준

검사도구명	저자/연도	목적 및 대상	구성 체계	소요시간	실시방법	결과
기초학습능력검사 (NISE-B·ACT)	이태수, 서선진, 나경은, 이준석, 김우리, 이동원, 오유정(2017)	• 목적: 기초학습기술 평가(읽기, 쓰기, 수학) • 대상: 만 5세~14세	• 3개 영역(읽기, 쓰기, 수학) • 총 444문항	제한 없음	개별검사	백분위, 학력지수, 학년 수준
기초학습기능 수행평가체제 읽기검사(BASA)	김동일(2000)	• 목적: 읽기, 쓰기, 수학 능력 평가 • 대상: 초등 1~3학년	• 읽기 기초평가와 형성평가	35분	개별검사	
기초학습기능 수행평가체제 쓰기검사(BASA)	김동일(2008)	• 대상: 초등 1~6학년 (성인도 가능)	• 쓰기 기초평가와 형성평가	40분	개별검사	백분위, T점수, 학년 수준
기초학습기능 수행평가체제 수학검사(BASA)	김동일(2007)	• 대상: 초등 1~3학년 (중·고등학생도 가능)	• 수학 기초평가와 형성평가	25분		
읽기진단검사*	김윤옥 외 14인(2001)	• 목적: 읽기문제에 맞춰 향상 정도 파악 • 대상: 초등 1~고등 1학년	4개 영역(20단계, 의미 있는 글 읽기, 눈으로 읽기, 듣기이해, 단어파악)	제한 없음	개별검사	피검자의 수행수준
한국어 읽기 검사(KOLRA)*	배소영, 김미배, 윤효진, 장승민(2015)	• 목적: 읽기 및 언어 능력 평가 • 대상: 초등 1~6학년	3개 영역(선별검사, 핵심검사, 상세검사)	60~90분	개별검사	백분위, 표준점수, 학년지수
읽기 성취 및 읽기 인지처리능력검사 (RA-RCP)*	김애화, 김의정, 황민아, 유현실(2014)	• 목적: 학습장애 학생 진단 • 대상: 초등 1~6학년	2개 영역(읽기 성취 검사, 인지처리 능력검사)	90~120분	개별검사	표준점수, 백분위

정서 및 행동 검사

검사도구명	저자/연도	목적 및 대상	구성 체계	소요시간	실시방법	결과
아동·청소년 행동 평가척도 (CBCL6-18)	오경자, 김영아(2010)	• 목적: 정서행동장애 선별과 진단 • 대상: 만 6세~18세	• 4개 영역(문제행동증후군, DSM 진단척도, 문제행동 특수척도, 적응척도) • 총 215문항	15~20분	부모 보고	T점수, 백분위

검사도구명	저자(연도)	목적 및 대상	구성 체계	소요시간	실시방법	결과
KISE 정서·행동장애 학생 선별척도	류문화, 서경희 (1999)	• 목적: 정서·행동장애에 선별과 진단 평가 • 대상: 초등 2학년~5학년 담임교사	• 5개의 하위 행동군 • 총 65문항	제한 없음	담임 보고	T점수, 백분위
청소년 자기행동 평가척도(YSR)	오경자, 이혜련, 하은혜, 홍강의 (2010)	• 목적: 적응능력 및 정서행동 평가 • 대상: 만 11세~18세	• 2개 영역(적응능력 척도, 문제행동 증후군 척도) • 총 119문항	15~20분	자기보고	T점수, 백분위
한국판 정서행동 문제 평가척도(K-SAED)	진미영, 박지연 (2017)	• 목적: 정서행동장애의 판별 • 대상: 만 6세~18세	• 5개 영역 • 총 40문항	10분 이내	교사, 부모, 양육자 보고	T점수, 백분위
한국아동 인성평정척도(KPRC)*	김지혜, 조선미, 홍창희, 황순택 (2006)	• 목적: 문제행동과 정서적 특성 평가 • 대상: 만 3~17세	• 3개 영역(타당도 척도, 자아탄력성 척도, 임상척도) • 총 177문항	50분	부모, 양육자 보고	T점수
행동진단검사(KBASC-2)*	안명희(2016)	• 목적: 부적응상태, ADHD 진단 • 대상: 10~25세	• 5개 영역(학교 문제, 내면화 문제, 행동, 주의력결핍/과잉행동, 개인적 적응, 정서증상) • 총 139문항	40분	자기 보고	T점수

영유아 발달검사

검사도구명	저자(연도)	목적 및 대상	구성 체계	소요시간	실시방법	결과
한국 영유아 발달선별검사(K-DST)	대한소아과학회 (2014)	• 목적: 영유아의 전반적인 발달평가 • 대상: 만 4개월~71개월	• 6개 발달영역(대근육운동, 소근육운동, 인지, 언어, 사회성, 자조) • 4~17개월: 총 40문항 • 18개월 이상: 총 48문항	5~10분	부모, 양육자 보고	• 표준편차 • 4개 수준(빠른 수준, 또래 수준, 추적검사 요망, 심화평가 권고)으로 분류
한국판 아동발달검사(K-CDI)	김정미, 신희선 (2010)	• 목적: 영유아의 발달수준 및 문제 행동 평가 • 대상: 15개월~만 6세	• 9개 발달영역(사회성, 자조행동, 대근육운동, 소근육운동, 표현언어, 언어이해, 글자, 숫자, 전체 발달과 문제영역(시각·청각·성숙 문제, 언어문제, 정서문제 등) • 총 300문항	약 30~40분	부모, 양육자 보고	• 9개 척도별 발달연령 • 발달프로파일

검사도구명	저자(연도)	목적·대상	구성	소요시간	검사방법	결과
한국판 영유아 발달선별검사 (KCDR-R)	김정미, 신희선 (2011)	• 목적: 영유아의 현행 발달수준 평가 • 대상: 0세~6세	• 5개 발달 영역(사회성, 자조행동, 대근육운동, 소근육운동, 언어) • 부모 설문지: 6개 서술형 질문과 25개 문제항목으로 구성 • 총 113문항	약 10~15분	부모, 양육자 보고	• 영유아 발달표 생활연령 연령선 • 생활연령의 70%에 해당하는 연령경계선을 기준으로 3개 수준(정상발달, 정계발달, 지연발달)으로 분류
한국형 Denver II (K-DDST-II)	신희선, 한경자, 오가실, 오진주, 하미나(2002)	• 목적: 영유아의 전반적인 발달수준 평가 및 발달지체 조기 발견 • 대상: 1세~6세	• 4개 발달영역(전체운동, 언어, 미세운동-적응 기능, 개인-사회성) • 총 110문항	10~20분	개별검사	• 3개 수준(정상발달, 의심스런 발달, 검사불능)으로 분류 • 표준파일
한국 Bayley 영유아 발달검사 II (K-BSID-II)	박혜원, 조복희 (2006)	• 목적: 영유아의 발달수준 평가 및 정상발달로부터 얼마만큼 지연되었는지 파악 • 대상: 17개월~42개월	• 3개 영역(인지척도, 동작척도, 행동평정척도) • 총 319문항	• 15개월 미만: 30분 내외 • 15개월 이상: 약 1시간	개별검사	• 인지발달지수 • 동작발달지수 • 백분위
한국판 유아 발달선별검사 (K-DIAL-3)	전병운, 조광순, 이기현, 이은상, 임재택(2004)	• 목적: 잠재적 발달지체 및 장애 협성이 높은 아동 선별 • 대상: 만 3세~6세 11개월	• 5개 영역(운동, 인지, 언어, 자조, 사회성) • 총 64문항(한 문제당 세부과제 포함되어 있음)	30분	개별검사, 부모 보고, 검사자 관찰	• 백분위 • 발달연령
한국판 부모작성형 유아 모니터링 체계(K-ASQ)	허계형, Jane Squires, 이소영, 이준석(2006)	• 목적: 발달지체 또는 장애 가능성이 있는 영유아 선별 • 대상: 4개월~60개월	• 5개 영역(의사소통, 소근육운동, 대근육운동, 개인-사회성) • 총 37문항(종합부분 7문항 포함)	15분	부모, 양육자 보고	영역별 절선검사
영아선별·교육 진단 검사(DEP)	장혜성, 서소정, 하지영(2008)	• 목적: 영아의 전반적인 발달수준을 파악 및 발달지체 또는 장애위험 가능성이 높은 영아 조기 선별 • 대상: 출생~36개월	• 6개 발달영역(대근육운동기술, 소근육운동기술, 의사소통, 사회정서, 인지, 기본생활) • 총 344문항	20분	부모, 양육자, 교사 보고	• 백분위 • 표준점수

검사도구명	저자(년도)	목적 및 대상	구성 체계	소요시간	실시방법	결과
포테이지 아동 발달 지침서*	강순구, 조윤경 역(2008).	• 목적: 아동의 현재 수준 파악 및 교육적 시작점을 결정하여 아동의 구체적인 프로그램 계획 • 대상: 0세~6세	• 6개 발달영역(유아자조근, 신변처리, 운동성, 사회성, 인지, 언어)	제한 없음	부모, 교사의 관찰	• 포테이지 아동 평가 지에 명시되어 있는 행동을 기준 이상 할 수 있는지 여부에 따라 'O, △, ×'로 표기
영유아들 위한 사정, 평가 및 프로그램 체계 (AEPS)*	이영철, 허계형, 문현미, 이상복, 정갑순 역(2005)	• 목적: 장애 영유아 및 장애 위험에 있는 내상을 위한 기능적이고 협력된 사정, 목표, 개발, 중재 및 평가로 활용 • 대상: 0세~6세	• 두 가지 연령(만 0~만 3세, 만 3~만 6세)별로 6개 발달영역(소근육 운동, 대근육 운동, 적응, 인지, 사회-의사소통, 사회성)	제한 없음	검사자(교사)의 보고 및 관찰, 직접검사	• 원점수 • 퍼센트
영유아 캐롤라이나 교육과정 0~3세*	김호연, 강창욱, 박경옥, 장혜성 역(2008)	• 목적: 발달지체 및 평가 유아의 발달능력 평가 및 적절한 교육계획 수립 시 대상 유아 자료 제공 • 대상: 출생~36개월	• 6개 발달영역(개인적 및 사회적 기술, 의사소통, 인지, 소근육운동, 인지/의사소통, 대근육운동)	제한 없음	검사자(교사)의 보고 및 관찰, 직접검사	• 발달진전표에 수행할 수 있는 영역에 +표시 (-)로 표시된 항목들은 반간 으로 남겨 둠 • 유아가 성장함에 따라 모든 항목이 통과 되면, 발달진전표의 작성을 마침
영유아 캐롤라이나 교육과정 3세~6세*	한경근, 신현기, 김은경 역(2009)	• 목적: 발달지체 및 평가 유아의 발달능력 평가 및 적절한 교육계획 수립 시 대상 유아 자료 제공 • 대상: 24개월~60개월		제한 없음	검사자(교사)의 보고 및 관찰, 직접검사	

진로 · 직업 검사

검사도구명	저자(년도)	목적 및 대상	구성 체계	소요시간	실시방법	결과
장애 청소년 진로성숙도검사	한국장애인고용공단(2015)	• 목적: 장애 청소년의 진로탐색에 필요한 태도, 능력, 행동을 평가 • 대상: 고2~3, 전공과	• 3개 영역(진로 태도, 진로 능력, 진로 행동) • 총 32문항	20분	교사 보고	• 원점수 • 백분위(진로 태도, 진로 능력, 진로 행동)

검사도구	저자(연도)	목적 및 대상	문항 구성 및 내용	소요시간	실시방법	결과
지적장애인용 그림직업흥미검사 (PVIT)	한국장애인고용공단(2011)	• 목적: 지적장애인의 직업 흥미 측정 • 대상: 만 15세 이상의 지적장애인	• 그림 이해도 테스트 예비문항, 본문항 • 총 63문항	20분	지면검사, 온라인 검사	• 직업영역 프로파일 • 흥미도 • T점수
홀랜드-III 성격적성검사 (Holland: CAS)	안창규, 안현의 (2014)	• 목적: 진로교육의 효율성을 높이고 직업적 성격특성 측정 • 대상: 초 4~성인	• 진로탐답검사(초 4~6용), 진로적성검사(중학생용), 계열적성검사(고등학생용), 진로적성검사(고등학생용), 직업적성검사(대학생 및 성인용)	약 40~50분	검사지를 컴퓨터로 채점	• RIASEC 영역별 백분율, 백분위
진로인식검사	한국고용정보원 (2009)	• 목적: 초등학생의 미래 가능성을 탐색, 다양한 직업세계에 대한 이해 • 대상: 초등 5, 6학년	• 자기이해, 직업세계인식, 진로 태도 • 총 32문항	제한 없음	자기 보고	• T점수(자기이해, 직업세계인식, 진로태도)
Strong 직업흥미검사	김명준, 김정택, 심혜숙(2004)	• 목적: 진로상담, 인사 선발 및 배치에 활용용 기초자료 조사 • 대상: 고등학생 이상	• 직업, 교과목, 활동, 여가활동, 사람들 유형, 선호하는 활동, 당신의 특성, 선호하는 일의 세계 • 총 8부 317문항	제한 없음	자기 보고	• 개인의 선호도 측정
비언어성 직업흥미검사 (개정판 RFVII)	한국장애인고용공단(2011)	• 목적: 중증 장애인의 직업흥미검사 • 대상: 중증 장애인	• 3개의 그림을 1조로 하여 모두 55조로 구성되며 총 165개의 그림	약 20분	교사면접	• 원점수 • 백분위
매캐런 다이얼 시스템 (McCarron-Dial System: MDS)	McCarron & Dial(1970)	• 목적: 신경심리 장애인들의 능력, 적성 및 직업과 주거 프로그램 수준 예측 • 대상: 지적장애, 뇌성마비, 뇌손상, 학습장애	• 언어-공간-인지, 감각, 운동, 정서, 통합-대응	제한 없음	PPVT, BGT, HVDT, MAND	• 장애인의 교육, 직업, 주거에 요구되는 기능 수준을 판단하는 데 활용
퍼듀페그보드 (Purdue Pegboard)	Joseph Tiffin (1948)	• 목적: 손가락, 손, 팔의 움직임과 미세한 손놀림 기능 측정 • 대상: 손기능이 필요한 직무의 근로자, 학습장애 아동, 직업재활 지원자, 산재 및 실종증 대상자	• 핀, 고리, 와셔를 우세손, 열세손, 양손으로 조립	약 10~20분	교사면접	• 직업재활 필요 여부 • 숙련성 테스트

[장애유형별 진단 및 평가 검사도구]

지적장애 및 발달장애

검사도구명	저자(연도)	목적 및 대상	구성 체계	소요시간	실시방법	결과
아동기 자폐증 평정척도 (CARS)	김태련, 박랑규 역(1996)	• 목적: 아동기 자폐증상 진단 • 연령: 만 2세 이상	• 총 15문항	제한 없음	• 양육자 체크리스트	• 자폐 아님, 자폐 경중증 및 중간 정도, 자폐 중증으로 분류
이화-자폐아동 행동발달 평가도구(E-CLAC)	김태련, 박랑규 (1992)	• 목적: 행동발달 및 병리적 수준 평가 • 대상: 만 1세~6세	• 18개 영역 • 43개 척도문항, 13개 비척도문항	40~50분	• 부모 혹은 부모 대리자 체크리스트	• 발달 및 병리 상태 및 문항별 해당 연령 파악
심리교육 프로파일(PEP-R)	김태련, 박랑규 (2005)	• 목적: 자폐 성장애아동과 유사 발달 장애아동의 발달수준 평가 • 연령: 만 1세~7세 5개월	• 발달척도 131문항 • 행동척도 43문항	45분~1시간 30분	• 개별검사	• 합격, 싹트기 반응, 실패/해당 연령 파악
한국 자폐증 진단검사(K-ADS)	강위영, 윤치연 (2004)	• 목적: 자폐성장애 선별 및 평가 • 대상: 만 3세~21세	• 상동행동, 의사소통, 사회적 상호작용에 대한 하위검사 각 14개 • 총 42문항	약 5~6분	• 교사/부모 체크리스트	• 표준점수 • 백분위 • 자폐지수 • 자폐 정도 • 자폐 확률
사회적 의사소통 설문지(SCQ)	유희정 (2008)	• 목적: 자폐 성장애 선별 및 평가 • 연령: 만 2세 이상	• 일생행: 40문항 • 현재행: 40문항	약 10분	• 부모/보호자 평정척도	• 일생행의 경우 15점 이상-자폐성장애에 가능성 시사
자폐증 진단 면담지-개정판(ADI-R)	유희정(2007)	• 목적: 자폐 성장애가 의심되는 대상의 전반적 발달장애의 선별, 발달 전 영역에 대한 평가 • 연령: 만 2세 이상	• 7개 하위영역 • 총 93문항	90분~2시간	• 부모 면담지	• 현재 행동 알고리듬과 진단 적 알고리듬을 제공

검사도구명	저자(연도)	목적 및 대상	구성 체계	소요시간	실시방법	결과
자폐증 진단 관찰 스케줄 2판 (ADOS-2)	유희정, 봉귀영, 곽영숙, 이미선, 조숙환, 김붕년, 박규리, 반건호, 신의진, 조인희, 김소윤(2016)	• 목적: 자폐스펙트럼 장애 선별 및 진단 • 연령: 만 12개월 이상	• 5개의 모듈 - 모듈 T - 모듈 1~4	40~60분	• 검사자와 아동 간의 상호작용을 관찰, 기록	• 모듈 T: 자폐증 임상진단(어간-전혀 우려되지 않음, 경도-중도의 우려, 중도-고도의 우려) • 모듈 1~4: 자폐증 임상진단(자폐증, 자폐 스펙트럼, 비스펙트럼)
자폐증 진단 관찰 스케줄 (ADOS)*	유희정, 곽영숙 (2009)	• 목적: 자폐 장애에 선별 및 진단 • 연령: 언어기능 3세 이상	• 4개의 모듈 • 5개의 하위영역	45분~1시간	• 검사자와 아동 간의 상호작용을 관찰, 기록	• ADOS에 의한 분류 및 전체적인 임상진단을 제공

정서·행동장애

검사도구명	저자(연도)	목적 및 대상	구성 체계	소요시간	실시방법	결과
아동용 우울척도 (CDI)	Kovacs(1983)	• 목적: 우울 정도 평가 • 대상: 7세~17세의 아동 및 청소년	• 자기비하, 신체증상, 우울정서, 흥미상실, 행동문제 • 총 27문항	제한 없음	자가 체크리스트	• 우울 정도
벡 우울척도 (BDI)	Beck(1961)	• 목적: 우울 중상 정도 측정 • 대상: 청소년 이상	• 인지적·동기적·신체적 중상 영역 • 총 21문항	제한 없음	자기보고	• 우울 정도
개정판 아동불안 척도 (RCMAS)	Reynolds & Richmond (1978, 1985)	• 목적: 불안과 관련된 중상 평가 • 대상: 아동과 청소년	• 총 37문항	제한 없음	자기보고	• 불안감 정도
집-나무-사람 검사(HTP)	Buck(1948)	• 목적: 인시적·무의식적·심층적 심상을 그림에 반영 • 대상: 제한 없음	• 집, 나무, 사람 그림에 대해 해석	제한 없음	집, 나무, 사람에 대한 그림 그리기	• 가정, 가족, 대인관계, 자기 신체상 반영

검사도구명	저자(년도)	목적 및 대상	구성 체계	소요시간	실시방법	결과
동작성 가족화 (K-F-D)	Burns & Kaufman(1970)	• 목적: 주관적인 가족인지 파악 • 대상: 언어표현이 가능한 누구나	• 가족 움직임 그림에 대한 해석	제한 없음	움직이는 가족 그리기	• 가족 역동성 파악 • 가족구성원에 대한 감정, 태도 투사
주제 통각 검사 (TAT)	Murray & Morgan(1935)	• 목적: 자아, 환경관계, 대인관계의 역동적 측면 평가 • 대상: 언어표현이 가능한 누구나	• 흑백 그림카드 30장 • 백지카드 1장	1시간씩 2회기	카드 보고 이야기하기	• 욕구와 갈등 해석
문장 완성 검사 (SSCT)	Sacks (1950)	• 목적: 가족, 성, 대인관계, 자기개념에 대한 의식적·전의식적·무의식적 생각과 감정 파악 • 대상: 초등 연령 이상	• 가족, 성, 대인관계, 자기개념의 4개 영역	20~40분	개인별/집단별 실시	• 가족, 학교, 친구, 자아에 대한 투사
벅스 행동평정 척도 (BBRS)	Burks(1986)	• 목적: 문제행동 진단과 예견 • 대상: 만 3세~초·중등생	• 유아용: 18개 하위영역, 105문항 • 초·중등용: 19개 하위영역, 110문항	제한 없음	양육자과정척도	• 행동문제의 심각성 파악

학습장애 및 주의력결핍 과잉행동장애

검사도구명	저자(년도)	목적 및 대상	구성 체계	소요시간	실시방법	결과
한국판 학습장애 평가척도 (K-LDES)	신민섭, 조수철, 홍강의(2007)	• 목적: 학습장애 여부 및 하위 유형 평가 • 대상: 만 6세~11세	• 7개의 하위 영역(주의력, 생각하기, 말하기, 읽기, 쓰기, 철자법, 수학적 계산) • 총 88문항	20분	교사, 부모 보고	표준점수, 학습지수
학습장애 선별검사(LDST)	김동일(2015)	• 목적: 학습장애 선별 • 대상: 초등 3학년 이상 학생	• 5개 영역(수용언어, 표현언어, 수학, 주의집중 및 조직화, 사회성) • 학생용 26문항/교사용 25문항	30분	개별검사	백분위, T점수
학습장애 선별검사(LDSS)	김애화, 신현기, 이준석(2009)	• 목적: 학습장애 선별도구 • 대상: 초등 1~6학년	• 6개 영역(읽기, 쓰기, 수학, 듣기, 말하기, 사고/추론) • 총 문항수(1~2학년용 85문항, 3~6학년용 104문항)	90분	개별검사	표준점수, 백분위

검사도구	개발자	목적·대상	영역·문항	제한	보고자	점수
한국판 주의력결핍 과잉행동장애 진단검사 (K-ADHDDS)	이상복, 윤치연 (2004)	• 목적: ADHD 의심 진단 • 대상: 만 3세~23세	• 3개 영역(과잉행동, 충동성, 부주의) • 총 36문항	제한 없음	부모, 교사 보고	표준점수, 백분위, ADHD 지수
주의력결핍 과잉행동장애 교사평정척도 (ACTeRS)	Ullmann, Sleator, & Sparque(1985)	• 목적: 주의력결핍 및 과잉행동 평가 • 대상: 5세~12세	• 4개 영역(주의집중, 과잉행동, 사회성 기능, 적대감 행동) • 총 24문항	제한 없음	교사 보고	각 영역별 총점
WWP 활동평정 척도(WWPARS)	Routh, Schroeder, O'Tuama(1974)	• 목적: 과잉행동 판별 • 대상: 만 3세~9세	• 다섯 가지 상황(식사, TV 보기, 놀기, 자기, 공공장소) • 총 22문항	제한 없음	부모 보고	표준점수
코너스 교사 평정척도(CTRS)	Goyette, Conners & Ulrich (1978)	• 목적: 과잉행동과 학습문제 관련하여 교사 지각 파악 • 대상: 3세~17세	• 4개 영역(품행문제, 과잉행동, 신만성-수동성, 과잉행동 정후) • 총 28문항	제한 없음	교사 보고	과잉행동지수
코너스 부모 평정척도 개정판 (CPRS-R)	Goyette, Conners, & Ulrich(1978)	• 목적: 행동문제 평가 • 대상: 3세~17세	• 6개 영역(품행문제, 학습문제, 심신문제, 충동 과잉행동, 불안, 과잉행동지수) • 총 48문항	제한 없음	부모 보고	과잉행동지수
ADHD 평정척도 (ADHD RS-IV)	DuPaul, Power, Anastopoulos, & Reid(1998)	• 목적: ADHD 의심진단 • 대상: 6세~12세	• 2개 영역(과잉행동·충동성, 부주의성) • 총 18문항	제한 없음	부모, 교사 보고	총점

■ 참고문헌

강순구, 조윤경 역(2008). 포테이지 아동 발달 지침서. 서울: 굿에듀북. Bluma, S. M. (1976). *Portage guide to early education*.

강용주(2004). 장애인 직업평가를 위한 Purdue Pegboard 표준화. 장애와 고용, 14(4), 85−96.

강위영, 윤치연(2004). 한국 자폐증 진단검사. 부산: 테스피아.

강진령(2008). 간편 정신장애 진단통계편람(DSM−IV−TR). 서울: 학지사.

곽금주(2002). 아동 심리평가와 검사. 서울: 학지사.

곽금주, 오상우, 김청택(2011). K−WISC−IV 전문가지침서. 서울: 학지사 심리검사연구소.

교육부(2016). 장애인 등에 대한 특수교육법. (2016.02.03. 일부개정)

국립특수교육원(2002). KISE−KIT 검사요강. 경기: 교육과학사.

국립특수교육원(2009a). 특수교육대상아동 선별검사 개발. 경기: 국립특수교육원.

국립특수교육원(2009b). 특수교육대상아동 선별 · 진단 검사 지침. 경기: 국립특수교육원.

국립특수교육원(2009c). 특수교육학 용어사전. 서울: 도서출판 하우.

국립특수교육원(2016). 양육길라잡이(발달장애−양육지식 정보). 충남: 국립특수교육원.

권순달, 오성삼(2016). 교육평가. 경기: 양서원.

권순황(2014). 특수아동 진단 및 평가. 서울: 일문사.

권준수 역(2015). DSM−5 정신질환의 진단 및 통계 편람(제5판). 서울: 학지사. APA(2013). *Diagnostic and Statistical Manual of Mental Disorders: DSM−5*[TM].

김계헌, 황매향, 선혜연, 김영빈(2013). 상담과 심리검사. 서울: 학지사.

김남진, 김정은, 최희승(2014). 장애아 진단 및 평가. 경기: 양서원.

김동일(2000). 기초학습기능수행평가(읽기). 서울: 학지사.

김동일(2007). 기초학습기능수행평가(수학). 서울: 학지사.

김동일(2008). 기초학습기능수행평가(쓰기). 서울: 학지사.

김동일(2015). 학습장애 선별검사(LDST). 서울: 학지사.

김동일, 박희찬, 김정일(2017). 지역사회적응검사−2판(전문가 지침서). 서울: 인싸이트.

김명준, 김정택, 심혜숙(2004). Strong 직업흥미검사 매뉴얼. 서울: 어세스타.

김민동(2009). ADHD 진단 및 평가. 한국정서행동장애교육학회: 정서행동장애진단 및 평가.

김석우(2015). 교육평가의 이해(2판). 서울: 학지사.

김석우, 박상욱(2015). 교육연구방법론(2판). 서울: 학지사.

김승국(1990). 적응행동검사(지침서). 서울: 중앙적성출판사.

김승국, 김옥기(1985). 사회성숙도 검사(수정판). 서울: 중앙적성출판사.

김애화, 김의정, 황민아, 유현실(2014). 읽기 성취 및 읽기 인지처리능력 검사. 서울: 학지사 심리연구소.

김애화, 신현기, 이준석(2009). 학습장애 선별검사. 서울: 도서출판 굿에듀.

김영태(2010). 아동언어장애의 진단 및 치료. 서울: 학지사.

김영태, 김경희, 윤혜련, 김화수(2003). 영·유아 언어발달검사. 서울: 도서출판 특수교육.

김영태, 성태제, 이윤경(2013). 취학 전 아동의 수용언어 및 표현 언어 발달 척도. 서울: 서울장애인종합복지관.

김영태, 신문자(2004). 우리말 조음·음운평가. 서울: 학지사.

김영태, 장혜성, 임선숙, 백현정(1995). 그림어휘력 검사. 서울: 서울장애인종합복지관.

김영태, 홍경훈, 김경희, 장혜성, 이주연(2009). 수용·표현 어휘력 검사지침서. 서울: 서울장애인종합복지관.

김예화, 신현기, 이준석(2009). 학습장애 선별검사(LDSS). 서울: 굿에듀북.

김용석, 홍지영(2008). 한국판 아동 사회성기술척도 실시요강. 서울: 마인드프레스.

김용석, 홍지영(2008). 한국판 아동 사회성기술척도(CS4-K). 서울: 마인드프레스.

김윤옥 외 14인(2001). 읽기진단검사. 서울: 도서출판 특수교육.

김정권, 권기덕, 최영하(1987). 한국판-오세레츠키 운동능력검사. 서울: 도서출판 특수교육.

김정미, 신희선(2010). 아동발달검사 전문가 지침서(K-CDI). 서울: 인싸이트.

김정미, 신희선(2011). 영유아 발달선별검사(KCDR-R). 서울: 인싸이트.

김정민, 강태옥, 남궁지영(2007). 한국판시지각기능검사(검사지침서). 서울: 도서출판 특수교육.

김정택, 김명준, 심혜숙(2004). 한국 스트롱 직업흥미검사 표준화 연구. 한국심리학회지: 상담 및 심리치료, 16(3), 383-405.

김진선, 심준영(2015). 초등학생의 학업성취수준에 따른 뇌 선호도와 뇌파에 의한 학습능력의 특성 및 관계. 아동학회지, 36(6), 85-100.

김진호(2006). 발달장애학생의 전환교육을 위한 전환평가에 대한 고찰. 지적장애연구, 8(3), 55-77.

김진호, 노진아, 박지연, 방명애, 황복선 역(2011). 정서행동장애(9판). 서울: 시그마프레스. Kauffman, J., & Landrum, T. J. (2009). *Characteristics of emotional and behavioral disorders of children and youth* (9th ed).

김진호, 박재국, 방명애, 유은정, 윤치연, 이효신, 한경근 역(2017). 최신특수교육(11판). 서울: 시그마프레스. Heward, W. L. (2017). *Exceptional children: An introduction to special education* (11th ed.).

김태련, 박랑규(1992). 이화-자폐아동 행동발달 평가 도구. 서울: 도서출판 특수교육.

김태련, 박랑규(2005). 심리교육 프로파일(PEP-R). 서울: 도서출판 특수교육.

김태련, 박랑규 역(2003). 아동기 자폐증 평정척도 지침서. 서울: 도서출판 특수교육. Schopler, E.,

Reichler, R. J., & Renner, B. (1988). *Childhood Autism Rating Scale*.

김향지(1996). 사회성 기술 검사(SSRS)의 타당화 연구. 특수교육학회지, 17(1), 121-135.

김향희, 나덕렬(2007). K-BNT-C 실시요강. 서울: 학지사.

김호연, 강창욱, 박경옥, 장혜성 역(2008). 영유아 캐롤라이나 교육과정: 0~3세. 서울: 굿에듀북. Johnson-Martin, N. M., Hacker, B. J., & Attermeier, S. M. (2004). *The Carolina Curriculum for Preschoolers with Special Needs* (CCPSN).

대전교원연수원(2014). 진로직업평가 도구를 활용한 창의 · 인성교육 신장.

대한소아과학회(2014). 한국 영유아 발달선별검사 사용 지침서 제1판(Korean Developmental Screening Test for Infants and Children: K-DST). 충북: 질병관리본부.

류문화, 서경희(1999). KISE 정서행동장애학생 선별척도. 충남: 국립특수교육원.

문성원(2003). 한국판 청소년용 사회적 기술 평정척도 I(K-SSRS: 중고생용 I)의 표준화. 한국심리학회지: 상담 및 심리치료, 15(2), 235-258.

문성원. 한종철(1998). 한국판 사회기술 평정척도(K-SSRS)의 요인구조. 한국심리학회 학술대회 자료집.

문수백(2014). K-ABC-II(전문가 지침서). 서울: 학지사 심리검사연구소.

문수백(2016). 한국판 아동 시지각 발달검사-3(전문가 지침서). 서울: 인싸이트.

문수백, 변창진(1997). K-ABC 실시 · 채점요강. 서울: 학지사 심리검사연구소.

문수백, 여광응, 조용태(2003). 한국판시지각발달검사(전문가 지침서). 서울: 학지사 심리검사연구소.

박경숙, 김계옥, 송영준, 정동영, 정인숙(2005). KISE 기초학력검사. 충남: 국립특수교육원.

박경숙, 윤점룡, 박효정(1989). 기초학습기능검사. 서울: 도서출판 특수교육.

박경숙, 정동영, 정인숙(2001). 국립특수교육원 한국형 개인지능검사 개발연구. 경기: 국립특수교육원.

박계신, 이효신, 황순영 역(2010). 정서행동장애학생의 이해와 교수전략. 서울: 시그마프레스. Terry, L. S. (2009). *Working with Students with Emotional and Behavior Disorders: Characteristics and Teaching Strategies*.

박난숙, 오경자(1992). Methyphenidate 치료가 주의력 결핍-과잉활동아의 인지행동 및 사회, 학습, 정서적 적응에 미치는 효과. 한국심리학회지: 임상, 11(1), 235-248.

박승희, 김수연, 장혜성, 나수현 역(2011). 지적장애: 정의, 분류 및 지원체계. 경기: 교육과학사.

박정희(2001). 언어적 자기조절훈련이 ADHD아동의 대인관계전략과 사회적 기술에 미치는 효과. 대구대학교 대학원 석사학위논문.

박현숙, 박희찬, 김진호 역(2010). 전환평가: 장애학생을 위한 전환계획과 IEP 개발. 서울: 시그마프레스. Miller, R. J., Lombard, R. C., & Corbey, S. T. (2006). *Transition assessment: Planning transition and IEP development for youth with mild to moderate disabilities*.

박현옥 역(2005). 자폐증 개론. 서울: 시그마프레스. Gary, B. M,, Lynn, W. A., & Laura G. K. (1998). *Autism: Understanding the Disorder*.

박혜원, 이경옥, 안동현(2016). K-WPPSI-IV 실시 지침서. 서울: 학지사 심리검사연구소.

박혜원, 조복희(2006). 한국 Bayley 영유아 발달검사 II(K-BSID-II). 서울: 도서출판 키즈팝.

방명애, 이효신 역(2004). 정서 및 행동장애: 이론과 실제. 서울: 시그마프레스. Coleman, M. C., & Webber, J. (2002). *Emotional and behavioral disorders: Theory and practice* (4th ed.).

배소영, 곽금주(2016). 맥아더-베이츠 의사소통발달 평가. 서울: 마인드프레스.

배소영, 김미배, 유효진, 장승민(2015). 한국어읽기검사. 서울: 학지사 심리연구소.

배소영, 임선숙, 이지희(2011). 언어 문제 해결력 검사 실시 요강. 서울: 서울장애인종합복지관.

배소영, 임선숙, 이지희, 장혜성(2004). 구문의미이해력 검사 실시요강. 서울: 장애인종합복지관.

백은희, 이병인, 조수제(2007). 한국판 적응행동검사(전문가 지침서). 서울: 인싸이트.

서경희, 윤점룡, 윤치연, 이상복, 이상훈, 이효신(1999). 발달장애의 진단과 평가. 경북: 대구대학교.

석동일, 박상희, 신혜정, 박희정(2008). 한국어 표준 그림 조음음운검사 실시요강. 서울: 학지사 심리검사연구소.

신문자, 김영태(2004). 우리말 조음·음운평가 실시요강. 서울: 학지사 심리검사연구소.

신문자, 김재옥, 이수복, 이소연(2010). 조음기관·구조기능 선별검사. 서울: 학지사 심리검사연구소.

신민섭(1993). 자살 기재에 대한 실증적 연구: 자기도피 척도의 타당화. 연세대학교 대학원 박사학위 논문.

신민섭, 조수철, 홍강의(2007). 한국판 학습장애 평가척도(K-LDES). 서울: 학지사 심리연구소.

신소영, 송현종(2016). ADHD 청소년의 내재화 증상 감소를 위한 공예 중심 미술치료 프로그램의 효과. 발달장애연구, 20(4), 173-202.

신현기, 이성봉, 이병혁, 이경면, 김은경 역(2010). 자폐 범주성 장애 아동 교육의 실제. 서울: 시그마프레스. Heflin, L. J., & Alaimo, D. F. *Students with Autism Spectrum Disorders Effective Enstructional Practices*.

신현옥, 이은정, 김정한, 안성희, 김원호, 박진희 역(2013). 재활평가(4판). 서울: 학지사. Bolton, B., F., & Parker, R. M. (2008). *Handbook of measurement and evaluation in rehabilitation* (4th ed).

신희선, 한경자, 오가실, 오진주, 하미나(2002). 한국형 Denver II 검사 지침서. 서울: 현문사.

심현섭, 김영태, 김진숙, 김향희, 배소영, 신문자, 이승환, 이정학, 한재순, 윤혜련, 김정미, 권미선(2010). 의사소통장애의 이해. 서울: 학지사.

심현섭, 신문자, 이은주(2004). 파라다이스-유창성검사 실시요강. 서울: 파라다이스복지재단.

안명희(2016). 행동진단검사(KBASC-2). 서울: 학지사 심리검사연구소.

안창규, 안현의(2000). 홀랜드 진로탐색검사(Self Directed Seach: SDS).

안현의, 안창규 역(2014). 홀랜드-III 성격적성검사(Holland Career Assessment System: Holland-CAS). 서울: 학지사 심리검사연구소. Holland, J. L. *Self Directed Search-R* (SDS-R).

오가실(1976). Denver Developmental Screening Test의 한국표준화를 위한 기초 연구. 간호학논집, 1, 93-116.

오경자, 이혜련, 하은혜, 홍강의(1997). 한국아동청소년 행동평가 척도(K-CBCL). (주)중앙적성연구소.

오경자, 이혜련, 하은혜, 홍강의(2010). 청소년 자기행동 평가척도(YSR). (주)아세바.

오자영(2010). 사회적 문제해결 훈련프로그램이 지적 및 발달장애학생의 또래와 교사의 상호작용기술에 미치는 효과. 순천향대학교 대학원 박사학위논문.

유희정(2007). 자폐증 진단 면담지-개정판(ADI-R). 서울: 학지사 심리검사연구소.

유희정(2008). 사회적 의사소통 설문지. 서울: 학지사 심리검사연구소.

유희정, 곽영숙(2009). 자폐증 진단 관찰 스케줄. 서울: 학지사 심리검사연구소.

유희정, 봉귀영, 곽영숙, 이미선, 조숙환, 김붕년, 박규리, 반건호, 신의진, 조인희, 김소윤 역(2016). 서울: 인싸이트. Lord, C., Rutter, M., DiLavore, P. C., Risi, S., Gotham, K., Bishop, S. L., Luyster, R. J., & Guthrie, W. (2012). *ADOS-2: Autism Diagnostic Observation Schedule (Second Edition).* 자폐증 진단 관찰 스케줄(2판).

윤점룡, 박경숙, 박효정(2001). 기초학습기능검사. 서울: 도서출판 특수교육.

윤치연(2012). 한국유아사회성기술검사(K-SSRSP). 서울: 테스피아. http://www.tespia.kr

윤치연(2016). 아동심리평가. 서울: 학지사.

이달엽, 김동일, 박희찬(2004). 지역사회적응검사. 서울: 학지사 심리검사연구소.

이상복, 윤치연(2004). 한국 ADHD 진단검사. 부산: ㈜테스피아.

이상훈, 박미혜, 허명진(2004). 청각 언어재활을 위한 평가 가이드. 서울: 일조각.

이서정, 신민섭, 김붕년, 윤현수, 신예수, 김영아, 오경자(2015). ADHD 아동 청소년에 대한 한국판 CBCL6-18의 진단 변별력. 한국심리학회: 임상, 34(4), 829-850.

이소현(2003). 유아특수교육. 서울: 학지사.

이소현, 김수진, 박현옥, 부인앵, 원종례, 윤선아, 이수정, 이은정, 조윤경, 최윤희(2009). 교육진단 및 교수계획을 위한 장애 유아 진단 및 평가. 서울: 학지사.

이승희(2006). 특수교육평가. 서울: 학지사.

이승희(2010). 특수교육평가(2판). 서울: 학지사.

이영철, 허계형, 이상복, 정갑순 역(2005). 영유아를 위한 사정, 평가 및 프로그램체계. 서울: 굿에듀북. Bricker, D. D. (2002). *The assessment, evaluation, and programming system for infants and young children.*

이영호(1993). 귀인양식, 생활사건, 사건귀인 및 무망감과 우울의 관계: 공변량 구조모형을 통한 분석. 서울대학교 대학원 박사학위논문.

이우령, 이원혜(2012). 심리평가의 최신 흐름. 서울: 학지사.

이윤경, 허현숙, 장승민(2015). 학령기아동 언어검사 실시요강. 서울: 학지사 심리검사연구소.

이태수, 서선진, 나경은, 이준석, 김우리, 오유정, 이동원(2017). 기초학습능력검사(NISE-BACT) 개발 연구. 충남: 국립특수교육원.

이해경, 신현숙, 이경성(2004). 청소년 자기 보고형 문제행동평가척도의 개발: 신뢰도와 타당도의 검증. 한국심리학회,17(1), 147-170.

임안수(2008). 시각장애아교육. 서울: 학지사.

장혜성, 서소정, 하지영(2008). DEP 영아선별·교육진단검사. 서울: 학지사.

장혜성, 임선숙, 백현정(1992). 언어이해·인지력검사 실시요강. 서울: 서울장애인종합복지관.

장혜성, 임선숙, 백현정(1994). 문장 이해력검사 실시요강. 서울: 서울장애인종합복지관.

전병운, 조광순, 이기현, 이은상, 임재택(2004). 한국판 DIAL-3. 서울: 도서출판 특수교육.

정인숙, 강영택, 김계옥, 박경숙, 정동영(2003). 국립특수교육원 적응행동검사. 충남: 국립특수교육원.

정해동(2000). 지체장애 아동 교육. 경기: 교육과학사.

정해동(2005a). 지체부자유의 선별과 진단. 국립특수교육원. 현장특수교육, 제12권, 제2호.

정해동(2005b). 지체부자유의 선별과 진단. 국립특수교육원. 현장특수교육, 제16권, 제3호.

조선미, 박혜연, 김지혜, 홍창희, 황순택(2006). 한국아동인성평정척도 표준화 연구. 한국심리학회, 25(3), 825-848.

조수철, 이영식(1990). 한국형 소아우울척도의 개발. 신경정신의학, 29(4), 943-956.

조인수(2010). 개별화 전환교육계획을 위한 전환사정. 대구: 대구대학교출판부.

주애란(2012). 아동의 부모애착, 자기개념 및 불안과의 관계. 아주대학교 대학원 석사학위논문.

진미영, 박지연(2017). 한국판 정서행동문제 검사(K-SAED). 서울: 인싸이트.

최성규(1999). 한국 표준 어음 변별력 검사. 한국언어치료학회.

최중옥, 박희찬, 김진희(2002). 정신지체아 교육. 경기: 양서원.

추연구(2014). DSM-5의 개정에서 본 발달장애의 새로운 진단명과 진단기준 그리고 ASD의 명칭 도입과 ADHD의 변화. 발달장애연구, 18(4), 157-177.

커리어넷(2004). Strong 직업흥미검사. www.career4u.net

한경근, 신현기, 김은경 역(2009). 영유아 캐롤라이나 교육과정: 3~6세. 서울: 굿에듀북. Johnson-Martin, N. M., Attermeier, S. M., & Hacker, B. J. (2004). *The Carolina Curriculum for Infants and Toddlers with Special Needs* (CCITSN).

한국가이던스(1996). 홀랜드 직업탐색검사. http://www.guidance.co.kr

한국고용정보원(2009). 진로인식검사. http://www.work.go.kr

한국발달장애학회(2006). 109가지 진단검사: 선정, 해석 및 활용법. 서울: 학지사.

한국심리학회(2014). 심리학용어사전. http://www.koreanpsychology.or.kr

한국장애인개발원(2011). 직업평가 사용매뉴얼(손기능평가 도구편). https://www.koddi.or.kr

한국장애인고용공단(2009). 장애인 직업능력평가 매뉴얼. https://www.kead.or.kr

한국장애인고용공단(2011). 비언어성 직업흥미검사. https://www.kead.or.kr

한국장애인고용공단(2011). 지적장애인용 그림직업흥미검사 실시요강. https://www.kead.or.kr

한국장애인고용공단(2011). 지적장애인용 그림직업흥미검사(PVIT). https://www.kead.or.kr

한국장애인고용공단(2015). 장애청소년 진로성숙도검사. https://www.kead.or.kr

한성희(1994). 시기능 효율성 개발 프로그램: 진단적 사정절차. 한국시각장애연구회 편. 시각장애아 교육연수회, 1993~1998. 47-56.

허계형, Squires, J., 이소영, 이준석(2006). K-ASQ 사용지침서. 서울: 서울장애인종합복지관.

허계형, 정갑순, 이영철, 문헌미 역(2008). 영유아를 위한 사정, 평가 및 프로그램 체계(AEPS): VOL. 2 검사도구. 서울: 핑키밍키. Bricker, D. D. (1993). *AEPS(The Assessment, Evaluation, and Programming System for Infants and Children)*.

황순택, 김지혜, 박광배, 최진영, 홍상황(2012). K-WAIS-IV 한국판 웩슬러 성인용 지능검사-4판 실시 및 채점 요강. 대구: 한국심리주식회사.

황순택, 김지혜, 홍상황(2015). 바인랜드 적응행동척도(2판). 대구: 한국심리주식회사.

황순택, 김지혜, 홍상황(2016). 시각-운동통합검사(요강). 대구: 한국심리주식회사.

황혜정, 문혁준, 안선희, 안효진, 이경옥, 정지나(2011). 아동연구방법. 서울: 창지사.

Ahenbach, T. M., & Rescorla, L. A. (2001). *Manual for the Achenbach system of empirially based assessment school-age forms profiles*. Burlington, VT: Aseba.

American Psychiatric Association. (2000). *Diagnostic and statistical manual of mental disorders* (4th ed., text rev.). Washington, DC: American Psychiatric Association.

Beck, A. T., & Steer, R. A. (1993). *Beck Depression Inventory Manual*. San Antonio, TX: Psychological Corporation.

Bender, M., Valletutti, P. J., & Baglin, C. A. (2008). *A functional assessment and curriculum for teaching students with disabilities* (4th ed.). Austin, TX: PRO-ED.

Bigge, J. L., & Stump, C. S. (1999). *Curriculum, assessment, and instruction for students with disabilities*. Belmont, CA: Wadsworth.

Buck, J. N. (1948). The H-T-P techniques. A Quantitative and qualitative scoring manual. *Chinical Psychology, 5*, 1-120.

Buck, J. N., & Hammer, E. F. (1969). *Advances in the House-Tree-Person Technique: Variations and Applications*. Western Psychological Services.

Burn, R. C. (1987). *Kinetic-House-Tree-Person Drawing: An Interpretative Manual*. New York: Brunner/Mazel, Inc.

Burns, R. C., & Kaufman, S. H. (1972). *Action, Style and Symbols in Kinetic Family Drawings*. New York: Brunner & Mazel Publishers.

Carlson, N. R. (2010). *Physiology of behavior* (10th ed.). Boston, MA: Pearson Education.

DiLavore, P., Lord, C., & Rutter, M. (1995). Pre-Linguistic Autism Diagnostic Observation Schedule(PL-ADOS). *Journal of Autism and Developmental Disorders, 25*, 355-379.

DuPaul, G. J., Power, T. J., Anastopoulos, A. D., & Reid, R. (1998). *AD/HD Rating Scale-IV:*

Checklists, norms, and clinical interpretation. New York: Guilford.

Fex, S. (1992). Perceptual evaluation, *Journal of Voice, 6,* 155–158.

Gilliam, J. E. (1995). *Gilliam Autism Rating Scale(GARS).* Austin, TX: Pro–Ed.

Goyette, C. H., Conners, C. K., & Ulrich, R. F. (1978). Normative data on revised Conners Parents and Teacher Rating Scale. *Journal of Abnormal Child Psychology, 6*(2), 221–236.

Gresham, F. M., & Elliott, S. N. (1990). *Social Skills Rating System Manual.* Circle Pines, MN: American Guidance Service.

Hammill, D. D., & Bryant, B. R. (1998). *Learning Disabilities Diagnostic Inventory*(LDDI). Austin, TX: Pro–Ed.

Heward, W. L., Alber–Morgan, S. R., & Konrad, M. (2017). *Exceptional children: An introduction to special education* (11th ed.). Upper Saddle River, NJ: Pearson Education.

Ireton, H. R. (1992). *Child Development Inventory.* Minneapolis, MN: Behavioral Science Systems, Inc.

Joseph T., & Asher, E. J. (1948). The Purdue Pegboard: Norms and studies of reliabiility and validity. *Journal of Applied Psychology, 32*(3), 234–247.

Kovacs, M. (1992). *Children's Depression Inventory manual.* North Tonawanda, NY: Multi–Health Systems.

Lord, C., Rutter, M., DiLavore, P. C., & Risi, S. (2002). *Autism Diagnostic Observation Schedule: ADOS.* Los Angeles, CA: Western Psychological Services.

Lord, C., Rutter, M., Goode, S., Heemsbergen, J., Jordan, H., Mawhood, L., & Schopler, E. (1989). Autism Diagnostic Observation Schedule: A standardized observation of communicative and social behavior. *Journal of Autism and Developmental Disorders, 19,* 185–212.

Mardell–Czudnowski, C., & Goldenberg, D. (1998). *Developmental Indicators for the Assessment of Learning* (3rd ed.). Circle Pines, MN: American Guidance Service.

Matson, J. L., Rotation, A. F., & Helsel, W. J. (1983). Development of a rating scale to measure social skills in children: The Matson evaluation of social skills with youngsters(MESSY). *Behavior Research and Therapy, 21*(4), 335–340.

McCarron, L, Dial, J. (1970). MDS(McCaron Assessment of Neuromuscular Development).

Murray, H. A. (1938). *Explorations in personality.* New York: Oxford.

Murray, H. A., & Morgan, C. D. (1935). Thematic Apperception Test.

Reynolds, & Richmond (1978, 1985). Revised Children's Manifest Anxiety Scale: RCMAS.

Pierangelo, R., & Giuliani, G. A. (2002). *Assessment in special education: A practical approach.* Boston, MA: Allyn & Bacon.

Routh, D. K., Schroeder, C. S., & O'Tuama, L. (1974). The developmental of activity level in children. *Developmental Psychology, 10*, 163−168.

Rutter, M., Bailey, A., Berument, S. K., Lord, C., & Pickles, A. (1999). *Social Communication Questionnaire: SCQ*. Los Angeles, CA: Western Psychological Services.

Rutter, M., Le Couteur, A., & Lord, C. (2003). *Autism Diagnostic Interview−Revised: ADI−R*. Los Angeles, CA: Western Psychological Services.

Salvia, J., Ysseldyke, J. E., & Bolt, S. (2007). *Assessment in special and inclusive education* (10th ed.). Boston, MA: Houghton Mifflin.

Schopler, E., Reichler, R. J., Bashford, A., Lansing, M. D., & Marcus, L. M. (1990). *Individualized assessment and treatment for autistic and developmentally disabled children: Vol. 1. Psychoeducational Profile−Revised(PEP−R)*. Austin, TX: Pro−Ed.

Squires, J., Potter, L., & Bricker, D. (1999). *Ages and Stages Questionnaires* (2nd ed.). Baltimore, MD: Paul H: Brookes.

Taylor, R. L. (2009). *Assessment of exceptional students: Educational and psychological procedures* (8th ed.). Upper Saddle River, NJ: Pearson Education.

The American Association on Intellectual and Developmental Disabilities (2010). *Intellectual disability* (11th ed.). Washington, DC: AAIDD.

Ullmann, R. K., Sleator, E. K., & Sparque, R. L. (1985). *ACTERS(ADD−H Comprehensive Teacher's Rating Scale*. Los Angeles, CA: Western Psychological Service.

Umbreit, J., Ferro, J. B., Liaupsin, C. J., & Lane, K. L. (2007). *Functional behavioral assessment and function−based intervention: An effective, practical approach*. Upper Saddle River, NJ: Pearson Education.

Venn, J. J. (2000). *Assessing students with special needs* (2nd ed.). Upper Saddle River, NJ: Pearson Education.

ASEBA. http://www.aseba.co.kr
국립특수교육원 부설원격연수원. http://iedu.nise.go.kr
두산백과사전. http://www.doopedia.co.kr/
마인드프레스. http://www.mindpress.co.kr
법제처. 장애인 등에 대한 특수교육법. http://www.moleg.go.kr
심리검사연구소 인싸이트 블로그. http://blog.naver.com/kops_blog
인싸이트. http://inpsyt.co.kr/
테스피아. http://www.tespia.co.kr
한국심리주식회사. http://www.koreapsy.co.kr

■ 찾아보기

저자 소개

◉ **김진호**(Jinho H. Kim, Ph.D.)
　미국 밴더빌트대학교(Vanderbilt University) 박사(특수교육 전공)
　한국지적장애교육학회 회장, 한국특수교육학회 등 이사 및 편집위원
　현) 순천향대학교 특수교육과 교수, 인문사회과학대학 학장

◉ **김려원**(Ryeowon Kim, Ph.D.)
　순천향대학교 교육학 박사(특수교육 전공)
　유원대학교 겸임교수, 공주교육대학교 · 청주교육대학교 · 충북보건대학교 외래교수
　현) 상산초등학교 특수교사

◉ **김성희**(Seonghui Kim, Ph.D.)
　순천향대학교 교육학 박사(특수교육 전공)
　순천향대학교 외래교수
　현) 충청남도교육청 유아특수복지과 장학사

◉ **민용아**(Yongah Min, Ph.D.)
　순천향대학교 교육학 박사(특수교육 전공)
　순천향대학교 · 나사렛대학교 · 혜전대학교 외래교수
　현) 서산 무지개아동발달지원연구소 소장

◉ **오자영**(Jayoung Oh, Ph.D.)
　순천향대학교 교육학 박사(특수교육 전공)
　순천향대학교 외래교수
　현) 대전가원학교 교사

◉ **이성용**(Seongyong Yi, Ph.D.)
　순천향대학교 교육학 박사(특수교육 전공)
　순천향대학교 · 백석대학교 · 한국교통대학교 외래교수
　현) 청주혜원학교 교사

◉ **차재경**(Jaekyoung Cha, Ph.D.)
　순천향대학교 교육학 박사(특수교육 전공)
　순천향대학교 외래교수, 특수아동교육연구소 연구교수
　현) 세한대학교 특수교육과 교수

최신 특수아 진단 및 평가

Assessment and Evaluation for Exceptional Children and Youth

2018년 3월 5일 1판 1쇄 발행
2023년 4월 20일 1판 3쇄 발행

지은이 • 김진호 · 김려원 · 김성희 · 민용아 · 오자영 · 이성용 · 차재경
펴낸이 • 김 진 환
펴낸곳 • (주) **학지사**

       04031 서울특별시 마포구 양화로 15길 20 마인드월드빌딩 5층

대표전화 • 02) 330-5114 팩스 • 02) 324-2345

등록번호 • 제313-2006-000265호

홈페이지 • http://www.hakjisa.co.kr
페이스북 • https://www.facebook.com/hakjisabook

ISBN 978-89-997-1495-5 93370

정가 23,000원

출판미디어기업 **학지사**

간호보건의학출판 **학지사메디컬** www.hakjisamd.co.kr
심리검사연구소 **인싸이트** www.inpsyt.co.kr
학술논문서비스 **뉴논문** www.newnonmun.com
원격교육연수원 **카운피아** www.counpia.com